Ossip Mandelstam ist aus der Lyrik des 20. Jahrhunderts nicht mehr wegzudenken. Dass dies auch in der deutschen Sprache so ist, ist das Verdienst von Ralph Dutli und der von ihm herausgegebenen und übersetzten zehnbändigen Gesamtausgabe. Aus deren Fülle hat er ein Lesebuch zusammengestellt, das die gesamte Spanne des Werkes präsentiert: die tragischen, aber auch die komischen Facetten, die dunklen Leitmotive und die Texte des zornigen Aufbegehrens gegen seine Zeit, was Mandelstam schließlich Verbannung und Tod brachte. Von den autobiographischen Erinnerungen, den großen Gedichten, seiner einzigen Erzählung, den Essays wie den Liebesbriefen spannt Ralph Dutli den Bogen, um den ganzen Roman von Mandelstams Leben einzufangen.

»... dass der Gesang des ›modernen Orpheus‹ (so Joseph Brodsky) auch unsere westlichen Gestade erreicht hat, verdanken wir Ralph Dutlis grandioser Mandelstam-Ausgabe.« Michael Braun, Frankfurter Rundschau

»... mit Meisterschaft ins Deutsche übertragen. Beeindruckend ist vor allem die Originaltreue der Übersetzungen, die die verschiedenen Sinnpotenzen von Mandelstams Texten auch dem deutschen Leser zugänglich macht.« Ulrich M. Schmid, Neue Zürcher Zeitung

Ralph Dutli, geb. 1954 in Schaffhausen (Schweiz), studierte Romanistik und Russistik, lebt als freier Schriftsteller in Heidelberg. Er ist Romanautor, Lyriker, Essayist, Biograph, Übersetzer und Herausgeber der zehnbändigen Ossip-Mandelstam-Gesamtausgabe und erhielt zahlreiche Preise und Auszeichnungen, u. a. den »Johann-Heinrich-Voß-Preis« der Deutschen Akademie für Sprache und Dichtung 2006, den »Rheingau Literaturpreis« 2013 und den »Preis der LiteraTour Nord« 2014 für seinen Roman ›Soutines letzte Fahrt‹ sowie den »Düsseldorfer Literaturpreis« 2014 für sein literarisches Gesamtwerk.

Veröffentlichungen (Auswahl): Meine Zeit, mein Tier. Ossip Mandelstam. Eine Biographie (2003); Russische Literaturgeschichte, erzählt von Ralph Dutli (Hörbuch, 2003); Nichts als Wunder. Essays über Poesie (2007); Liebe Olive. Eine kleine Kulturgeschichte (2009; neu 2013); Das Lied vom Honig. Eine Kulturgeschichte der Biene (2012); Soutines letzte Fahrt. Roman (2013); Die Liebenden von Mantua. Roman (2015).

Weitere Informationen, auch zu E-Book-Ausgaben, finden Sie bei
www.fischerverlage.de

Ossip Mandelstam

BAHNHOFSKONZERT

Das Ossip-Mandelstam-Lesebuch

Aus dem Russischen
übertragen und herausgegeben
von Ralph Dutli

FISCHER Klassik

Erschienen bei FISCHER Taschenbuch
Frankfurt am Main, Dezember 2015

© S. Fischer Verlag GmbH, Frankfurt am Main 2015

Satz: Fotosatz Amann, Memmingen
Druck und Bindung: CPI books GmbH, Leck
Printed in Germany
ISBN 978-3-596-90601-7

DAS RAUSCHEN DER ZEIT

MUSIK IN PAWLOWSK

Ich kann mich gut an Russlands dumpfe Jahre erinnern – die neunziger Jahre, ihr langsames Dahinkriechen, ihre kränkliche Ruhe, ihr tief provinzielles Dasein. Eine stille, flache Bucht: letzte Zuflucht eines sterbenden Jahrhunderts. Beim Frühstückstee Gespräche über Dreyfus, die Namen der Obersten Esterhazy und Picquart, nebelhafte Wortgefechte über irgendeine »Kreutzer-Sonate« und den Dirigentenwechsel am hohen Pult des gläsernen Bahnhofs in Pawlowsk, der mir vorkam wie ein Wechsel von Dynastien. Reglos dastehende Zeitungsverkäufer an den Straßenecken, ohne jeden Ausruf, ohne Bewegung, wie Klötze auf den Trottoirs festgewachsen, und schmale Droschken mit dem kleinen Klappsitz für den dritten Passagier – so fügen sich die neunziger Jahre in meiner Vorstellung eins ums andere aus verstreuten Bildern zusammen, die dennoch innerlich miteinander verbunden sind durch eine stille Ärmlichkeit und die kränkliche, todgeweihte Provinzialität eines sterbenden Lebens.

Weite Puffärmel an den Damenkleidern, üppig aufgepolsterte Schultern und eingeengte Ellbogen, enggeschnürte Wespentaillen, Schnurrbärte, Spitzbärte, geschniegelte Bärte; Männergesichter und Frisuren, denen man heute wohl nur noch in der Porträtgalerie irgendeines heruntergekommenen Friseurs begegnen könnte, Haarschöpfe *à la Capoul* und Frisuren in der Eierschalenmode.

Worin die neunziger Jahre bestanden, lässt sich in zwei Worten sagen. Puffärmel und Musik in Pawlowsk. Die Kugeln dieser Damenärmel drehen sich wie alles andere um den gläsernen Bahnhof in Pawlowsk, und im Zentrum dieser Welt steht – der Dirigent Galkin.

Mitte der neunziger Jahre eilte ganz Petersburg nach Pawlowsk wie in irgendein Elysium. Pfiffe von Dampflokomotiven und die Klingelzeichen vor der Abfahrt der Züge mischten sich mit der patriotischen Kakophonie der Ouvertüre auf das Jahr 1812, und ein besonderer Geruch stand in diesem riesigen Bahnhof, in dem Tschaikowskij und Rubinstein regierten. Feuchtende Luft modriger Parks, der Geruch fauliger Warmbeete und Treibhausrosen, und ihm entgegen – die schweren Ausdünstungen des Büfetts, beißender Zigarrenrauch, brandige Bahnhofsluft und die Kosmetika einer vieltausendköpfigen Menschenmenge.

Der Zufall wollte es, dass wir Pawlowsker Vorstädter wurden, d. h., wir wohnten das ganze Jahr über in einem Winterhaus dieser Stadt der alten Weiblein, in diesem russischen Halbversailles, dieser Stadt der Hoflakaien, Staatsratswitwen, rothaarigen Polizeioffiziere, schwindsüchtigen Pädagogen (in Pawlowsk zu wohnen galt für gesünder) und bestechlichen Beamten, die das Geld für eine Villa zusammengerafft hatten. Ach diese Jahre, als Figner die Stimme verlor und zusammengesetzte Bildchen die Runde machten: Auf der einen Seite singt er, auf der anderen hält er sich die Ohren zu. Diese Jahre, als die sorgsam gebundenen Zeitschriften »Ackerland«, »Neuland der Welt« und »Der Bote der ausländischen Literatur« für lange Zeit das Fundament der Spießbürgerbibliotheken bildeten und die Gestelle und Lombertischchen eindrückten.

Solche Enzyklopädien der Wissenschaft und der Technik wie jene gebundenen Märchenungeheuer gibt es heute nicht mehr. Doch all diese »Weltpanorama«- und »Neuland«-Blätter waren eine wahrhaftige Quelle der Weltkenntnis. Ich liebte die Rubrik »Vermischtes« mit ihren Meldungen über Straußeneier, zweiköpfige Kälber und Feste in Bombay und Kalkutta und ganz besonders die Abbildungen, die großen, die eine ganze Seite einnahmen: an Brettern festgebundene malaiische Schwimmer, die über Wellen von der Höhe eines zweistöckigen Hauses gleiten, oder das geheimnisvolle Experiment des Herrn Foucault – eine Metallkugel und ein riesiges Pendel, das sich um diese Kugel bewegt, und die das Schaustück umdrängenden würdevollen Herren mit Halsbinden und Spitzbärtchen. Mir scheint, dass die Erwachsenen dasselbe lasen wie ich, d. h. vor allen Dingen die Beilagen, die endlose damals ins Kraut schießende Literatur der Beilagen zum »Ackerland« und zu anderen. Unsere Interessen waren überhaupt immer gleich, und mit sieben oder acht Jahren war ich ganz auf der Höhe meiner Zeit. Immer öfter hörte ich den Ausdruck *»fin de siècle«*, der mit leichtsinnigem Stolz und koketter Melancholie ausgesprochen wurde. Es war, als hätte dieses seltsame Jahrhundert, kaum hatte es Dreyfus freigesprochen und die Sache mit der Teufelsinsel erledigt gehabt, seinen Sinn verloren.

Ich habe den Eindruck, die Männer seien Tag und Nacht ausschließlich von der Dreyfus-Affäre verschlungen gewesen und die Frauen, d. h. die Damen mit den Puffärmeln, hätten nichts anderes getan, als Dienstmädchen einzustellen und wieder zu entlassen, was eine unerschöpfliche Nahrung für angenehme und lebhafte Gespräche abgab.

Am Newskij-Prospekt, im Pfarrhaus der katholischen Katharinenkirche, lebte ein ehrwürdiges altes Männchen – Père Lagrange. Zu Hochwürdens Obliegenheiten gehörte es, arme junge Französinnen als Kindermädchen an ordentliche Häuser zu empfehlen. Die Damen gingen mit ihren Besorgungen aus dem Kaufhof direkt zu Père Lagrange, um sich von ihm beraten zu lassen. Im einfachen Priesterrock kam einem das alte Männchen entgegen und machte gütig mit den Kindern salbungsvolle, katholische Späßchen, die mit französischem Esprit gewürzt waren. Die Empfehlungen von Père Lagrange galten sehr viel.

Das berühmte Vermittlungsbüro für Köchinnen, Bonnen und Gouvernanten in der Wladimirskaja, wohin ich recht oft mitgenommen wurde, glich einem richtigen Sklavenmarkt. Die auf eine Stelle hoffenden Mädchen wurden der Reihe nach vorgeführt. Die Damen beschnupperten sie und verlangten Zeugnisse. Das Zeugnis einer vollkommen unbekannten Dame, ganz besonders einer Generalsgattin, war von einigem Gewicht. Manchmal jedoch geschah es auch, dass das zum Verkauf vorgeführte Geschöpf seinerseits die Käuferin von oben bis unten musterte, ihr ins Gesicht schnaubte und sich darauf abwandte. Dann lief auch schon die Vermittlerin dieser Sklavenmädchen herbei, entschuldigte sich und sprach vom Niedergang der guten Sitten.

Noch einmal schaue ich auf Pawlowsk zurück und gehe am Morgen über die Pfade und Parkettböden des Bahnhofs, wo in einer Nacht gute dreißig Zentimeter hoch Konfetti und Papierschlangen angeweht worden sind – Spuren eines Sturms, der den Namen »Benefice« trug. Die Kerosinlampen verwandelten sich in elektrische Lampen. Auf den Petersburger Straßen fuhr noch immer die Pferdebahn, von stolpernden Gäulen gezogen, die aussahen, als kämen sie direkt aus dem *Don Quijote*. Auf der Gorochowaja verkehrte, bis zum Alexandergarten, das »Kutschchen«, die älteste Form öffentlicher Fortbewegung in Petersburg. Nur über den Newskij sausten, in schrillem Geklingel, die neuen Wagen der Expressbahn, gelb gestrichen im Unterschied zu den alten, schmutzig bordeauxroten und gezogen von kräftigen und satten Pferden.

KINDLICHER IMPERIALISMUS

Um die Reiterstatue Nikolajs des Ersten gegenüber dem Ratsgebäude stapfte unablässig ein vom Moos des Alters überwachsener Grenadier im Kreis herum, der im Sommer wie im Winter eine zottige, tief ins Gesicht gezogene Hammelfellmütze trug. Der Kopfschmuck glich einer Mitra und hatte fast die Größe eines ganzen Hammels.

Wir Kinder unterhielten uns mit dem altersschwachen Wachposten. Er enttäuschte uns, weil er nicht aus dem Jahr 1812 stammte, wie wir gedacht hatten. Dafür erzählte er uns dann auch von anderen Großväterchen, dass sie die letzten Wachsoldaten seien, die noch unter dem Zaren Nikolaj gedient hätten, und dass von ihnen in der ganzen Kompanie vielleicht fünf oder sechs Leute übrig geblieben seien.

Der Eingang in den Sommergarten von der Uferstraße her, wo der Gitterzaun und die Kapelle stehen, und genau gegenüber der Ingenieurschule, wurde von medaillendekorierten Wachtmeistern bewacht. Sie bestimmten, ob ein Mensch anständig angezogen war oder nicht, und jagten Leute in Russenstiefeln fort, ließen Schirmmützen und ärmliche Kleider nicht hinein. Die Sitten und Gebräuche der Kinder im Sommergarten waren hoch zeremoniell. Nach einem Geflüster mit seiner Gouvernante oder dem Kindermädchen näherte sich so ein Nacktbeinchen einer Parkbank, machte seinen Kratzfuß oder seinen Knicks und piepste: »Kleines Mädchen (oder kleiner Junge – so war die offizielle Anrede), hätten Sie nicht Lust, ein wenig ›Goldenes Tor‹ oder ›Diebsstöcklein‹ mit mir zu spielen?«

Nach einem solchen Auftakt kann man sich vorstellen, wie lustig das Spiel dann war. Ich spielte nie, allein schon die Begrüßung war mir zu gezwungen.

So kam es, dass meine frühe Petersburger Kindheit unter dem Zeichen eines richtigen Militarismus sich abspielte, und das war tatsächlich nicht nur meine Schuld, sondern auch die Schuld meines Kindermädchens und einer bestimmten Straße des damaligen Petersburg.

Wir gingen auf der Großen Morskaja spazieren, in ihrem menschenleeren Teil, wo die rote Lutheranerkirche stand und das Mojka-Ufer mit Holzklötzen gepflastert war.

So näherten wir uns unmerklich dem Krjukow-Kanal, dem holländischen Petersburg der Schiffsbauhallen und der Neptunsbögen mit ihren Flottenemblemen und schließlich den Kasernen der Gardemarine.

Dort wurden auf einem grünen, unbefahrenen Straßendamm die Marinegardisten gedrillt, und Kupferpauken und Trommeln erschütterten das stille Wasser des Kanals. Mir gefiel die Auswahl der Soldaten nach physischen Gesichtspunkten: Alle waren sie überdurchschnittlich groß. Das Kindermädchen teilte meinen Geschmack vollkommen. So hatten wir uns einen Matrosen ausgesucht, der uns von allen am besten gefiel – einen »mit schwarzem Schnauzbart«, und kamen immer, um ihn ganz persönlich uns anzuschauen, hatten ihn auch sofort in der Formation ausfindig gemacht und konnten dann bis zum Schluss der Übung kein Auge mehr von ihm wenden. Auch heute noch würde ich ohne jegliches Schuldbekenntnis sagen, dass ich mit sieben oder acht Jahren das ganze Massiv Petersburgs, seine mit Granitwürfeln oder Holzklötzen gepflasterten Stadtviertel, das ganze zarte Herz der Stadt mit seiner Meeresflut an Plätzen, mit seinen lockigen Gärten, den Inseln der Denkmäler, den Karyatiden der Eremitage, der geheimnisvollen Millionnaja-Straße, wo nie auch nur ein Passant zu sehen war und wo ein einziges Kramlädelchen sich zwischen die Marmorblöcke hatte hineinzwängen können, ganz besonders aber den Generalstabsbogen, den Senatsplatz und das holländische Viertel für etwas Heiliges und Feierliches hielt.

Ich weiß nicht, womit die Phantasie der kleinen Römer ihr Kapitol bevölkert hat – ich jedenfalls bevölkerte diese Festungen und Plätze mit einer unerhörten, idealen, allumfassenden Parade.

Bezeichnend, dass die Kasaner Kathedrale, trotz des tabakfarbenen Halbdunkels ihrer Gewölbe und ihres zerlöcherten Fahnenwaldes, für mich auch nicht für einen Groschen Glaubwürdigkeit besaß.

Auch dieser Ort hatte etwas Ungewöhnliches an sich, doch davon später. Das Hufeisen der steinernen Kolonnaden und das breite, kettengesäumte Trottoir waren wie geschaffen für Unruhen, und deshalb war dieser Ort in meiner Phantasie nicht weniger interessant und bedeutsam als die Maiparade auf dem Marsfeld. Wie wird das Wetter sein? Wird sie auch nicht abgesagt? Und wird sie dieses Jahr überhaupt stattfinden? ... Doch da wurden entlang dem Sommerkanal auch schon Bretter und Stangen ausgeladen, schon hämmern auf dem Marsfeld die Zimmerleute, schon schwellen Tribünen zu Berghöhen auf, schon wirbeln Staubwolken herum von simulierten Attacken und winken die als Markierungspunkte aufgestellten Infanteristen mit ihren Signalfähnchen. In rund drei Tagen war die Tribüne erbaut. Diese Schnelligkeit kam mir wie ein Wunder vor, und die Ausmaße des Baus schienen mir erdrückend wie beim Kolosseum. Jeden Tag besuchte ich die Baustelle, bewunderte den flüssigen Fortgang der Arbeit, kletterte auf den Leitern herum, fühlte mich wie auf einer Bühne, als Mitwirkender bei dem herrlichen Schauspiel des folgenden Tages, und beneidete sogar die Bretter, die gewiss die Attacke würden sehen dürfen.

Wenn man sich unbemerkt im Sommergarten verstecken könnte! Und dann das Durcheinander von hundert Kapellen, ein Feld, auf dem Bajonette wie Ähren aufschießen, die Ackerstreifen der Infanterie und der berittenen Formationen, als stünden da keine Regimenter, sondern Buchweizen, Roggen, Hafer und Gerste. Unmerkliche Bewegung zwischen den Regimentern entlang den inneren Schneisen! Und dann – silberne Trompeten, Hörner, ein Babylon von Schreien, Pauken und Trommeln ... Die Lava der Kavallerie sehen!

Ständig hatte ich das Gefühl, dass sich in Petersburg unbedingt etwas sehr Prachtvolles und Feierliches ereignen müsse.

Ich war begeistert, als man anlässlich der Begräbnisfeierlichkeiten für den Thronfolger die Straßenlaternen mit Trauerflor überzog und mit schwarzen Bändern umwand. Die militärischen Wachablösungen bei der Alexandersäule, Generalsbegräbnisse und die »Durchfahrten« waren meine tagtäglichen Unterhaltungen.

»Durchfahrten« nannte man damals die Stadtrundfahrten des Zaren und seiner Familie. Ich hatte mir ein besonderes Geschick zugelegt, solche Dinge herauszukriegen. Da kamen etwa beim Anitschkow-Palast Offiziere der Palastpolizei wie beschnauzte rötlich braune Küchenschaben hervorgekrochen: »Nichts Besonderes, Herrschaften. Gehen Sie bitte weiter. Seien Sie so freundlich ...« Aber schon streuten die Hausmeister mit Holzschaufeln einen gelben Sand, die Schnurrbärte der Polizei-Inspektoren waren frisch gewichst, und an der Karawannaja oder der Konjuschennaja waren Polizisten wie die Erbsen ausgestreut.

Mir machte es Spaß, die Polizisten mit meinen Fragen zu belästigen – wer denn ausfahren würde und wohin, was sie sich nie zu sagen getrauten. Ich muss zwar gestehen, dass mich das Vorüberflitzen einer wappengeschmückten Kutsche mit ihren goldenen Vögelchen auf den Laternen oder eines englischen Schlittens mit seinen netzbedeckten Trabern immer wieder enttäuschte. Trotz allem fand ich dieses Durchfahrtsspiel recht lustig.

Die Petersburger Straßen erweckten in mir einen Durst nach großen Schauspielen, und allein schon die Architektur dieser Stadt rief in mir einen kindlichen Imperialismus hervor. Ich phantasierte von den Harnischen des Leibgarderegiments, den römischen Hel-

men der Gardekavalleristen und den silbernen Posaunen der Pre-
obraschenskij-Regimentskapelle, und mein liebstes Vergnügen
war, nach der Maiparade, die Regimentsfeier der Gardekavallerie
an Mariä Verkündigung.

Ebenso erinnere ich mich an den Stapellauf des Panzerkreuzers
»Osljabja«, wie da die ungeheure Meeresraupe auf das Wasser hin-
auskroch, und an die Hebekräne und die Metallrippen der Schiffs-
bauhalle.

Dieser ganze Wust von Säbelgerassel und einer Art Polizeiästhe-
tik hätte nun dem Söhnchen irgendeines Korpskommandanten mit
den entsprechenden Familientraditionen weit besser angestanden
als mir und passte sehr schlecht zu den Küchendünsten unserer
mittelbürgerlichen Wohnung, zum Arbeitszimmer meines Vaters,
das scharf nach Leder roch, Glacéleder und Kalbsleder, und zu den
jüdischen Geschäftsbesprechungen.

UNRUHEN UND FRANZÖSINNEN

Die Tage der Studentenunruhen bei der Kasaner Kathedrale waren
immer schon im Voraus bekannt. In jeder Familie gab es einen
Studenten, der die Sache ankündigte. So kam es, dass eine ganze
Publikumsmasse zusammenströmte, um sich, natürlich aus respekt-
voller Entfernung, diese Unruhen anzusehen: Kinder mit ihren
Kindermädchen, Mamas und Tantchen, die es nicht geschafft hatten, ihre Rebellen zu Hause zurückzuhalten, alte Beamte und allerlei Müßiggänger. Am Tag der angekündigten Unruhen wogte auf
den Trottoirs des Newskij-Prospekts von der Sadowaja bis zur
Anitschkow-Brücke eine dichte Zuschauermenge. Dieser laute Haufen hatte Angst, bis zur Kasaner Kathedrale vorzugehen. Die Polizei war in den Innenhöfen versteckt, etwa im Hof der katholischen
Katharinenkirche. Der Kasaner Platz war verhältnismäßig leer, da
gingen erst kleine Häufchen von Studenten und richtigen Arbei-
tern auf und ab – auf die Letzteren wurde mit Fingern gezeigt.

Plötzlich ertönte vom Kasaner Platz her ein langgezogenes, immer lauter anschwellendes Geheul, etwas in der Art eines anhaltenden »u-u-u« oder »i-i-i«, das in ein drohendes Gebrüll überging und immer näher kam. Dann wichen die Zuschauer jäh zurück, und berittene Polizisten drängten die Menschen zusammen. »Die Kosaken! – Die Kosaken!«, fuhr es wie ein Blitz durch die Menge, schneller noch, als die Kosaken selbst herangesaust kamen. Die eigentlichen »Unruhestifter« wurden umzingelt und in die Michails-Manege abgeführt, und der Newskij lag auf einmal so verlassen da, als hätte ihn ein Besen leergefegt.

Die dunklen Volksmassen auf den Straßen waren meine erste klare und bewusste Wahrnehmung. Ich war genau drei Jahre alt. Es war das Jahr 1894, man hatte mich von Pawlowsk nach Petersburg mitgenommen, weil meine Eltern die Begräbnisfeierlichkeiten für Alexander III. sehen wollten. Am Newskij, irgendwo gegenüber der Nikolajewskaja, hatten wir im dritten Stock eines möblierten Hauses ein Zimmer gemietet. Bereits am Vorabend war ich aufs Fensterbrett geklettert, sah von da aus die Straße, die schwarz war vor Menschen, und fragte: »Wann fahren sie denn?« – »Morgen«, wurde mir gesagt. Dass all diese vielen Menschen die ganze Nacht auf der Straße verbringen würden, versetzte mich ganz besonders in Erstaunen. Selbst der Tod noch erschien mir bei der ersten Begegnung in einer völlig unnatürlichen, prachtvollen und pompösen Gestalt. Einmal ging ich mit meinem Kindermädchen und meiner Mama am schokoladefarbenen Gebäude der italienischen Botschaft am Mojka-Ufer vorbei. Plötzlich gehen da die Türflügel auf, und alle lässt man ungehindert hineingehen, nach Harz riecht es da, nach Weihrauch und etwas Süßem und Angenehmem. Schwarzer Samt dämpft den Eingang und die Wände, überall Silber und tropische Pflanzen. Hoch oben lag der einbalsamierte italienische Gesandte. Was ging mich das alles an? Ich weiß es nicht, doch es waren starke und helle Eindrücke, die mir wertvoll geblieben sind bis auf den heutigen Tag.

Das Alltagsleben der Stadt war arm und einförmig. Jeden Tag gab es gegen fünf Uhr den Spaziergang auf der Großen Morskaja –

von der Gorochowaja bis zum Generalstabsbogen. Alles, was in der Stadt an Müßiggang und Herausgeputztheit vorhanden war, bewegte sich langsam auf den Trottoirs hin und zurück, verbeugte sich voreinander und lächelte sich zu: Geklirr von Sporen, französische und englische Gespräche, lebendig gewordenes Schaufenster eines englischen Ladens oder Jockey-Clubs. Gerade hierher führten die Bonnen und Gouvernanten, jugendliche Französinnen, die ihnen anvertrauten Kinder: Nur um zu seufzen und Vergleiche zu ziehen zwischen der Morskaja und den Champs-Élysées.

Für mich stellte man so viele Französinnen ein, dass all ihre Züge durcheinandergeraten und zu einem einzigen Porträtfleck zusammengeflossen sind. Meiner Ansicht nach waren all diese Französinnen und Schweizerinnen von den vielen Liedern, Schreibvorlagen, Lesebüchern und Konjugationen in ihre eigene Kindheit zurückgefallen. Im Zentrum ihrer durch die Lesebücher verzerrten Weltanschauung stand die Gestalt des großen Kaisers Napoleon und der Krieg von 1812, dann folgte Jeanne d'Arc (mir fiel übrigens auch eine Schweizerin zu, die Calvinistin war), und wie sehr ich mich in meiner Wissbegierde auch bemühte, von ihnen etwas über Frankreich in Erfahrung zu bringen – es wollte sich nichts ergeben außer der Vorstellung, dass es ein herrliches Land sei. An den Französinnen schätzte man die Kunst, viel und schnell zu reden, an den Schweizerinnen ihre Kenntnis von Liedern, deren Krönung das Liedchen von »*Malbrough*« war. Diese armen Mädchen waren durchdrungen vom Kult großer Persönlichkeiten: Hugo, Lamartine, Napoleon und Molière … sonntags ließ man sie zur Messe gehen, keinerlei Bekanntschaften waren ihnen erlaubt.

Irgendwo in der Île-de-France: Weintraubenfässer, weiße Wege, Pappeln, ein Winzer ist mit seinen Töchtern zur Großmutter nach Rouen gefahren. Er kommt zurück – alles »*scellé*«, Kelterpressen und Bottiche sind plombiert, an den Türen und Kellern – Siegellack. Der Verwalter hatte versucht, ein paar Eimer jungen Weins zu verheimlichen, um der Verbrauchssteuer zu entgehen. Er wurde erwischt. Die Familie ist ruiniert. Eine riesige Geldstrafe – und in der Folge schenkten mir Frankreichs gestrenge Gesetze eine Erzieherin.

Aber was konnten mich die Regimentsfeiern der Garde ange-
hen, die einförmige Schönheit der Infanteristenheere und Pferde,
die Bataillone der steinernen Gesichter, die mit dröhnendem Schritt
durch die von Granit und Marmor graue Millionnaja strömten?

Diese ganze schöne Fata Morgana Petersburgs war nur ein
Traum, eine über den Abgrund geworfene glänzende Decke, um
mich herum jedoch breitete sich das Chaos des Judentums, keine
Heimat, kein Haus, kein Herd, sondern ein Chaos, ein dunkler
Schoß, aus dem ich hervorgegangen war, eine unvertraute Welt,
die ich fürchtete, die ich verworren ahnte und vor der ich weglief,
immerzu weglief.

Judäisches Chaos drang durch alle Ritzen unserer steinernen
Petersburger Wohnung, drohte mit Zerstörung, tauchte im Zimmer auf als Mütze eines Gastes aus der Provinz, als Schrifthäkchen
in den Büchern der »Genesis«, die nie gelesen wurden und auf dem
untersten Brett des Bücherschrankes, unter Goethe und Schiller, in
den Staub verbannt dastanden – und schließlich als Fetzen eines
schwarz-gelben Rituals.

Das kräftige, rotwangige russische Jahr kullerte durch den Kalender mit seinen buntgefärbten Eiern, den Weihnachtsbäumen,
den stählernen finnischen Schlittschuhen, seinem Dezember-
monat, den mit Glöckchen geschmückten Schlitten zur Karnevals-
zeit und den Sommerferien in einem Landhaus. Und bei uns nun
ging ein Gespenst um – Neujahr im September, unfrohe, seltsame
Feiertage, die mein Ohr peinigten mit ihren wilden Namen: Rosch
Haschana und Jom Kippur.

DER BÜCHERSCHRANK

Wie ein einziger Krümel Moschus ein ganzes Haus mit seinem
Duft erfüllt, so überflutet der kleinste Einfluss des Judaismus ein
ganzes Leben. Oh, wie ist er stark, dieser Geruch! Ich musste ja
merken, dass es in jüdischen Häusern anders roch als in den ari-

schen. Und nicht nur die Küchen rochen anders, sondern auch die Menschen, die Gegenstände, die Kleider. Noch heute erinnere ich mich, wie der süßliche jüdische Geruch im Holzhaus meines Großvaters und meiner Großmutter an der Kljutschewaja-Straße im deutschen Riga mich einhüllte. Schon der Arbeitsraum meines Vaters bei uns zu Hause hatte keinerlei Ähnlichkeit mit dem granitenen Paradies meiner schönen Spaziergänge, schon er führte mich in eine mir fremde Welt, und das Kunterbunt seiner Einrichtung hat sich meinem Geist als unauflösliche Verbindung eingeprägt. Da war vor allem der handgefertigte eichene Lehnstuhl mit einer Balalaika und einem Fausthandschuh darauf und der Inschrift »Eile mit Weile« auf dem kleinen Bogen der Rückenlehne – ein Tribut an den pseudorussischen Stil unter Alexander dem Dritten. Dann der türkische Diwan, mit Hauptbüchern vollgepackt, deren Blätter aus Zigarettenpapier von einer winzigen gotischen Handschrift mit Geschäftsbriefen in deutscher Sprache beschrieben waren. Anfangs glaubte ich, die Arbeit meines Vaters bestehe darin, seine Briefe auf das Zigarettenpapier zu drucken, wenn er die Kurbel der Kopiermaschine drehte. Noch heute scheint mir der Geruch von Joch und Arbeitsmühe ein alles durchdringender Geruch von gegerbtem Leder zu sein, und die tatzenförmigen Glacélederstücke, die auf dem Fußboden lagen, und die fingerhaft lebendigen Auswüchse des flaumweichen Wildleders – all dies schwimmt, zusammen mit dem bürgerlichen Schreibtisch und seinem marmornen Tischkalender, in dichtem Tabakdunst und dem Rauchgeruch des Leders. Und inmitten der spröden Einrichtung dieses Arbeitsraumes stand ein kleiner Bücherschrank mit Glastür und einem grünen Taftvorhang. Von dieser Bücheraufbewahrung möchte ich nun erzählen. Der Bücherschrank der frühen Kindheit ist ein Begleiter des Menschen für sein ganzes Leben. Die Anordnung seiner Fächer, die Auswahl der Bücher, die Farbe der Buchrücken gilt ihm als die Farbe, Höhe und Anordnung der Weltliteratur selbst. Ja, jene Bücher, die nicht im ersten Bücherschrank gestanden haben, werden es nie schaffen, ins Weltgebäude einzudringen, das die Weltliteratur bedeutet. Ob man will oder nicht, ist jedes Buch im ersten Bücherschrank klassisch, und auch nicht einen einzigen Buchrücken könnte man daraus entfernen.

Diese seltsame kleine Bibliothek hatte sich im Laufe der Jahrzehnte wie geologische Schichtungen nicht zufällig so abgelagert. Das väterliche und das mütterliche Element in ihr hatten sich nicht vermischt, sondern existierten getrennt voneinander, und der kleine Schrank war ein Längsschnitt durch die Geschichte der geistigen Bemühungen eines ganzen Geschlechts und des mit ihm vereinigten fremden Blutes.

Das unterste Fach ist in meiner Erinnerung stets das chaotische: Die Bücher standen nicht Rücken neben Rücken, sondern lagen da wie Ruinen. Rötlich braune Sammlungen der Fünf Bücher Mose mit zerrissenen Einbänden, eine Geschichte der Juden, in der schwerfälligen und zaghaften Sprache eines russisch schreibenden Talmudisten. Es war das in den Staub gestürzte judäische Chaos. Auch meine althebräische Kinderfibel fiel sehr bald dorthin, da ich ohnehin kein Hebräisch lernen mochte. In einem Anfall heimatverbundener Reue stellten meine Eltern für mich einen richtigen jüdischen Hauslehrer ein. Da kam er dann aus seinem Händlerviertel und gab mir Unterricht, ohne seine Mütze abzunehmen, was mich verlegen machte. Sein Russisch war fehlerlos, doch klang es falsch. Meine hebräische Kinderfibel zeigte auf allen Bildern – je nachdem mit einer Katze, mit einem Buch, einem Eimer oder einer Gieß kanne – ein und denselben Jungen, der eine Schirmmütze trug und ein sehr trauriges Erwachsenengesicht hatte. In diesem Jungen erkannte ich mich nicht wieder und lehnte mich deshalb mit meinem ganzen Wesen gegen dieses Buch und gegen das Studium auf. Etwas an diesem Lehrer war für mich verblüffend, auch wenn es ganz unnatürlich klang: sein Stolz auf das jüdische Volk. Er sprach von den Juden, wie eine Französin von Hugo oder Napoleon spricht. Doch ich wusste, dass er seinen Stolz verbergen würde, sobald er auf die Straße hinaustrat, und deshalb glaubte ich ihm nicht.

Über den judäischen Ruinen begann eine Ordnung der Bücher. Es waren die Deutschen: Schiller, Goethe, Kerner und Shakespeare in deutscher Sprache – alte, in Leipzig oder Tübingen erschienene

Ausgaben, dickbauchig und knirpsig, in bordeauxroten, bedruckten Einbänden, mit kleinem, für jugendliche, gesunde Augen gedachtem Druck und weichen Kupferstichen in leicht antikisierendem Stil: flehend händeringende Frauen mit gelöstem Haar, eine Lampe, die eher wie ein großer Leuchter gezeichnet war, Reiter mit hoher Stirn, und als Vignetten – Weintraubenhenkel. Es waren die Bücher meines Vaters, der sich als Autodidakt aus dem Talmud-Dickicht in die germanische Welt durchgeschlagen hatte.

Weiter oben standen die russischen Bücher meiner Mutter – unter anderem Puschkin in der Ausgabe von Issakow aus dem Jahr 1876. Noch heute finde ich, dass das eine herrliche Ausgabe ist, und sie gefällt mir besser als die Akademieausgabe. In ihr gibt es nichts Überflüssiges, das Schriftbild ist harmonisch schön, die Verskolonnen strömen frei dahin wie fliegende Bataillone und werden angeführt von klugen, exakten Jahreszahlen bis hin zum Todesjahr 1837. Die Farbe Puschkins? Jede Farbe ist zufällig – welche müsste man sich für ein Sprachengemurmel ausdenken? Ach, dieses idiotische Farbenalphabet Rimbauds!

Mein Puschkin hatte ein Gewand, das gar keiner bestimmten Farbe angehörte, er stand da im Kaliko-Einband der Schulbücher, in einem schwarzbraunen, ausgeblichenen Gewand mit sandig erdfarbenem Einschlag; er fürchtete weder Flecken noch Tinte, weder Feuer noch Kerosin. Ein Vierteljahrhundert lang hatte das sandig schwarze Gewand liebevoll alles in sich aufgesogen – und die geistige Schönheit dieses Alltagskleides, die fast körperliche Anmut des Puschkins meiner Mutter ist für mich eine lebendige Empfindung geblieben. In diesem Buch steht mit rötlich brauner Tinte die Widmung: »Der Schülerin der 3. Klasse für ihren Fleiß«. Mit diesem Puschkin verknüpft sind Erzählungen über ideale Lehrer und Lehrerinnen mit Schwindsuchtröte auf den Wangen und durchlöcherten Stiefelsohlen – die achtziger Jahre in Wilna. Meine Mutter und besonders meine Großmutter sprachen das Wort »Intellektueller« mit großem Stolz aus. Bei Lermontow war der Einband blaugrün und irgendwie soldatisch – er war ja auch Husar. Nie ist er mir als Bruder oder Verwandter Puschkins erschienen, während ich Goethe und Schiller für Zwillinge hielt. Dort jedoch erkannte ich das Andersartige und trennte die beiden bewusst. Denn nach Puschkins Tod im Jahr 1837 rauschten sowohl das Blut wie auch die Verse ganz anders.

Und was waren Turgenjew und Dostojewskij? Eine Beilage zur Zeitschrift »Ackerland«. Äußerlich sahen sie sich wie Brüder ähnlich. Pappbände, mit einer dünnen, durchsichtigen Hülle überzogen. Auf Dostojewskij lag ein Verbot, eine Art Grabplatte, und man sagte von ihm, dass er »schwer« sei. Turgenjew war vollkommen erlaubt und stand mir offen mit seinem Baden-Baden, den »Frühlingsfluten« und seinen gemächlichen Gesprächen. Doch ich wusste bereits, dass es ein so ruhiges Leben wie bei Turgenjew nicht mehr gab und nirgends mehr geben konnte.

Aber wollt ihr nicht den Schlüssel zu dieser Epoche haben, jenes Buch, das von den vielen Berührungen heiß geworden war, das um keinen Preis sterben wollte und wie lebendig im engen Sarg der neunziger Jahre lag; jenes Buch, dessen Seiten vorzeitig vergilbten, sei's vom vielen Lesen, sei's von der Sonne auf den Gartenbänken eines Landhauses, und dessen erste Seite die Züge eines Jünglings mit inspiriertem Haarschopf offenbarte, Züge, die zur Ikone geworden waren? Wenn ich mir das Gesicht des Jünglings Nadson genauer ansehe, so verblüfft mich das wirkliche Feuer in diesen Zügen und gleichzeitig deren völlige Ausdruckslosigkeit, ihre beinah hölzerne Einfalt. Ist nicht das ganze Buch so? Und war nicht die ganze Epoche genau so? Schick ihn nach Nizza, zeig ihm das Mittelmeer – er wird doch immer nur sein Ideal besingen und seine leidende Generation, mag er auch eine Möwe dazutun oder einen Wellenkamm. Lacht nicht über den Nadson-Kult – er ist ein Rätsel der russischen Kultur, und eigentlich ist sein Klang nicht zu ergründen, weil wir nicht dasselbe hören und verstehen, was die Menschen damals gehört und verstanden haben. Wer war er denn, dieser hölzerne Mönch mit den ausdruckslosen Zügen des ewigen Jünglings, dieser entrückte Götze der studierenden Jugend (ja gerade der studierenden Jugend, die für ein paar wenige Jahrzehnte das auserwählte Volk war), dieser Prophet der Poesieabende von

Gymnasiasten? Wie oft habe ich, als ich bereits wusste, dass Nadson ein schlechter Dichter war, sein Buch wiedergelesen und mich bemüht, den dichterischen Hochmut der Gegenwart abzulegen, die kränkende Ahnungslosigkeit dieses Jünglings zu übersehen und seinen Klang so zu hören, wie jene Generation ihn gehört hatte. Wie sehr haben mir die Tagebücher und Briefe Nadsons dabei geholfen: immer wieder – schwere literarische Feldarbeit, Kerzenlicht, Beifallklatschen, glühende Gesichter, der umschließende Ring einer Generation und in der Mitte ein Altar – das Tischchen des Rezitierenden mit einem Glas Wasser darauf. Wie Sommerinsekten unter einem erhitzten Lampenglas – so ließ sich eine ganze Generation ankohlen und verbrennen am Feuer dieser literarischen Festlichkeiten mit ihren Girlanden aus sinnbildlichen Rosen. Der Menschenauflauf hatte Kultcharakter und war ein Sühneopfer für die Generation. Hier fanden sich diejenigen ein, die das Schicksal dieser Generation bis hin zum Untergang zu teilen gewillt waren – mochten sich die Hochmütigen abseits halten bei Tjutschew und bei Fet. Genaugenommen hatte sich die gesamte große russische Literatur von dieser schwindsüchtigen Generation mit ihrem Ideal und ihrem Baal abgewandt. Was war ihr denn geblieben? – Papierrosen, das Kerzenlicht der Poesieabende und die Barkarolen Anton Rubinsteins. Die achtziger Jahre in Wilna, wie meine Mutter sie geschildert hat. Überall dasselbe: Sechzehnjährige Mädchen versuchten John Stuart Mill zu lesen, lichtvolle Persönlichkeiten mit ausdruckslosen Gesichtszügen verbreiteten in der Ferne ihren Schimmer, mit viel Pedal und auf dem *piano* fast vergehend spielte man an den Konzertabenden die neuesten Stücke des löwenmähnigen Anton. Doch im Grunde genommen geschah Folgendes: Angeführt von jenen lichtvollen Persönlichkeiten, die in ihrem heiligen Narrentum den Weg unter den Füßen nicht mehr sehen konnten, schritt die Intelligenzija samt diesen Buckles und Rubinsteins zur Selbstverbrennung. Wie hohe Pechfackeln verbrannten die geheimbündlerischen Volkstümler zusammen mit Sofia Perowskaja und Scheljabow vor aller Augen, und alle, das ganze provinzielle Russland und jene »studierende Jugend«, verschmachteten vor Mitleid – nicht ein einziges grünes Blatt sollte da noch übrig bleiben.

Was für ein dürftiges Leben, was für armselige Briefe, was für humorlose Späße und Parodien! Man zeigte mir im Familienalbum eine Aufnahme von Onkel Mischa, einem Melancholiker mit aufgedunsenem und kränklichem Gesicht, und erklärte dazu, er sei nicht einfach verrückt geworden, sondern »verbrannt«, wie es die Sprache jener Generation auszudrücken beliebte. So sprach man auch von Garschin, und viele Tode fügten sich in das eine, große Ritual.

Semjon Afanassjewitsch Wengerow, ein Verwandter meiner Mutter (die Familie stammte aus Wilna, dazu Gymnasiumserinnerungen), verstand nichts von der russischen Literatur und befasste sich von Berufs wegen mit Puschkin. Doch »das« verstand er, und dieses »das« hieß bei ihm: der heroische Charakter der russischen Literatur. Gut sah er aus mit seinem heroischen Charakter, wenn er, am Arm seiner älter werdenden Ehefrau hängend, über den Sagorodnyj zur Kartothek trottete und in seinen buschigen Bart hineinschmunzelte, der an einen Ameisenhaufen erinnerte!

DAS JUDÄISCHE CHAOS

Einmal kam eine wildfremde Person zu uns, eine Frau von etwa vierzig Jahren, mit einem roten Hut, spitzem Kinn und bösen schwarzen Augen. Sie berief sich auf ihre Herkunft aus dem Provinzstädtchen Schawli und verlangte, dass wir sie in Petersburg verheirateten. Eine ganze Woche wohnte sie in unserem Haus, bis es uns gelang, sie wieder loszuwerden. Manchmal erschienen auch wandernde Schriftsteller bei uns: bärtige Menschen mit langschößigen Kleidern, Talmudphilosophen, Hausierer mit eigenen Druckerzeugnissen, Denksprüchen und Aphorismen. Sie drehten einem mit persönlicher Widmung versehene Exemplare ihrer Werke an und klagten über die Verfolgungen, die sie von bösen Frauen zu leiden hatten. Ein- oder zweimal in meinem Leben wurde ich in die Synagoge mitgenommen, nach mühseligen Vorbereitungen, als gingen wir ins Konzert – es hätte nur noch gefehlt, dass wir bei einem Schwarzhändler Eintrittskarten hätten besorgen müssen. Von dem, was ich dort sah und hörte, kehrte ich völlig betäubt nach Hause zurück. In Petersburg gibt es ein jüdisches Viertel: Es beginnt gleich hinter dem Marientheater, wo sich die Schwarzhändler mit ihren Theaterkarten die Füße abfrieren, hinter dem Gefängnisengel des Litauer Schlosses, das in der Revolution abgebrannt ist. Dort, an der Kleinen und an der Großen Handelsstraße, trifft man auf jüdische Aushängeschilder mit einem Ochsen oder einer Kuh, auf Frauen, denen das Perückenhaar unter dem Kopftuch hervorschaut, und auf lebenserfahrene, kinderliebe Greise, die in ihren bis zur Erde reichenden Gehröcken einhertrippeln. Die Synagoge mit ihren kegelförmigen Hüten und ihren Zwiebelkuppeln steht wie ein prächtiger, fremdländischer Feigenbaum ganz verloren inmitten von ärmlichen Gebäuden. Samtene Barette mit Wollquasten, abgezehrte Synagogendiener und Chorsänger, Trauben von siebenarmigen Leuchtern, hohe Sammethüte. Das jüdische Schiff mit seinen klangvollen Altchören und erschütternden Kinderstimmen schwimmt unter vollen Segeln dahin, von irgendeinem uralten Sturm in eine Männerhälfte und eine Frauenhälfte gespalten. Ich hatte mich auf die Frauenempore verirrt und schlich mich da wie ein Dieb von Dachsparren zu Dachsparren. Der Kantor schien den löwenstarken Bau einreißen zu wollen wie der Kraftmensch Samson, die Sammethüte gaben ihm Antwort, und das wundervolle Gleichgewicht der Vokale und der Konsonanten in den deutlich ausgesprochenen Worten verlieh dem Gesang eine unüberwindliche Kraft. Doch welch eine Kränkung darauf die garstige, wenn auch korrekte Sprache des Rabbiners, welche Plattheit, wenn er sein »Monarch und Imperator« ausspricht, welche Plattheit in allem, was er sagt! Da kommen plötzlich zwei Herren in Zylindern, herrlich gekleidet, vor Reichtum nur so glänzend, mit eleganten, weltgewandten Bewegungen aus dem Kreis hervor, berühren ein schweres Buch und vollziehen im Namen und Auftrag aller Anwesenden einen feierlichen Akt und das Allerwesentlichste. »Wer ist das?« – »Baron Ginsburg.« – »Und das?« – »Warschawskij«.

In meiner Kindheit habe ich überhaupt kein Jiddisch gehört, erst später konnte ich mich an dieser singenden, immer wieder verwunderten und enttäuschten, eindringlich fragenden Sprache mit ihren starken Akzenten auf den Halbtönen satthören. Die Sprache des Vaters und die Sprache der Mutter – nährt sich nicht aus dem Zusammenfluss dieser beiden Sprachen unsere eigene das ganze Leben lang, prägen nicht sie ihren Charakter? Die Sprache meiner Mutter war die klare und klangvolle russische Literatursprache, ohne die geringste fremdländische Beimischung, mit etwas breiten und übermäßig offenen Vokalen. Ihr Wortschatz war arm und gedrängt, ihre Wendungen einförmig – doch das war eine Sprache, sie hatte etwas Ursprüngliches und Zuversichtliches. Meine Mutter sprach gerne und freute sich an den Stämmen und am Klang der durch den Gebrauch der Intellektuellen etwas verarmten großrussischen Sprache. War nicht sie als Erste in unserer Familie zu reinen und klaren russischen Lauten vorgedrungen? Mein Vater hatte gar keine Sprache, es war Sprachgestammel und Sprachlosigkeit. Das Russisch eines polnischen Juden? Nein. Die Sprache eines deutschen Juden? Auch nicht. Vielleicht ein besonderer kurländischer Akzent? Einen solchen habe ich nie gehört. Es war eine völlig abstrakte, erfundene Sprache, die schwülstige und geschraubte Ausdrucksweise des Autodidakten, in der Alltagswörter sich mit altertümlichen philosophischen Termini Herders, Leibniz' und Spinozas verflochten, die wunderliche Syntax des Talmudisten, künstliche, nicht immer zu Ende geführte Sätze – es hätte alles Mögliche sein können, nur keine Sprache, weder Russisch noch Deutsch.

Eigentlich versetzte mich mein Vater in ein völlig anderes Jahrhundert und in eine weitab liegende, fremde Umgebung, die keineswegs jüdisch war. Es war, wenn man so will, das reinste achtzehnte oder gar siebzehnte Jahrhundert irgendwo in einem aufgeklärten Ghetto, vielleicht in Hamburg. Die religiösen Interessen waren völlig beiseitegeräumt, die Philosophie der Aufklärung zu einem ausgeklügelten talmudistischen Pantheismus umgewandelt. Irgendwo in der Nachbarschaft züchtet Spinoza in Einmachgläsern seine Spinnen, und man ahnt bereits Rousseau und seinen natürlichen Menschen voraus. Alles ist aufs äußerste abstrakt, ausgeklügelt und schematisch. Als vierzehnjähriger Junge lief mein Vater, dem man die Rabbinerlaufbahn nahegelegt und die Lektüre weltlicher Bücher verboten hatte, von zu Hause weg und nach Berlin, geriet auf die Talmudhochschule und traf dort ebenso eigensinnige, helle Jungen, die in abgeschiedenen Provinznestern davon geträumt hatten, Genies zu werden. Statt des Talmud las er Schiller und las ihn, wohlgemerkt, wie ein völlig neues Buch. Auf dieser seltsamen Universität hielt er es nur kurze Zeit aus, fiel dann in die brodelnde Welt der siebziger Jahre zurück, um den konspirativen Milchladen in der Karawannaja, von wo aus jene Mine gelegt wurde, die Alexander II. töten sollte, für immer in seinem Gedächtnis zu verwahren, und predigte darauf sowohl in einer Handschuhwerkstatt als auch in einer Lederwarenfabrik der verdutzten und dickbäuchigen Kundschaft die philosophischen Ideale des achtzehnten Jahrhunderts.

Als ich zu meinen Großeltern nach Riga mitgenommen werden sollte, sperrte ich mich und weinte fast. Ich glaubte, man wolle mich nun in die Heimat der unverständlichen Philosophie meines Vaters bringen. Eine ganze Batterie von Kartonschachteln machte sich auf die Reise, Körbe mit Hängeschlössern, aufgeblähter, sperriger häuslicher Kram. Unter die Wintersachen wurde grobkörniges Naphtalin gestreut. In ihren Schutzüberzügen standen die Lehnstühle da wie weiße Pferde. Traurig waren für mich diese Vorbereitungen zum Aufbruch an den Rigaer Strand. Ich sammelte damals gerade Nägel: eine unsinnige Sammlermarotte. Ganze Haufen von Nägeln ließ ich mir durch die Finger rinnen und freute mich wie der Geizige Ritter über das Anwachsen meines stachligen Reichtums. Und da wurden mir die Nägel zum Einpacken weggenommen.

Die Reise verlief sehr unruhig. Laute estnische Lieder singend, stürmten irgendwelche Vereine, die von einem großen Sängerfest zurückkamen, nachts in Dorpat unseren düsteren Waggon, stampften laut und kamen zur Tür hereingestürzt. Ich hatte schreckliche Angst.

Mein Großvater, ein blauäugiger Greis mit einem runden Käppchen, das die halbe Stirn bedeckte, und ernsten, etwas unnahbaren Zügen, wie es bei vielen ehrwürdigen alten Juden vorkommt, lächelte mir zu, freute sich und wollte zärtlich zu mir sein – doch verstand er es wohl nicht richtig, und seine dichten Augenbrauen zogen sich zusammen. Als er mich auf seinen Arm nehmen wollte, hätte ich beinahe losgeweint. Meine gute Großmutter mit ihrer schwarzen Perücke über dem grauen Haar und den gelblichen Blümchen auf ihrem Morgenrock trippelte mit winzigen Schrittchen über den knarrenden Holzboden und wollte uns ständig irgendetwas zu essen anbieten.

Immer wieder fragte sie: »Habt ihr schon was gegessen? Habt ihr schon was gegessen?« – es waren die einzigen russischen Worte, die sie kannte. Doch das würzige Alteleutegebäck mit seinem bitteren Mandelgeschmack schmeckte mir nicht. Dann gingen meine Eltern in die Stadt. Mein bekümmerter Großvater und die traurige, umherhastende Großmutter versuchten mit mir zu sprechen und plusterten sich auf wie alte, gekränkte Vögel. Ich bemühte mich krampfhaft, ihnen klarzumachen, dass ich zu Mama wollte – sie verstanden mich nicht. Dann stellte ich meinen Wunsch wegzugehen in der Weise dar, dass ich meinen Mittelfinger und meinen Zeigefinger wie ein Beinepaar über die Tischplatte spazieren ließ.

Plötzlich holte mein Großvater aus einer Kommodenschublade ein schwarz-gelbes Seidentuch hervor, warf es mir um die Schultern und hieß mich Worte nachsprechen, die aus unbekannten Geräuschen bestanden. Unzufrieden mit meinem Gestammel, wurde er sehr bald böse und schüttelte missbilligend seinen Kopf. Mir wurde eng, und ich fürchtete mich. Nur undeutlich erinnere ich mich, wie meine Mutter gerade im rechten Augenblick dazukam und mir heraushelfen konnte.

Mein Vater sprach oft von Großvaters Ehrlichkeit als einer hohen geistigen Tugend. Für einen Juden ist die Ehrlichkeit – Weisheit und beinah Heiligkeit. Je weiter man die Generationen dieser strengen, blauäugigen Greise zurückverfolgt, desto ehrlicher und strenger findet man sie. Mein Urgroßvater Benjamin hatte eines schönen Tages gesagt: »Ich gebe mein Geschäft und den Handel auf – ich brauche kein Geld mehr.« Sein Geld reichte ihm genau bis zu dem Tag, an dem er starb – nicht eine Kopeke hat er hinterlassen.

Der Rigaer Strand ist ein Land für sich. Berühmt ist er für seinen verblüffend feinen und reinen gelben Sand (in keiner Sanduhr gibt's ein solches Sändlein!) und seine löchrigen Uferwege aus einem Brett oder aus zweien, welche über diese zwanzig Kilometer weite, mit Sommerhäuschen bepflanzte Sahara angelegt waren.

Die Ausmaße der Rigaer Sommerhäuschenkolonie lassen sich mit keinem anderen Badeort vergleichen. Bretterwege, Blumenbeete, Vorgartenzäunchen und Glaskugeln ziehen sich hin wie eine endlose Riesenstadt, und das alles auf einem kanariengelben, von Kindern zum Spielen sehr geschätzten, wie Weizenmehl feingemahlenen Sand.

Die Letten trocknen und stapeln in ihren Hinterhöfen Flundern, diese einäugigen, grätenreichen, wie eine breite Handfläche platten Fische. Kinderweinen, Klaviertonleitern, Patientengestöhne bei den zahllosen Zahnärzten, Geschirrklappern von den kleinen Gasthaustischchen, Gesangsläufe und die Ausrufe der Hausierer kommen nie zum Verstummen in diesem Labyrinth von Küchengärtchen, Bäckerläden und Stacheldrahthecken. Und auf dem Sanddamm, auf dem Schienenhufeisen laufen, so weit das Auge reicht, kleine Spielzeugzüge, vollgestopft mit blinden Passagieren, die während der Fahrt aufspringen, vom gestelzten deutschen Bilderlingshof bis zum enggedrängten jüdischen Dubbeln mit seinen Windeldüften. Durch die spärlichen Kiefernwäldchen streifen Wandermusikanten: zwei Klapphörner in Brezelform, eine Klarinette und eine Posaune – blasen ihre unbarmherzigen kupfernen Falschtöne in die Welt und werden von überall vertrieben, wenn sie bald hier, bald dort mit dem Pferdemarsch der Schönen Karoline losbrechen.

Die ganze Gegend gehörte einem monokeltragenden Baron mit Namen Firks. Seinen Boden hatte der in ein judenfreies und ein nicht-judenfreies Gebiet abgeteilt. Auf dem judenfreien Gebiet saßen die Burschen der Studentenkorps und nützten die Tischchen ab mit ihren Bierkrügen. Auf dem Judengebiet hingen die Windeln und überstürzten sich die Klaviertonleitern. In Majorenhof, bei den Deutschen, spielte die Musik – ein Symphonieorchester im Muschelgehäuse des Pavillons – »Tod und Verklärung« von Richard Strauss. Ältliche deutsche Damen mit geröteten Wangen und in frischer Trauer fanden hier ihren Trost.

In Dubbeln, bei den Juden, schluchzte ein Orchester die »Pathétique« von Tschaikowskij, und man hörte, wie zwei Streichernester einander zuriefen.

Tschaikowskij liebte ich zu der Zeit in krankhafter, nervöser Erregung, die ganz dem Verlangen Netotschka Neswanowas bei Dostojewskij ähnlich war, hinter dem roten Flammen des Seidenvorhangs ein Violinkonzert zu hören. Die breiten, schwebenden Streicherstellen Tschaikowskijs erlauschte ich vom Stachelzaun aus – und habe mir mehr als einmal die Kleider zerrissen und die Hände zerkratzt, als ich ohne Eintrittskarte bis zum Muschelgehäuse des Orchesters vordrang. Bruchstücke von kraftvoller Streichmusik hörte ich selbst aus dem wilden Grammophon des Sommerfrischlerlärms heraus. Ich weiß gar nicht mehr, wann meine Ehrfurcht vor einem Symphonieorchester angefangen hatte, doch ich glaube Tschaikowskij richtig verstanden zu haben, als ich in ihm ein ganz besonderes Konzertgefühl ahnte.

Wie überzeugend klangen die zergehenden, auf italienische Art willenlosen und dennoch russischen Geigenstimmen in dieser schmutzigen jüdischen Kloake! Was für ein Faden war da gespannt von diesen ersten, ärmlichen Konzerten hin zur flammenden Seide der Adelsversammlung und zum zerbrechlichen Skrjabin. Im allernächsten Augenblick wird er vom immer noch stummen Halbkreis der Sänger und dem Geigenwald des »Prometheus« erdrückt werden, über dem gleich einem Schutzschild der Klangverstärker hängt – diese seltsame gläserne Vorrichtung.

Gegen Mitternacht fegten die Wogen eines Schneesturms durch die Straßenschneisen der Wassilij-Insel. Die blauen Gelatinekästchen der Hausnummern brannten in den Winkeln der Eingangstore. Die Bäckerläden, von keinerlei Geschäftszeiten beengt, atmeten ihren Butterkuchendampf auf die Straße hinaus, doch die Uhrmacher hatten ihre von heißem Geplapper und Zikadengezirpe erfüllten Geschäfte längst geschlossen.

Schwerfällige Pförtner, Bären mit ihren Blechschildern, dösten in der Nähe der Portale.

So war es vor einem Vierteljahrhundert. Noch heute brennen da im Winter die himbeerroten Kugellampen der Apotheken.

Mein Begleiter trat aus seiner literarischen Bärenhöhle, aus seiner Wohngrotte mit der kurzsichtigen grünen Lampe und dem klotzigen Diwan, dem Arbeitszimmer, wo raffgierig aufgestapelte Büchermengen niederzubrechen drohten wie die bröckelnden Wände einer Schlucht – trat also aus seiner kleinen Wohnung, wo selbst der Tabaksqualm nach gekränkter Eigenliebe zu riechen schien, und kam plötzlich in Fahrt, schlug sich in seinen allzu herrschaftlichen Pelz, der gar nicht seinem gesellschaftlichen Rang entsprach, und wandte mir sein rotwangiges, stachliges, russisch-mongolisches Gesicht zu.

Er rief, nein, er schrie einen Kutscher herbei, mit einem so herrischen und frostigen Gellen, als hätte eine ganze winterliche Hundemeute samt Schlitten auf seinen Ruf gewartet, und nicht bloß ein wattiertes Gäulchen.

Nacht. Zornig ist er, der Literat und besitzlose Intellektuelle in seinem allzu herrschaftlichen Pelz. Ach! Das ist doch ein alter Bekannter! Ein den Werken Konstantin Leontjews vorangestelltes, von einem Wachspapierhäutchen bedecktes Porträt: in einer Pelzmützenmitra – ein stachliges Tier, der Oberpriester des Frostes und des Staates. Eine Theorie knirscht durch den gefrorenen Schnee wie die Kufen eines Mietschlittens. Ist dir kalt, Byzanz? Er friert und ist zornig, der Schriftsteller und besitzlose Intellektuelle in seinem allzu herrschaftlichen Pelz.

Die Nowgoroder und Pskower sehen genauso wütend aus auf ihren Ikonen: In Reihen standen sie übereinander, diese weltlichen Brüder, die einen über den Köpfen der anderen, rechts und links, Streithähne und Stänkerer, ihre klugen Bauernköpfe auf den kurzen Hälsen erstaunt dem Geschehen zugewandt. Die fleischigen Gesichter und schroffen Bärte der Streithähne in zornigem Erstauntsein auf das Geschehen gerichtet. Sie erscheinen mir als das Urbild des literarischen Zorns.

Wie die Nowgoroder zornig die Bärte schüttelnd ihre Meinung kundtun beim Jüngsten Gericht, so zürnt die Literatur schon ein ganzes Jahrhundert lang und schaut missbilligend auf das Geschehen – mit dem flammenden, schieläugigen Blick des besitzlosen Intellektuellen und Pechvogels, mit dem Zorn des weltlichen Bruders, den man zur Unzeit geweckt, herbeigerufen, nein, an den Haaren herbeigeschleppt hat, dass er Zeuge sei beim byzantinischen Gericht der Geschichte.

Literarischer Zorn! Wenn du nicht wärest, womit sollte ich dann das Salz der Erde essen?

Du bist die Würze zum ungesäuerten Brot der Einsicht, du bist das frohe Bewusstsein des Unrechts, du bist das Verschwörersalz, das mit boshafter Verneigung von Jahrzehnt zu Jahrzehnt weitergereicht wird, im geschliffenen Salzfass, auf einem Handtuch! Darum gefällt es mir so, den Fieberbrand der Literatur mit dem großen Frost und den stachligen Sternen zu löschen. Wird er knirschen im Schnee? Kommt er richtig in Fahrt auf der frostigen Straße Nekrassows? Wenn der literarische Zorn echt ist – dann ja.

Statt der lebendigen Gesichter sich des Abdrucks ihrer Stimmen erinnern. Blind werden. Sich vortasten und mit dem Gehör erkennen. Ein trauriges Los! So gehst du in die Gegenwart hinein, in das Heute, wie in ein ausgetrocknetes Flussbett.

Aber das waren doch keine Freunde, keine nahestehenden Menschen, sondern fremde, ganz und gar fremde Leute! Und dennoch: Nur mit den Masken fremder Stimmen sind die kahlen Wände meiner Behausung geschmückt. Erinnern heißt – ganz allein in einem ausgetrockneten Flussbett zurückgehen müssen!

Die erste literarische Begegnung ist nie wiedergutzumachen. Bei mir war es ein Mann mit ausgedörrter Kehle. Die Nachtigallen Fets hatten sich längst in Dampf aufgelöst: eine fremde Herrenlaune. Gegenstand des Neides. Lyrik. »Reiter oder Wanderer«, »Weit geöffnet stand der Flügel«, »Und mit dem brennenden Salz unvergänglicher Worte«.

Die schmerzenden, entzündeten Augenlider Fets hinderten einen am Schlafen. Tjutschew lagerte sich als Frühsklerose, als Kalkschicht in den Adern ab. Die fünf oder sechs letzten symbolistischen Worte machten den Korb überschwer, wie die fünf Fische des Evangeliums: unter ihnen auch der große Fisch – »Sein«.

Mit ihnen war die hungernde Zeit nicht zu speisen, und alle fünf mussten aus dem Korb geworfen werden, auch der große, verendete Fisch des »Seins«.

Die abstrakten Begriffe riechen am Ende einer historischen Epoche immer wie fauliger Fisch. Lieber also das zornige und fröhliche Zischen russischer Verse.

Der Mann, der den Kutscher angeschrien hatte, war W. W. Gippius, Literaturlehrer, der den Kindern anstatt der Literatur eine weitaus interessantere Wissenschaft beibrachte – den literarischen Zorn. Warum sträubte er vor den Kindern seine Stacheln? Brauchen die Kinder vielleicht den Dorn der Eigenliebe, das Schlangengezische der literarischen Anekdote?

Schon damals wusste ich, dass es neben der Literatur ihre Zeugen gab, gleichsam ihre Trabanten: Nun ja, nur schon all die Puschkinianer und dergleichen. Später habe ich einige kennengelernt. Wie fade die waren, im Vergleich zu W. W. Gippius!

Von den übrigen Zeugen der Literatur unterschied er sich gerade durch sein zorniges Erstauntsein. Er hatte ein animalisches Verhältnis zur Literatur, die ihm als eine einzige Quelle tierischer Wärme galt. Er wärmte sich an der Literatur, rieb sich an ihr mit seinem Fell, seinen rötlich braunen Borstenhaaren und seinen unrasierten Wangen. Er war ein Romulus, der seine Wölfin hasste und in seinem Hass die anderen lehrte, sie zu lieben.

W. W. zu Hause zu besuchen bedeutete fast immer, ihn aufzuwecken. Er schlief auf dem harten Diwan in seinem Arbeitszimmer, einen alten Band der »Waage«, der »Blumen des Nordens« oder des »Skorpion« an sich gedrückt, von Sologub vergiftet, von Brjussow schwer verwundet und noch im Schlaf sich an Slutschewskijs wilde Verse der »Hinrichtung in Genf« erinnernd, ein Gefährte Konewskojs und Dobroljubows, der kämpferischen jungen Mönche des frühen Symbolismus.

W. W.s Schlafsucht war ein literarischer Protest, gleichsam die Verlängerung des Programms der alten »Waage« und des »Skorpion«. Aus dem Schlaf geholt, sträubte er seine Stacheln und fragte einen mit einem ungunten Lächeln über dieses und jenes aus. Doch sein eigentliches Gespräch bestand in einer Aufreihung von literarischen Namen und Buchtiteln, die er mit animalischer Gier, in rasendem, doch edlem Neid von sich gab.

Er war überängstlich und fürchtete keine Krankheit so sehr wie die Angina, die Krankheit, die einen am Sprechen hindert.

Tatsächlich lag die ganze Kraft seiner Persönlichkeit in der Energie und der Aussprache dessen, was er sagte. Er hatte einen unbewussten Hang zu den Zischlauten, Pfeiflauten und dem »t« am Wortende. Gelehrter ausgedrückt: eine Leidenschaft für Dentale und Palatale.

Dem Einfluss W. W.s gehorchend, stelle ich mir den frühen Symbolismus auch heute noch als ein dichtes Gestrüpp von Zischlauten vor. »Über mir Adler, sprechende Adler.« Mein Lehrer also gab den patriarchalischen und kämpferischen Konsonanten des Schmerzes und des Angriffs, des Gekränktwerdens und der Selbstverteidigung den Vorzug. Zum ersten Mal hatte ich meine Freude an einem äußerlichen Missklang der russischen Sprache, als es W. W. einfiel, uns Fets »Feuervogel« zu rezitieren. »Auf einem Ast, verwachsen wundersam«: Als hingen Schlangen über den Schulbänken, ein ganzer Wald zischelnder Schlangen. W. W.s Schlafsucht erschreckte mich und zog mich gleichzeitig an.

Ist die Literatur vielleicht ein Bär, der seine Pfote leckt, ein bleierner Schlaf nach getaner Pflicht, auf dem Diwan des Arbeitszimmers?

Ich kam zu ihm, um das Tier der Literatur zu wecken. Um es brüllen zu hören, um zu sehen, wie es sich hin und her wälzt: Ich ging zu meinem »Russischlehrer« nach Hause. Die Quintessenz lag gerade in diesem »nach Hause«, und auch heute noch komme ich kaum mehr von dem Gefühl los, dass ich damals wiederholt bei der Literatur selbst zu Hause war. Später ist die Literatur für mich nie mehr ein Haus gewesen, eine Wohnung, eine Familie, wo gleich nebenan rothaarige kleine Jungen im Gitterbettchen schliefen.

Angefangen bei Radistschew und Nowikow, bildete sich bei W. W. eine bereits persönliche Beziehung zu den russischen Schriftstellern heraus, eine gallige und liebevolle Vertrautheit, mit edlem Neid, Eifersucht, scherzhafter Respektlosigkeit und vollblütiger Ungerechtigkeit – wie es in einer Familie gang und gäbe ist.

Der Intellektuelle baut einen Tempel der Literatur mit reglosen Götzen. Korolenko zum Beispiel, der so viel über das Volk der Syrjänen schrieb, hat sich, wie mir scheint, selbst in einen kleinen syrjänischen Götzen verwandelt. W. W. lehrte uns, die Literatur nicht wie einen Tempel zu gestalten, sondern wie eine Familie. In der Literatur schätzte er das patriarchalische, väterliche Prinzip der Kultur.

Wie gut, dass ich die Möglichkeit hatte, statt der Ölflamme eines Götzenpriesters das rote Flämmchen des literarischen Zornes zu lieben (W. W.s Zorn)!

W. W.s Urteile haben bis heute ihre Macht über mich bewahrt. Die große Reise durch das Patriarchat der russischen Literatur, die ich mit ihm zusammen machte, von »Nowikow und Radistschew« bis zur Insel Konewetz und Konewskoj des frühen Symbolismus, ist denn für mich auch die einzige geblieben. Später habe ich nur noch irgendwie herumgelesen.

Statt einer Krawatte baumelt ein Schnürchen an seinem Hals. Unruhig sind die Bewegungen des kurzen, von der Angina geplagten Halses im farbigen, ungestärkten Kragen. Aus der Kehle brechen zischende, brodelnde Laute hervor: kämpferische »stsch« und »t«.

Es war, als befände sich dieser Mann beständig in einem Zustand kämpferischer und glühender Agonie. Die Todesnähe lag in seiner Natur selbst, quälte und erregte ihn, nährte die austrocknenden Wurzeln seines geistigen Seins.

Unter den Symbolisten übrigens waren solche Plaudereien wie die folgende durchaus üblich: »Wie lebt man so, Iwan Iwanowitsch?« – »Ganz ordentlich, Pjotr Petrowitsch, ich lebe als Sterbender.«

W. W. liebte Verse, in denen sich *Flamme* und *vom Stamme, Liebe* und *Triebe, sterbliche Hülle* und *göttliche Fülle* energisch und glücklich reimten.

Sein Wortschatz wurde unbewusst von zwei Wörtern bestimmt: »Sein« und »Flamme«. Hätte man ihm die gesamte russische Sprache zur Fürsorge anvertraut, wäre er damit, wie ich, ohne zu spaßen, glaube, höchst unvorsichtig umgegangen und hätte den ganzen russischen Wortschatz verbrannt und vernichtet zum Ruhme des »Seins« und der »Flamme«.

Die Literatur des Jahrhunderts war von vornehmer Herkunft. In ihrem Hause herrschte der Überfluss. An einem weit ausgezogenen Tisch saßen Walsingham und seine Gäste. Aus der Frostkälte kamen neue Gäste herein und warfen ihren Pelz von den Schultern. Blaue Punschflämmchen erinnerten die Versammelten an Ehrgefühl, Freundschaft und Tod. Eine Bitte flog um den Tisch, die stets wie zum letzten Mal ausgesprochen wurde: »Sing, Mary«, die qualvolle Bitte eines letzten Festes.

Doch nicht weniger als das schöne Mädchen, das da sein durchdringendes schottisches Lied singt, liebe ich den, der sie mit heiserer, vom Gespräch überanstrengter Stimme um ihr Lied gebeten hat.

Wenn ich geglaubt habe, Konstantin Leontjew zu sehen, als er auf einer verschneiten Straße der Wassilij-Insel den Kutscher anschrie, so nur deshalb, weil er mehr als alle anderen russischen Schriftsteller dazu neigt, schwere Brocken von Zeit durch seine Hände gehen zu lassen. Die Jahrhunderte empfindet er wie verschiedene Wetterlagen und widmet ihnen seine Ausrufe.

Er könnte durchaus ausrufen: »Ach, was für ein herrliches Jahrhundert haben wir da!«, gerade wie man sagt: »Einen schönen, trockenen Tag haben wir heute!« Doch gerade jetzt ist dies nicht der Fall. Seine Zunge klebt an der Kehle. Die Frostkälte verbrennt ihm den Hals, und des Meisters Anruf des Jahrhunderts erstarrt zur Quecksilbersäule.

Wenn ich auf das ganze neunzehnte Jahrhundert der russischen Kultur zurückblicke, das zerschellt, vorbei, nicht wiederholbar ist, das niemand zu wiederholen wagt und niemand wiederholen darf, so möchte ich dieses Jahrhundert anrufen wie eine unveränderte Wetterlage – ich sehe in ihm die verbindende Einheit einer unermesslichen Kälte, welche die Jahrzehnte zu einem einzigen Tag, zu einer einzigen Nacht, zu einem tiefen Winter zusammenschweißt, in dem die schreckliche Macht des Staates steht wie ein Ofen, der eisige Kälte verbreitet.

Und in dieser Winterperiode der russischen Geschichte erscheint mir die Literatur als Ganzes wie etwas ungemäß Herrschaftliches, das mich verwirrt: Zitternd hebe ich das Wachspapierhäutchen über der Wintermütze des Schriftstellers. Daran ist niemand schuld, und es gibt keinen Grund, sich dafür zu schämen. Ein Tier braucht sich seines Felles nicht zu schämen. Die Nacht hat es mit Pelz besetzt. Der Winter hat ihm ein Kleid gegeben. Die Literatur ist das Tier. Der Kürschner ist die Nacht und der Winter.

1925

DER STEIN

Der Laut – behutsam, stumm –
Der Frucht, wenn sie vom Baum sich trennt,
Die Melodie der Stille um
Ihn her: der Wälder, ohne End …

1908

Ein Flittergold, das helle Brennen
Der Weihnachtstannen drin im Wald;
Der Spielzeugwolf mit schrecklich strengen
Augen aus dem Busch da schaut.

O meine Trauer, du Prophetin,
O stille Freiheit, du mein Ball.
Der Himmelsraum, der unbelebte,
Ein immer lachender Kristall!

1908

Kinderbücher, nur sie noch zu lieben,
Nichts als kindliche Träume zu sehn,
Alles Große weit weg von sich schieben,
Aller Trauer, der tiefen, entgehn.

Bin vom Leben so müde – zum Sterben,
Ja von ihm nehm ich nichts mehr nun an,
Dennoch lieb ich sie: arm, meine Erde –
Eine andre hab ich nie gekannt.

Auf dem einfachen Holz einer Schaukel
Flog ich hoch durch den Garten und Raum –
Und die Tannen, die hohen und dunklen,
Seh ich manchmal noch, fiebrig, im Traum.

1908

Nicht ein Wort ist zu verlieren,
Nichts zu lehren weit und breit –
Schön die Seele, Trauer spürend
Tier ist sie und Dunkelheit:

Keine Lehre will sie ziehn,
Nicht ein Wort, das sie behält –
Jung durchschwimmt sie, ein Delphin
Weiße Schluchten alter Welt.

1909

SILENTIUM

Sie ist noch immer ungeboren,
Sie ist Musik und sie ist Wort –
Und was da lebt, trägt unverloren
Sie unzertrennbar mit sich fort.

Die Brust des Meers, ihr ruhiges Atmen,
Doch wie ein Irrsinn hell der Tag,
Der Schaum – ein Flieder, bläulich zarter
Der sein Gefäß leicht überragt.

O könnt mein Mund es endlich finden
Und dieses erste Schweigen sein,
Den einen Ton, kristallen, singen
Und von Geburt noch immer – rein.

Du bleib der Schaum, o Aphrodite,
Du Wort, kehr um – in die Musik,
Dem Herzen nichts als Scham beschieden,
Das seinem Lebensgrund entfliegt!

1910

Das Ohr – ein fein gespanntes Segel,
Der Blick nun leert sich, weites Tor,
Die Stille da durchschwimmen Vögel
Der Nacht, als ein verstummter Chor.

Ich bin so einfach wie der Himmel,
Wie die Natur bin ich – so arm,
So scheinhaft frei wie jene Stimmen
Der Mitternacht, des Vogelschwarms.

Ich seh den Mond, den abgetrennten,
Die Himmelsleinwand – tot wie nie,
Und deine Welt, die schmerzend fremde,
Du Leere, ich empfange sie!

1910

Aus zäher, morastiger Tiefe
Wuchs ich, als ein Schilfrohr, herauf:
Das heftige, zärtliche, wilde
Verbotene Leben – mein Hauch.

Ich neig mich, von keinem beachtet,
Zum kalten und sumpfigen Heim,
Mich grüßt nur ein freundliches Rascheln
Im Herbst, für Minuten allein.

Und glücklich bei grausamster Kränkung,
Im Leben, das traumhaft geschieht,
Beneide ich still einen jeden,
In jedermann heimlich verliebt.

1910

Wie langsam nun der Schritt der Pferde,
Wie wenig Licht, Laternenschein!
Mich fahren Fremde – und sie werden
Das Ziel wohl wissen, sie allein.

In ihre Sorge mich ergebend –
Ich möchte schlafen, mir ist kalt;
Es wirft mich hoch, mich wirft's entgegen
Dem einzigen, dem Sternenstrahl.

Der Kopf, er brennt, er schaukelt lange,
Und sanft das Eis der fremden Hand,
Der dunkle Umriss dort, die Tannen,
Noch nie gesehen, unbekannt …

1911

Warum mag die Seele nur singen,
Sind so wenig Namen mir lieb,
Ist der Rhythmus – Zufall, ein blinder,
Kommt er jäh, als Nordwind, ins Lied?

Er hebt auf den Staub, auf zu Wogen,
Und er rauscht mit Papier, seinem Laub,
Und er kommt nicht zurück, niemals – oder
Kommt als ganz Andrer, verwandelter Laut.

O du Wind des Orpheus, du großer,
Du ziehst meerwärts, hin in sein Licht,
Eine unerschaffene Welt liebkosend
Vergaß ich das unnütze »Ich«.

Und da irrt ich durch zierliches Dickicht,
Eine Grotte – blau – war mein Fund …
Ist es wahr, und bin ich wirklich,
Und ob der Tod auch wirklich kommt?

1911

DIE MUSCHEL

Kann sein, dass ich dir nichts bedeute,
Nacht; aus dem tiefen Weltengrund
Wie eine Muschel hingeschleudert,
Die perlenlos ans Ufer kommt.

Gleichgültig machst du's schäumen, stieben –
Dein Meer, und singst, singst zäh dahin,
Doch deine Muschel – wirst du lieben,
Die unnütz kleine Lügnerin.

Du wirst im Sand da bei ihr liegen
Und schlägst um sie dein großes Kleid,
Die Glocke Dünung an sie fügend,
Hast du sie untrennbar vereint.

Die Muschelwände, zart und rissig,
Als wär's ein Haus, ein Herz: so leer,
Füllst du dann aus mit Schaumgeflüster
Und Nebel, Regen, Wind vom Meer …

1911

Ich schaudere auf vor Kälte –
Nur Stummsein hab ich im Sinn!
Am Himmel doch tanzt es golden,
Befiehlt mir zu singen: sing!

So leide, unruhiger Sänger,
Und liebe, erinnre, die Qual –
Vom trüben Planeten fällt er,
Fang auf diesen leichten Ball!

Da ist sie doch – diese echte
Nähe zur geheimen Welt!
Wie bricht es herein, dein Elend,
Wie hart dich die Wehmut befällt!

Und dort, überm Mode-Laden
Der Stern da, der ewig blinkt –
Was ist, wenn an langer Nadel
Der Stern in mein Herz mir sinkt?

1912

Ich hasse Sternenlicht –
Dies ewige Einerlei.
Mein Traum, ich grüße dich:
Du Turm und großer Pfeil!

Sei Spitzentuch, du Stein,
Und werde zum Spinnweb-Netz:
Dring in den Himmel ein –
Nadel, die ihn verletzt!

Er kommt, mein Augenblick –
Aufschwung, ich spüre ihn.
Gedankenpfeil, er fliegt
Lebendig fort – wohin?

Erschöpft die Bahn, komm ich
Vielleicht zurück ins Hier –
Denn Liebe: gab's dort nicht,
Und hier: nur Angst vor ihr.

1912

Dein Gesicht, das quälend ungewisse –
Nicht erkennbar, dunkle Nacht.
»Herr!« – so sprach ich selbstvergessen,
Sprach es aus ganz unbedacht.

Gottes Name, groß, ein Vogel –
Der aus meinem Innern fährt.
Vor ihm – dichte Nebelwogen,
Hinter ihm – ein Käfig, leer.

1912

Nein, nicht den Mond, ein helles Zifferblatt
Seh ich – dass ich die Sterne milchig matt
Nur finde, was kann ich dafür?

Der Hochmut Batjuschkows! mir ist er leid:
Gefragt »Wie spät ist es?« gab zu Papier
Er seinen Fragern einzig: »Ewigkeit«.

1912

GOLDSTÜCK

Heute nichts als nur den feuchten
Herbst geatmet, ganz verwirrt.
Zeit fürs Abendbrot – im Beutel
Sternengold: und wie das klirrt!

Zitternd schon vom gelben Nebel
Steig ich in den Kellerraum;
Ein Lokal – wie nie gesehen,
Welch ein Pack, hab ich gestaunt!

Kleinbeamte und Japaner,
Theorie von fremdem Geld …
Einer dort – die Münzen grabbelnd,
Nicht sehr nüchtern johlt's und bellt's.

Bitte sehr, können Sie wechseln? –
Frag ich den jetzt ins Gesicht –
Kein Papierchen! Abgewetzte
Rubelscheinchen mag ich nicht!

Was soll ich in diesem Haufen?
Wie bloß kam ich her, mein Gott?
Hab ich Rechte hier, ich brauch es –
Wechseln Sie mir doch mein Gold!

1912

EIN LUTHERANER

Ich traf beim Gotteshaus der Protestanten
Spazieren gehend einen Leichenzug –
Zerstreut war ich, und doch war dem Passanten
Der grimmig stumme Aufruhr gut genug.

Mein Ohr erreichte nicht die fremde Sprache,
Nur das Geschirr der Pferde glänzt – Metall,
Der Fahrdamm gab sich feiertäglich, machte
Den trägen Hufen dumpf den Widerhall.

Im Dämmer, weich elastisch, einer Kutsche
Wahrt eine Heuchlerin, die Trauer, ihre Pose,
Ganz wortlos, ohne Tränen, karg und kurz nur
Blinkt herbstlich eine Knopflochrose.

Als langes schwarzes Band zogen die Fremden,
Verweinte Damen schritten in Begräbnisruhe –
Gerötet unterm Schleier. Und da lenkte
Starrköpfig fort der Kutscher seine Fuhre.

Wer du auch warst, entschlafener Lutheraner –
Man hat ganz leicht und schlicht dich beigesetzt,
Den Blick von einer Träne recht verhangen,
Das Glockenspiel – verhalten, bis zuletzt.

Schön reden, dachte ich, bringt uns nicht weiter,
Uns lockt kein Himmel, keine Hölle kann uns hetzen,
Propheten sind wir keine, nicht mal Wegbereiter –
Im blassen Mittag brennen wir, wie Kerzen.

1912

Das angespannte Schweigen, quälend ist's gewesen.
Dass Seelen unvollkommen sind –
                              da drückt der Schuh!
Verwirrt trat einer auf und wollte etwas lesen,
Und freudig rief man da: Nur los, wir hören zu!

Er las jetzt »Ulalume«, ich wusste, als ich lauschte:
Ein Nachtmahr, unsichtbar, stand hinter ihm.
Bedeutung ist ein Nichts, das Wort:
                              ein bloßes Rauschen,
Dient die Phonetik treu – den Seraphim.

Und Edgars Harfe sang »The House of Usher«,
Der Tollkopf nippt am Glas – verstummt!
                              vor vollem Saal.
Dann stand ich draußen. Und der Herbst:
                              wie Seide raschelnd,
Mich wärmt am Hals ein Seidenschal …

1912

BACH

Kirchgänger als – des Staubes Kinder,
Statt Bilder gibt's hier Tafeln nur,
Auf denen Bach mit Kreidefingern
Die Ziffern schrieb, die Psalmenspur.

Gewirr von Stimmen, bunte Schreie
Im Wirtshaus, unterm Kirchendach –
Du aber jubelst wie Jesaja,
Vernünftigster, mein J. S. Bach!

Herrlicher Streiter, worauf zielst du,
Suchst einen Halt für ihn, den Geist?
Den Enkeln die Choräle spielst du
Und suchst auch da noch – den Beweis?

Der Klang, was ist das bloß? Sechzehntel,
Die Orgel, ihr komplexer Schrei –
Nichts als dein Brummen und dein Zetern,
Du unnachgiebig strenger Greis!

Die schwarze Kanzel, drauf der Pastor,
Spricht lutherisch von seinem Gott,
Mengt in den Zorn von deinen Tasten
Sein tönendes, sein eignes Wort.

1913

KINO

Ein Kinosälchen. Mit drei Bänken.
Sentimentales Fieberkind.
Die noble Dame! Und die Ränke
Der schlimmen Nebenbuhlerin.

Den Flug der Liebe bremst man nicht:
Die Dame trifft doch keine Schuld!
So selbstvergessen schwesterlich
Schenkt sie dem Leutnant ihre Huld.

Er irrt umher in seiner Wüste –
Des alten Grafen Nebensohn.
So fängt er an, der grob versüßte,
Der schönen Gräfin Tränenstrom.

Voll Raserei wirft sie die Hände,
Zigeunrinhaft, fast wie behext.
Die Trennung. Wild erhitzte Klänge
Aus dem Klavier – dahingehetzt.

In ihrem Herzen, ach! dem schwachen,
Gibt es Courage noch genug,
Sich an Papiere ranzumachen
Für Spionage und Betrug.

In der Allee blühender Kastanien
Rast ungeheuer ein Motor,
Der Streifen zirpt, das Herz der Damen
Schlägt nun erregter als zuvor.

Im Reisekleid fährt sie, samt Tasche,
Im Zug und im Automobil:
Voll Angst, dass man sie überrasche,
Von jedem Trug gehetzt, fragil …

O bittrer Unfug, all die Scherben:
Kein Zweck wäscht solche Mittel blank!
Er – kriegt das väterliche Erbe,
Und sie: Gefängnis. Lebenslang.

1913

TENNIS

Zwischen faden Sommerhäuschen,
Die wie Leierkästen sind –
Fliegt ein Ball, allein und mäuschen-
Still: ein Zauber, der dir winkt!

Wer trat hier, gezähmt sein Feuer,
Ringsum Alpenschnee so hell,
Mit dem Mädchen (flinke Schläue)
Ins olympische Duell?

Lyra-Saiten sind zu schwächlich:
Drum schuf England, ewig jung,
Goldene Rackets, unzerbrechlich,
Stärkere Saiten voller Schwung!

Schuf dem Spielkult seine Regeln –
Leicht bewaffnet, wer da siegt,
Als ein attischer Soldat sich gebend:
Ganz in seinen Feind verliebt!

Mailuft. Fetzen von Gewitterwolken.
Totes Grün welkt vor sich hin.
Hupen jetzt, Motorenrollen –
Flieder riecht hier nach Benzin.

Reines Quellwasser trinkt heiter
Unser Sportsmann, wie er's braucht:
Und dann geht der Krieg schon weiter,
Leuchtet nackt ein Arm da auf!

1913

Vom leichten Leben waren wir halb verrückt,
Schon morgens Wein, und abends Katzenjammer.
Wie lässt sich's nur bewahren: Rot der Wangen,
Du Pest des Rauschs! und wie dein schales Glück?

Ein Händedruck – es schmerzt, das Ritual,
Und auf den Straßen nachts all diese Küsse,
Der Fluss wirkt schwer wie eine dunkle Pfütze
Und Straßenlampen brennen als Fanal.

Wir warten auf den Tod, den Märchenwolf,
Und früher noch als alle, wie ich wähne,
Wird er wohl sterben, mit der langen Strähne
Über den Augen: rot sein Mund und unruhvoll.

1913

Die Luft – vertrunken, und das Brot vergiftet.
Und diese Wunden heilen: hart.
Die Schwermut Josephs in Ägypten –
Genauso bittre Gegenwart.

Ein Sternenhimmel, Beduinen
Zu Pferd, sie reiten da im Schlaf
Und dichten frei – von dem, was ihnen
An diesem wirren Tag geschah.

Nur wenig braucht es zur Erleuchtung:
Verloren ging dein Köcher, tausch
Dein Pferd! Die Sicht wird leichter –
Und all der Nebel löst sich auf.

Singt einer wahr und singt es eigen,
Mit vollem Atem – wenn's gelingt
Verschwindet alles, übrig bleiben
Der Raum, die Sterne, er, der singt!

1913

Walküren im Fluge, der Geigensang.
Das wuchtige Opern-End ist nicht mehr fern.
Auf marmornen Treppen weilt man sich lang –
Lakaien, mit Pelzen: für ihre Herrn.

Der Vorhang setzt an schon – zum dumpfen Fall.
Da klatscht noch ein Dummkopf: Oh! ein Genuss!
Sie tanzen ums Feuer, den Kutschern ist kalt.
Den Wagen von Dingsda! Der Aufbruch. Und Schluss.

1914

Von alten, rauen Zeiten sprechen
Die Pferdehufe ungestillt …
Auf ihrer Holzbank schlafen Knechte
In schwere Pelze eingehüllt.

Ein Schlag ans Eisentor. Der Pförtner
Erhebt sich majestätisch faul –
Im Gähnen, tierischem, verzerrtem,
O Skythe! Sah ich dich genau

Wie einst Ovid – gebrochen liebend –
Im Lied Rom und den Schnee hintrug,
Die Ochsenkarren, die sich wiegen
Besingend im Barbarenzug.

1914

»Gefrorenes!« Sonne. Die Luft – ein Biskuit.
Beschlagen das Glas voll von eiskaltem Wasser.
Und hin zu den milchigen Alpenterrassen –
Ins Land der Schokolade: unser Traum, wie er fliegt!

Ein Löffelchen klirrt. Dann dein artiger Blick –
Dass du gnädig versorgt seist von Backpulver-Grazien,
Inmitten der Lauben, bestaubten Akazien
Zerbrechliche Kost auf die Zunge dir schiebst.

Leierkastens Bruder, mit farbigem Bauch:
Ein fahrender Eisschrank kommt plötzlich gezogen –
Ein Junge schaut aufmerksam gierig von oben,
Sein Blick: in die herrliche Truhe getaucht.

Kein Gott weiß, in was er in Kürze da beißt:
Hat er diamantene Sahne, hat er Waffeln genommen?
Doch schnell wird verschwinden, was glänzt in der Sonne,
Ein Hauch nur – und weg ist das göttliche Eis!

1914

Die Namen blühender Städte mögen weiter
Dein Ohr liebkosen und sind doch nur Schall –
Nicht Rom, die Stadt, lebt fort durch all die Zeiten,
Es lebt der Mensch, als Ort im All.

Ihn zu erobern, mühn sich die Monarchen,
Heißen die Priester noch die Kriege gut,
Und ohne ihn – wie elend, zu verachten
Die Häuser und Altäre: nichts als Schutt.

1914

Die Klänge Ossians, ich hab sie nie vernommen,
Hab nie den Wein der alten Zeit versucht –
Warum ist mir im Traum ein Feld gekommen
Ganz unter Schottlands Blutmond, Nachtgeruch?

Den Schrei des Raben, und dann Harfenklänge
Erahn ich in der Stille, unheilschwer,
Es schimmern windgeblähte Schals, Gespänge
Im Mondlicht auf – von einem Kriegerheer!

Denn ich erhielt ein Erbe, selig reiches:
Von fremden Sängern irre Träumerei –
Das Nahverwandte, Nachbarn, immergleiche
Ganz zu missachten, sind wir immer frei.

Und manche Schätze gehn, vorbei an Enkeln,
Zu fernen Urenkeln ins Haus,
Der Skalde wird ein fremdes Lied erdenken
Und spricht es als sein eigenes aus.

1914

EUROPA

Wie eine Krabbe oder einen Seestern
Warf es ihn aus, den letzten Kontinent,
Und er, der Asien, Amerika längst kennt,
Umspült Europa jetzt mit sanften Gesten.

Lebendig sind die Küsten angelegt,
Die Halbinseln wie luftige Skulpturen,
Die Golfe dann recht weiblich und azuren:
Biskaya, Genua – die Bögen lässig träg.

Europa, Urland der Eroberermeute
Im Lumpenkleid der Heiligen Allianz –
Die Ferse Spanien und Meduse du: Italiens
Und zartes Polen, ohne König heute.

Europa der Cäsaren! Seit auf Bonaparte
Mit einem Gänsekiel gezielt hat Metternich,
Verändert erstmals nun in hundert Jahren sich
Vor meinen Augen deine rätselhafte Karte!

1914

Ein Feuer wird es tilgen:
Mein karges, trocknes Sein,
Vom Holz nun will ich singen
Und nicht mehr nur vom Stein.

Nur Holz! Das rohe, leichte,
Es ist aus einem Stück,
Ist beides – Herz der Eiche
Und Ruder, die man drückt.

Treibt eure Pfähle federnd,
Ihr Hämmer, pocht nur los:
Es sei ein hölzern Eden
Von Dingen schwerelos.

1915

Auf dem Athos-Berg noch heute
Wächst ein Wunderbaum im Wind,
Auf dem grünen Abhang leuchtet
Gottes Name auf und singt.

Freude herrscht in jeder Zelle
Wo sich Gott als Name zeigt:
Nur das Wort kann Schwermut heilen,
Wort – du reine Heiterkeit!

Lautstark bricht man über jenen
Mönchen überall den Stab;
Rücken wir doch von der schönen
Häresie nie wieder ab!

Jedes Mal noch, wenn wir lieben,
Findet sie von neuem statt.
Wir zerstören mit dem Namen
Sie, die keinen Namen hat.

1915

Einer unerhörten Freiheit
Bei der Kerze nachgedacht.
– Du sollst vorerst bei mir bleiben –
Weint die Treue durch die Nacht.

– Einzig ich leg dir jetzt meine
Krone auf zu deinem Glück,
Dass nur dem Gesetz der Freiheit
Du dich immer liebend fügst …

– Nur der Freiheit ganz alleine
Geh verlobt ich bis ans Grab,
Diese leichte Krone nehme
Ich wohl niemals wieder ab.

Hingeworfen in die Räume,
Immer nur dem Tod geweiht –
Scheren wir uns um die Treue?
Herrliche Beständigkeit?

1915

Schlaflosigkeit. Homer. Gespannte Segel.
Das Schiffsverzeichnis las ich – bis zur Mitte kaum:
Dies Nest voll Kraniche, der Zug der jungen Vögel
Der sich erhob einst über Hellas' Raum.

Gleich einem Kranichkeil hinein in diese Fremde –
Die göttliche: die Gischt im königlichen Haar –
Wohin nur segelt ihr? Achäer ihr, o Männer,
Was gälte Troja euch, wär da nicht Helena?

Die Meere und Homer – bewegt von ihr: der Liebe.
Auf wen soll ich jetzt hören? Da, er schweigt, Homer,
Beredt rauscht nun das Meer, und schwarz hervorgetrieben
Bricht es bis an mein Bett und brandet bis hierher.

1915

ÜBER DEN GESPRÄCHSPARTNER

DER MORGEN DES AKMEISMUS

I

Bei der gewaltigen Emotion, die in Kunstwerken gebunden ist, wäre es wünschenswert, dass sich die Gespräche über Kunst durch äußerste Beherrschtheit auszeichneten. Für die große Mehrheit ist das Kunstwerk nur in dem Maße verlockend, wie in ihm das Weltgefühl des Künstlers durchscheint. Das Weltgefühl ist indessen für den Künstler nur Werkzeug und Mittel, wie etwa der Hammer in den Händen des Steinmetzen, und das einzig Reale ist das Werk selbst.

Zu existieren – das ist der höchste Ehrgeiz des Künstlers. Er will kein anderes Paradies als das Dasein, und wenn man ihm von Wirklichkeit spricht, lächelt er nur bitter, da er die unendlich überzeugendere Wirklichkeit der Kunst kennt. Der Anblick eines Mathematikers, der, ohne zu überlegen, irgendeine zehnstellige Zahl ins Quadrat erhebt, erfüllt uns mit einigem Staunen. Doch allzu oft verlieren wir die Tatsache aus den Augen, dass der Dichter ein Phänomen in die zehnte Potenz erhebt, und das bescheidene Äußere des Kunstwerks täuscht uns nicht selten hinsichtlich der ungeheuer verdichteten Realität, über die es verfügt. Diese Realität ist in der Poesie das Wort als solches. Jetzt zum Beispiel, da ich meinen Gedanken in einer möglichst genauen, doch keineswegs poetischen Form darlege, spreche ich eigentlich mit dem Bewusstsein und nicht mit dem Wort. Taubstumme verstehen einander ausgezeichnet, und Eisenbahnsignale erfüllen eine überaus komplizierte Aufgabe, ohne auf die Hilfe des Wortes angewiesen zu sein. Wenn man Sinn mit Inhalt gleichsetzt, muss man folglich alles Übrige, was im Wort vorhanden ist, als simples mechanisches Anhängsel ansehen, das lediglich die rasche Übermittlung des Gedankens erschwert. Langsam, nur langsam ist das »Wort als solches« geboren worden. Nach und nach wurde ein Element ums andere in den Begriff der Form hineingezogen, und nur der bewusste Sinn, der Logos, gilt bis heute fälschlich und willkürlich als Inhalt. Durch diese überflüssige

Ehrbezeugung verliert der Logos nur; der Logos verlangt lediglich die Gleichberechtigung mit den anderen Elementen des Wortes. Die Futuristen, die mit dem bewussten Sinn als einem schöpferischen Material nicht zurechtkamen, haben ihn leichtfertig über Bord geworfen und damit im Wesentlichen den groben Fehler ihrer Vorgänger wiederholt.

Für die Akmeisten ist der bewusste Sinn des Wortes, der Logos, eine genauso herrliche Form wie die Musik für die Symbolisten.

Und wenn bei den Futuristen das Wort als solches noch auf allen vieren kriecht, nimmt es im Akmeismus zum ersten Mal die würdigere, aufrechte Haltung ein und tritt in die Steinzeit seiner Existenz.

2

Die scharfe Spitze des Akmeismus ist kein Stilett und nicht der Stachel der Dekadenz. Der Akmeismus ist für diejenigen bestimmt, die, vom Geist des Bauens gepackt, sich nicht kleinmütig von ihrer eigenen Schwere lossagen, sondern sie freudig annehmen, um die in ihr schlummernden Kräfte aufzuerwecken und architektonisch zu nutzen. Der Baumeister sagt: Ich baue, also bin ich im Recht. Das Bewusstsein der eigenen Rechtlichkeit ist uns wertvoller als alles andere in der Poesie, und wir verwerfen mit Geringschätzung die Spielereien der Futuristen, für die es keinen höheren Genuss gibt, als mit der Stricknadel ein schwieriges Wort aufzuspießen, und führen in die Beziehungen der Wörter die Gotik ein, ähnlich wie Johann Sebastian Bach sie in der Musik bekräftigt hat.

Welcher Verrückte wäre bereit, den Bau zu beginnen, wenn er nicht an die Realität des Materials glaubt, dessen Widerstand er überwinden muss. Der Pflasterstein verwandelt sich in den Händen des Baumeisters zu Substanz, und derjenige ist nicht zum Bauen geboren, für den der Klang des Meißels, der den Stein beschlägt, nicht ein metaphysischer Beweis ist. Wladimir Solowjow verspürte einen ungewöhnlichen prophetischen Schrecken vor den grauen finnischen Rundsteinen. Die stumme Beredsamkeit des Granitklumpens versetzte ihn in Unruhe wie eine böse Zauberei. Der Stein Tjutschews jedoch, der »vom Berg herabgerollt war und ins Tal zu liegen kam, durch das eigene Gewicht losgerissen oder von sinnender Hand hinabgeworfen« – dieser Stein ist das Wort. Die Stimme der Materie erklingt in diesem unerwarteten Herabfallen wie klar artikulierte Rede. Auf diese Herausforderung kann nur mit der Architektur geantwortet werden. Die Akmeisten heben den geheimnisvollen Tjutschew'schen Stein mit Verehrung auf und setzen ihn ins Fundament ihres eigenen Gebäudes.

Der Stein dürstete gleichsam nach einem anderen Dasein. Er selbst entdeckte die in ihm verborgene potentielle Fähigkeit zur Dynamik – und bat gleichsam darum, in freudiger Wechselwirkung mit seinesgleichen am »Kreuzgewölbe« teilzuhaben.

3

Die Symbolisten waren schlechte Hausbewohner, sie liebten das Reisen, doch fühlten sie sich beengt und unwohl im Käfig ihres eigenen Organismus und in jenem Käfig der Welt, den Kant mit Hilfe seiner Kategorien gebaut hat.

Die erste Bedingung für gelungenes Bauen ist aufrichtige Pietät gegenüber den drei Dimensionen des Raumes – die Welt ist nicht als Last und unglückliche Zufälligkeit zu betrachten, sondern als ein von Gott gegebener Palast. Wirklich, was würden Sie über den undankbaren Gast sagen, der auf Kosten des Hausherrn lebt und von seiner Gastfreundschaft profitiert, ihn im Grunde seines Herzens jedoch verachtet und nur daran denkt, wie er ihn überlisten könnte. Bauen kann man nur im Namen der »drei Dimensionen«, sie sind die Bedingung für jegliche Baukunst. Gerade deshalb muss der Architekt ein guter Hausbewohner sein, die Symbolisten jedoch waren schlechte Baumeister. Bauen bedeutet: gegen die Leere kämpfen, den Raum hypnotisieren. Der gute Pfeil des gotischen Glockenturms ist zornig, denn sein ganzer Sinn besteht darin, den Himmel zu durchstechen, ihm seine Leere vorzuwerfen.

Die Eigenart des Menschen, das, was ihn zum besonderen Einzel-wesen macht, wird von uns stillschweigend angenommen und fin-det Platz im weit bedeutsameren Begriff des Organismus. Die Liebe zum Organismus und zur Organisation teilen die Akmeisten mit dem physiologisch genialen Mittelalter. Auf seiner Jagd nach Ver-feinerung hat das 19. Jahrhundert das Geheimnis wahrhafter Kom-plexität verloren. Was im 13. Jahrhundert als logische Entwicklung des Organismusbegriffs erschien, die gotische Kathedrale, wirkt ästhetisch heute wie ein Märchenungeheuer. *Notre-Dame* ist ein Fest der Physiologie, deren dionysische Entfesselung. Wir wollen uns nicht mit einem Spaziergang im »Wald der Symbole« zer-streuen, denn wir haben einen ursprünglicheren, dichteren Wald: die göttliche Physiologie, die unendliche Komplexität unseres dunk-len Organismus.

Das Mittelalter, das auf ganz eigene Weise das spezifische Ge-wicht des Menschen bestimmte, fühlte und anerkannte es in jedem, vollkommen unabhängig von seinen Verdiensten. Der Titel eines *»Maître«* wurde gerne und ohne Zögern verwendet. Der beschei-denste Handwerker und der Letzte der Schreiber verfügten über das Geheimnis stattlicher Wichtigkeit und strenggläubiger Würde, die für diese Epoche so charakteristisch ist. Ja, Europa ging durch ein Labyrinth kunstvoll feiner Kultur, als das abstrakte Dasein, die durch nichts geschmückte persönliche Existenz wie eine große Tat gewertet wurde. Daher die aristokratische Intimität, die alle Menschen untereinander verband und die ihrem Geiste nach der »Gleichheit und Brüderlichkeit« der Großen Revolution so fremd ist. Keine Gleichheit, keine Rivalität, sondern Komplizenschaft der gegen die Leere und das Nicht-Sein Verschworenen!

Liebt die Existenz des Dinges mehr als das Ding an sich und euer eigenes Dasein mehr als euch selbst – das ist das höchste Gebot des Akmeismus.

A = A: Was für ein herrliches poetisches Thema! Der Symbolismus quälte sich und litt am Prinzip der Identität, der Akmeismus macht es sich zur Losung und schlägt es als Ersatz vor für das fragwürdige »*a realibus ad realiora*«.

Die Fähigkeit zu staunen ist die Haupttugend des Dichters. Aber wie soll man denn nicht ins Staunen geraten über dieses fruchtbarste aller Prinzipien – das Prinzip der Identität. Wer durchdrungen ist von ehrfürchtigem Staunen über dieses Prinzip, der ist zweifellos ein Dichter.

So erhält die Poesie, wenn sie die Souveränität des Identitätsprinzips anerkennt, ohne Bedingungen und Einschränkungen alles Seiende als Lehnsbesitz auf Lebenszeit. Die Logik ist das Reich des Unerwarteten. Logisch denken heißt: unablässig staunen. Wir haben die Musik des Beweises lieben gelernt. Die logische Beziehung ist für uns nicht das Liedchen vom Zeisig, sondern eine Sinfonie mit Orgel und Chören, und zwar eine so schwierige und inspirierte, dass der Dirigent all seine Fähigkeiten konzentrieren muss, um die Interpreten unter Kontrolle zu halten.

Welche Überzeugungskraft in der Musik Bachs! Welche Macht des Beweises! Beweis um Beweis, ohne Ende: In der Kunst irgendetwas auf Treu und Glauben anzunehmen ist des Künstlers unwürdig, ist leicht und langweilig … Wir fliegen nicht, wir steigen nur auf jene Türme, die wir selbst erbauen können.

6

Das Mittelalter ist uns deshalb teuer, weil es in hohem Maße ein Gefühl für Grenzlinien und Trennwände besaß. Es vermischte nie die verschiedenen Ebenen, und auf das Jenseits bezog es sich mit größter Zurückhaltung. Eine vornehme Mischung von Rationalität und Mystik sowie die Empfindung der Welt als ein lebendiges Gleichgewicht macht uns zu Verwandten dieser Epoche und veranlasst uns, aus jenen Werken Kräfte zu schöpfen, die um das Jahr 1200 auf romanischem Boden entstanden sind. Versuchen wir also, unsere Rechtlichkeit so zu beweisen, dass uns zur Antwort die ganze Kette der Ursachen und Wirkungen von Alpha bis Omega erzittern wird. Lernen wir, »die beweglichen Fesseln des Daseins leichter und freier zu tragen«.

1913/1919

ÜBER DEN GESPRÄCHSPARTNER

Sagen Sie, was an einem Wahnsinnigen macht den bedrohlichsten Eindruck auf Sie? Die geweiteten Pupillen – weil sie gar nichts sehen, auf nichts Bestimmtes gerichtet sind, weil sie leer sind. Seine wahnsinnigen Reden – weil ein Wahnsinniger, der sich an Sie wendet, Sie und Ihre Existenz gar nicht beachtet, sie gleichsam nicht anzuerkennen wünscht, sich absolut nicht für Sie interessiert. Wir fürchten an einem Verrückten vor allem jene unheimliche absolute Gleichgültigkeit, die er uns gegenüber an den Tag legt. Es gibt nichts Schrecklicheres für einen Menschen als ein anderer Mensch, dem er völlig gleichgültig ist. Die kultivierte Heuchelei und Höflichkeit, mit der wir fortwährend unser Interesse füreinander betonen, hat ihren tiefen Sinn.

Wenn ein Mensch etwas zu sagen hat, geht er gewöhnlich zu anderen Menschen und sucht Zuhörer. Der Dichter aber macht es umgekehrt, er eilt zu »verlassenen Meeresufern, in weite, rauschende Wälder«. Die Abnormität ist offenkundig … Der Dichter gerät in den Verdacht, wahnsinnig zu sein. Und die Menschen sind im Recht, wenn sie den als Irren bezeichnen, dessen Reden an seelenlose Gegenstände, an die Natur, nicht aber an seine lebendigen Brüder gerichtet sind. Und sie hätten auch das Recht, sich voller Entsetzen vom Dichter wie von einem Wahnsinnigen abzuwenden, wenn sein Wort tatsächlich an niemanden gerichtet wäre. Doch dem ist nicht so.

Den Dichter als »Vögelchen Gottes« anzusehen ist sehr gefährlich und völlig falsch. Es gibt keinen Grund zur Annahme, Puschkin habe in seinem Lied mit dem Vögelchen den Dichter gemeint. Doch auch die Sache mit Puschkins Vögelchen verhält sich nicht ganz so einfach. Bevor es nämlich zu singen anfängt, »vernimmt es Gottes Stimme«. Der dem Vögelchen zu singen befiehlt, hört ihm offenbar zu. Das Vögelchen »erzittert und singt«, weil es durch einen »natürlichen Vertrag« mit Gott verbunden ist – eine Ehre, von der auch der genialste Dichter nicht einmal zu träumen wagt ... Mit wem spricht denn der Dichter? Eine quälende und äußerst aktuelle Frage, da es die Symbolisten bis auf den heutigen Tag versäumt haben, sie in ihrer ganzen Schärfe zu stellen. Der Symbolismus hat die gleichsam juristische Wechselbeziehung, die den Akt des Sprechens begleitet (ich spreche – also hört man mir zu, und zwar nicht ohne Grund, nicht aus Liebenswürdigkeit, sondern aus einer Verpflichtung heraus), völlig außer acht gelassen und seine Aufmerksamkeit ausschließlich auf die Akustik gerichtet. Er wirft einen Klang in eine Seelenarchitektur und verfolgt mit der ihm eigenen Selbstverliebtheit, wie dieser Klang umherirrt unter den Gewölben einer fremden Psyche. Er berechnet die Klangverstärkung, die von einer guten Akustik zu erwarten ist, und nennt diese Berechnung Magie. In dieser Hinsicht erinnert der Symbolismus an den *Prestre Martin* des mittelalterlichen französischen Sprichworts, der sich selbst die Messe liest und sich selbst zuhört. Der symbolistische Dichter ist nicht nur Musiker, sondern auch Stradivari, ein großer Geigenbauer, der die Proportionen des »Klangkörpers« – der Psyche des Zuhörers – sorgsam berechnet. Von diesen Proportionen hängt es ab, ob der Strich des Geigenbogens seine königliche Fülle erreicht oder dürftig und zaghaft klingt. Aber meine Herrschaften, ein Musikstück existiert doch unabhängig davon, von wem, in welchem Konzertsaal und auf welcher Geige es gespielt wird! Warum also sollte der Dichter so umsichtig und ängstlich besorgt sein? Wo ist er denn, der Lieferant lebendiger Geigen, wie der Dichter sie braucht, von Zuhörern nämlich, deren Psyche der »Muschel« eines Stradivari gleichkäme? Wir wissen nicht und können nie wissen, wo die Zuhörer sind ... François Villon schrieb für das Pariser Gesindel der Mitte des 15. Jahrhunderts, und wir finden in seinen Versen einen lebendigen Reiz ...

Jeder Mensch hat Freunde. Warum sollte sich der Dichter nicht an seine Freunde richten, an die Menschen, die ihm ganz natürlich nahestehen? Ein Seefahrer wirft im kritischen Augenblick eine versiegelte Flasche mit seinem Namen und der Aufzeichnung seines Schicksals in die Fluten des Ozeans. Viele Jahre später streife ich durch die Dünen und finde sie im Sand, lese den Brief, erfahre das Datum des Ereignisses und den letzten Willen des Umgekommenen. Ich hatte ein Recht dazu, habe keinen fremden Brief aufgemacht. Der Brief in der Flasche ist an denjenigen adressiert, der sie findet. Ich habe sie gefunden. Das bedeutet, dass ich auch der heimliche Adressat bin.

Meine Gabe ist arm, meine Stimme nicht laut,
doch lebe ich – und auf der Erde ist
wohl irgendjemandem mein Dasein lieb:
Mein ferner Nachfahr wird es wiederfinden
in meinem Vers, und meine Seele tritt –
wer weiß? – zu seiner Seele in Verbindung,
und wie ich einen Freund mir fand im Heute,
werd ich einst einen Leser in der Nachwelt finden.

Wenn ich Baratynskijs Gedicht lese, habe ich das Gefühl, mir sei eine solche Flaschenpost in meine Hände geraten. Der Ozean ist ihr mit seiner Elementargewalt zu Hilfe gekommen, hat ihr geholfen, ihre Bestimmung zu erfüllen, und ein Gefühl des Providentiellen überkommt den, der sie gefunden hat. Die vom Seefahrer in die Wellen geworfene Flaschenpost und das von Baratynskij ausgesandte Gedicht haben zwei klar zum Ausdruck kommende Momente gemeinsam. Der Brief, genau wie das Gedicht, ist an niemand Bestimmten gerichtet. Dennoch haben beide einen Adressaten: der Brief nämlich den, der die Flasche zufällig im Sand entdeckt, das Gedicht aber den »Leser in der Nachwelt«. Den Menschen möchte ich sehen, dem die zitierten Zeilen Baratynskijs vor Augen kommen und der dabei nicht zusammenzuckt in freudiger und banger Erregung, als riefe man ihn unerwartet bei seinem Namen.

Balmont verkündet:

Ich habe keine Weisheit, die für andere taugt,
nur Flüchtigkeiten bringe ich in meinen Vers,
in jeder Flüchtigkeit sehe ich Welten
erfüllt vom Wechselspiel des Regenbogens.
Verflucht mich nicht, ihr Weisen, was geh ich euch an?
Ich bin doch nur ein Wölkchen voller Feuer,
ich bin ein Wölkchen – seht, ich schwebe hin
und ruf die Träumer und nicht euch.

Welch ein Kontrast zwischen dem unangenehmen, heuchlerischen Ton dieser Zeilen und der tiefen und schlichten Würde von Baratynskijs Versen! Balmont rechtfertigt sich, entschuldigt sich gleichsam. Unverzeihlich! Für einen Dichter unannehmbar! Das Einzige, was man nicht verzeihen darf! Denn Poesie ist das Bewusstsein ihrer Rechtlichkeit. Balmont hat im vorliegenden Fall dieses Bewusstsein nicht. Er hat ganz klar den Halt verloren. Die erste Zeile erschlägt das ganze Gedicht. Der Dichter erklärt gleich zu Beginn sehr bestimmt, dass wir ihn nicht interessieren:

Ich habe keine Weisheit, die für andere taugt.

Zu seiner Überraschung zahlen wir ihm mit gleicher Münze zurück: Wenn wir für dich uninteressant sind, bist auch du für uns uninteressant. Was geht mich so ein Wölkchen an, von denen gibt's genug … Eine wirkliche Wolke hat noch den Vorzug, dass sie sich nicht über die Leute lustig macht. Die Absage an den »Gesprächspartner« durchzieht wie ein roter Faden Balmonts ganze Poesie und wertet sie stark ab. In seinen Versen traktiert Balmont jemanden fortwährend geringschätzig, behandelt ihn ohne Respekt, nachlässig, von oben herab. Dieser »Jemand« ist kein anderer als der heimliche Gesprächspartner. Von Balmont unverstanden und verkannt, nimmt er grausame Rache. Wenn wir sprechen, suchen wir in der Person des Gesprächspartners die Sanktion, die Bestätigung, dass wir im Recht sind. Und das trifft besonders für den Dichter zu. Das kostbare Bewusstsein dichterischer Rechtlichkeit fehlt oft bei Balmont, weil er keinen beständigen Gesprächspartner hat. Daher die beiden unangenehmen Extreme in seiner Poesie: Heuchelei und Frechheit. Balmonts Frechheit ist keine wirkliche Frechheit, ist unecht. Das Bedürfnis nach Selbstbestätigung ist bei ihm geradezu krankhaft. Er schafft es nicht, mit normaler Stimme »ich« zu sagen, sondern schreit sein »ich« heraus: »Ich bin der plötzliche Bruch, ich bin der spielende Donner«. Auf der Waage von Balmonts Poesie überwiegt die Schale des »Ich« entschieden und unrecht die Schale des »Nicht-Ich«, das sich als zu leicht erweist. Balmonts schreihalsiger Individualismus berührt unangenehm. Das ist nicht der ruhige, niemanden beleidigende Solipsismus Sologubs, sondern ein Individualismus auf Kosten eines fremden »Ich«. Beachten Sie, wie sehr Balmont es liebt, durch einen direkten und schroffen Übergang zum »Du« zu verblüffen: In solchen Fällen gleicht er einem schlechten Hypnotiseur. Balmonts »Du« findet nie seinen Adressaten, es saust an ihm vorbei wie der Pfeil, der von einer allzu straffen Sehne schnellt.

Und wie ich einen Freund mir fand im Heute,
werd ich einst einen Leser in der Nachwelt finden …

Baratynskijs Scharfblick strebt an seiner Generation vorbei – denn in diesem Heute gibt es ja die Freunde – und ruht auf dem unbekannten, doch bestimmten »Leser«. Und jeder, der auf Baratynskijs Verse stößt, fühlt sich als dieser »Leser«, fühlt sich auserwählt und bei seinem Namen gerufen … Warum aber kein lebender, konkreter Gesprächspartner, kein »Vertreter der Epoche«, kein »Freund in der eigenen Generation«? Darauf würde ich antworten: Die Wendung an einen konkreten Gesprächspartner beschneidet dem Vers die Flügel, nimmt ihm die Luft, den Flug. Die Luft des Verses ist das Unerwartete. Wenn wir uns an das Bekannte wenden, können wir nur Bekanntes sagen. Ein gebieterisches, unumstößliches psychologisches Gesetz. Man kann seine Bedeutung für die Poesie nicht genug betonen.

Die Angst vor dem konkreten Gesprächspartner, dem Zuhörer aus der »eigenen Epoche«, jenem »Freund in der eigenen Generation«, hat die Dichter zu allen Zeiten beharrlich verfolgt. Je genialer der Dichter war, desto akuter war diese Angst. Daher die berüchtigte Feindschaft zwischen Künstler und Gesellschaft. Was für den Literaten und Publizisten zutrifft, lässt sich absolut nicht auf den Dichter übertragen. Der Unterschied zwischen Literatur und Poesie ist der folgende: Der Literat wendet sich immer an den konkreten Zuhörer, den lebenden Vertreter der Epoche. Selbst wenn er als Prophet spricht, hat er den Zeitgenossen im Auge, den Zeitgenossen der Zukunft. Der Inhalt des Literaten fließt aufgrund des physikalischen Gesetzes von den ungleichen Ebenen auf den Zeitgenossen über. Folglich ist der Literat verpflichtet, »höher« zu stehen, »besser« zu sein als die Gesellschaft. Belehrung ist der Nerv der Literatur. Deshalb ist für den Literaten das Podest unerlässlich. Anders verhält es sich mit der Poesie. Der Dichter ist nur mit seinem providentiellen Gesprächspartner verbunden. Höher zu stehen als seine Epoche, besser zu sein als seine Gesellschaft – dazu ist er nicht verpflichtet. Jener François Villon stand weit unter dem durchschnittlichen geistigen und sittlichen Niveau der Kultur des 15. Jahrhunderts.

Puschkins Streit mit dem Pöbel kann man als Erscheinung jenes Antagonismus zwischen dem Dichter und dem konkreten Zuhörer betrachten, den ich hier aufzuzeigen versuche. Mit erstaunlicher Unvoreingenommenheit gibt Puschkin dem Pöbel die Möglichkeit, sich zu rechtfertigen. Und es stellt sich heraus, dass der Pöbel gar nicht so primitiv und ungebildet ist. Was aber hat sich dieser sehr taktvolle und von den besten Absichten durchdrungene »Pöbel« dem Dichter gegenüber zuschulden kommen lassen? Als sich der Pöbel rechtfertigt, entschlüpft ihm eine unvorsichtige Äußerung:

Sie ist es, die das Gefäß von Puschkins Geduld zum Überfließen bringt und seinen Hass entfacht:

Wir wollen auf dich hören –

so lautet die taktlose Äußerung. Der Stumpfsinn dieser scheinbar harmlosen Worte ist offenkundig. Nicht umsonst empört sich der Dichter gerade an dieser Stelle und fällt dem Pöbel ins Wort ... Der Anblick einer nach Almosen ausgestreckten Hand ist abstoßend, und eifrig lauschende Ohren können weiß Gott wen inspirieren – den Redner, den Volkstribun, den Literaten –, nur den Dichter nicht ... Die konkreten Menschen, die »Spießbürger der Poesie«, die den Pöbel darstellen, erlauben dem Dichter, ihnen »kräftige Lektionen zu erteilen«, und sind überhaupt bereit, sich alles anzuhören, wenn nur auf dem Päckchen des Dichters die genaue Adresse steht: »An den und den Pöbel«. So fühlen sich Kinder und einfache Leute geschmeichelt, wenn sie auf einem Briefumschlag ihren Namen lesen. Es hat ganze Epochen gegeben, wo man dieser ganz und gar nicht harmlosen Forderung den Reiz und das Wesen der Poesie zum Opfer brachte. So etwa in der pseudo-staatsbürgerlichen Poesie und faden Lyrik der achtziger Jahre. An sich ist eine staatsbürgerliche Tendenz ganz gut:

Und magst du auch kein Dichter sein,
Bürger zu sein ist deine Pflicht –

ein ausgezeichneter Vers, der auf kräftigen Flügeln hinfliegt zu seinem providentiellen Gesprächspartner. Doch setzt man an dessen Stelle einen durch und durch und im Voraus bekannten russischen Spießbürger irgendeines Jahrzehnts, wird einem die Sache sofort zu langweilig.

Ja, wenn ich mit jemandem spreche, so kenne ich den Menschen nicht, mit dem ich spreche, und ich wünsche auch nicht, ich kann gar nicht wünschen, ihn zu kennen. Es gibt keine Lyrik ohne Dialog. Das Einzige, was uns dem Gesprächspartner in die Arme treibt, ist der Wunsch, über die eigenen Worte zu staunen, sich fesseln zu lassen von ihrer Neuheit und Unerwartetheit. Eine unerbittliche Logik. Wenn ich den Menschen kenne, mit dem ich spreche, dann weiß ich im Voraus, wie er zu dem stehen wird, was ich sage, was immer ich auch sagen mag – und folglich wird mir das Glück nicht zuteilwerden, dass sein Staunen mich selbst staunen macht, dass seine Freude meine Freude wird, dass seine Liebe sich in meine Liebe verwandelt. Die trennende Distanz verwischt die Züge eines geliebten Menschen. Erst jetzt steigt in mir der Wunsch auf, ihm das Wichtige zu sagen, das ich nicht habe sagen können, als mir seine Gestalt in ihrer realen Fülle vor Augen stand. Ich erlaube mir, diese Beobachtung so zu formulieren: Die Lust, sich mitzuteilen, ist umgekehrt proportional zu unserer realen Kenntnis des Gesprächspartners und direkt proportional zum Wunsch, sein Interesse an uns zu wecken. Nicht um die Akustik braucht man sich zu sorgen: Die kommt von allein. Viel eher jedoch um die Distanz. Es ist langweilig, dem Nachbarn ins Ohr zu flüstern. Unendlich fade, in der eigenen Seele zu bohren (Nadson). Doch mit dem Mars Signale auszutauschen – und zwar nicht nur in der Phantasie – ist eine würdige Aufgabe für den lyrischen Dichter. Hier kommen wir Fjodor Sologub sehr nahe. Sologub ist in vielerlei Hinsicht ein höchst interessanter Antipode Balmonts. Diverse Qualitäten, die Balmont abgehen, finden sich bei Sologub im Überfluss: nämlich Liebe und Respekt dem Gesprächspartner gegenüber und das Bewusstsein der eigenen dichterischen Rechtlichkeit. Diese beiden hervorragenden Qualitäten der Poesie Sologubs sind eng mit der »kolossalen Distanz« verbunden, die er zwischen sich und seinem idealen Freund und Gesprächspartner voraussetzt.

Heimlicher Freund, mein ferner Freund,
schau her:
Ich bin das kalte, traurige
Morgenlicht …
Und kalt und traurig

in der Frühe,
heimlicher Freund, mein ferner Freund,
werde ich sterben.

Vielleicht brauchen diese Zeilen ebenso viele Hunderte von Jahren, um ihren Adressaten zu erreichen, wie ein Planet braucht, um sein Licht zu einem anderen Planeten zu senden. Jedenfalls führen Sologubs Verse auch nach ihrer Niederschrift ihr Leben weiter: als Ereignis und nicht bloß als Zeichen von Erlebtem.

Auch wenn einzelne Gedichte (in Form einer Botschaft oder einer Widmung) an konkrete Personen gerichtet sein können, so wendet sich doch die Poesie als Ganzes an den mehr oder minder fernen, unbekannten Adressaten, an dessen Existenz der Dichter nicht zweifeln kann, ohne an sich selbst zu zweifeln. Mit Metaphysik hat das nichts zu tun. Einzig eine Realität kann eine andere Realität zum Leben erwecken. Der Dichter ist kein Homunkulus, und es besteht kein Grund, ihm irgendwelche Fähigkeiten zur Selbstzeugung anzudichten.

Die Sache ist einfach: Wenn wir keine Bekannten hätten, würden wir ihnen keine Briefe schreiben und kämen so um den Genuss psychischer Frische und Neuheit, die dieser Beschäftigung eigen ist.

1913

DAS WORT UND DIE KULTUR

Die Grashalme in den Petersburger Straßen sind die ersten Keime eines Urwalds, der das Territorium der modernen Städte überdecken wird. Dieses helle, zarte, verblüffend frische Grün gehört zu einer neuen, vergeistigten Natur. Petersburg ist wahrhaftig die fortschrittlichste Stadt der Welt. Nicht an einer Untergrundbahn, nicht an Wolkenkratzern misst sich der Lauf der Moderne und seine Geschwindigkeit, sondern an dem fröhlichen Gras, das unter den Steinen der Stadt hervorquillt.

Unser Blut, unsere Musik, unser Staat – all das wird seine Fort-führung finden im zarten Sein einer neuen Natur, einer Natur, die Psyche ist. In diesem Reich des Geistes ohne den Menschen wird jeder Baum Dryade sein, wird jedes Phänomen von seiner Meta-morphose erzählen.

Soll man es aufhalten? Wozu? Wer wird die Sonne aufhalten, wenn sie ins Haus des Vaters eilt mit ihrem Sperlingsgespann, ge-packt vom Verlangen nach Wiederkehr? Ist es nicht besser, ihr einen Dithyrambus zu schenken, als sie um Almosen anzubetteln?

Und er verstand von allem nichts,
war schwach und scheu wie Kinder,
und fremde Menschen fingen ihm
in Netzen Tiere ein und Fische …

Habt Dank, ihr »Fremden«, für eure rührende Sorge, für eure zarte Obhut über die alte Welt, die bereits nicht mehr »von dieser Welt« ist, als Ganzes fortging in Erwartung und Vorbereitung künftiger Metamorphose:

Cum subit illius tristissima noctis imago,
Qua mihi supremum tempus in urbe fuit,
Cum repeto noctem, qua tot mihi cara reliqui,
Labitur ex oculis nunc quoque gutta meis. [*]

*

Ja, die alte Welt ist »nicht mehr von dieser Welt«, doch sie ist leben-diger denn je. Die Kultur ist zur Kirche geworden. Zwischen der Kultur-Kirche und dem Staat hat sich die Trennung vollzogen. Das weltliche Leben berührt uns nicht mehr, wir haben kein Essen, son-

---

[*] »Jedesmal, wenn das traurige Bild der Nacht in mir aufsteigt, / die mir als äußerste Frist noch in der Hauptstadt verblieb, / wenn ich die Nacht überdenke, da ich so viel Liebes zurückließ, / quillt ein Tropfen noch jetzt aus meinen Augen hervor.« (Ovid, »Tristia«, Buch I, 3. Ü: Volker Ebersbach)

dern eine Klostermahlzeit, kein Zimmer, sondern eine Zelle, keine Kleider, sondern ein Gewand. Wir haben endlich die innere Freiheit gefunden, eine wirkliche innere Freude. Wasser aus irdenen Krügen trinken wir wie Wein, und die Sonne scheint lieber im Refektorium unseres Klosters als im Restaurant. Äpfel, Brot und Kartoffeln stillen von nun an nicht nur den physischen, sondern auch den geistigen Hunger. Ein Christ – und nun ist jeder Kulturmensch Christ – kennt keinen nur physischen Hunger, keine nur geistige Speise. Für ihn ist auch das Wort: Fleisch, und das schlichte Brot: Freude und Geheimnis.

*

Soziale Unterschiede und Klassengegensätze verblassen heute vor der Teilung der Menschen in Freunde und Feinde des Wortes. Eigentliche Lämmer und Ziegenböcke. Fast physisch spüre ich den unreinen Ziegenatem, der von den Feinden des Wortes ausströmt. Hier ist das letzte Argument bei jeder grundsätzlichen Uneinigkeit völlig angebracht: Mein Gegner riecht schlecht.

Die Trennung der Kultur vom Staat ist das bedeutendste Ereignis unserer Revolution. Der Prozess der Verweltlichung des Staatswesens beschränkt sich nicht auf die Trennung der Kirche vom Staat, wie die Französische Revolution sie verstand. Der soziale Umbruch brachte uns eine noch tiefer gehende Säkularisierung. Der Staat zeigt heute der Kultur gegenüber jene eigentümliche Haltung, die der Ausdruck Duldsamkeit am besten wiedergibt. Doch gleichzeitig ist ein neuer Typus organischer Wechselbeziehungen aufgekommen, der den Staat auf ähnliche Weise an die Kultur bindet, wie die Teilfürsten an die Klöster gebunden waren. Die Fürsten unterhielten die Klöster, weil sie Rat brauchten. Damit ist alles gesagt. Das Ausgeschlossensein des Staates von den kulturellen Werten versetzt ihn in völlige Abhängigkeit von der Kultur. Die Werte der Kultur machen ein Staatswesen schöner, verleihen ihm Farbe, Form und vielleicht sogar Geschlecht. Die Inschriften auf Toren, staatlichen Gebäuden und Grabmälern versichern den Staat gegen Zerstörung durch die Zeit.

Poesie ist ein Pflug, der die Zeit in der Weise aufbricht, dass ihre Tiefenschichten, ihre Schwarzerde, zutage treten. Doch es gibt Epochen, wo die Menschheit sich nicht mit dem heutigen Tag begnügt, wo sie sich sehnt nach den Tiefenschichten der Zeit und wie ein Pflüger nach dem Neuland der Zeiten dürstet. Die Revolution führt in der Kunst unausweichlich zum Klassizismus. Nicht weil David die Ernte Robespierres eingebracht hat, sondern weil die Erde es so will.

Oft bekommt man zu hören: Das ist gut, doch es ist von gestern. Ich aber sage: Das Gestern ist noch nicht geboren. Es war noch nicht wirklich da. Ich möchte von neuem einen Ovid, einen Puschkin, einen Catull, ich kann mich mit dem historischen Ovid, Puschkin oder Catull nicht zufriedengeben.

Es ist tatsächlich erstaunlich, wie alle sich mit den Dichtern zu schaffen machen und sich absolut nicht von ihnen lösen können. Man sollte meinen: Einmal gelesen und Schluss! Hab ihn hinter mir, wie man heute sagt. Nichts dergleichen ist wahr. Die Silberposaune Catulls:

*Ad claras Asiae volemus urbes**

quält und beunruhigt uns stärker als jedes beliebige futuristische Rätsel. So etwas gibt es nicht auf Russisch. Doch so etwas müsste es auf Russisch geben. Ich habe deshalb lateinische Verse gewählt, weil sie vom russischen Leser klar als eine Kategorie des Müssens empfunden werden. Der Imperativ klingt deutlicher in ihnen. Doch das ist die Eigenheit jeder Poesie, wenn sie klassisch ist. Sie wird wahrgenommen als das, was sein müsste, und nicht als das, was bereits war.

Und so hat es denn noch keinen einzigen Dichter gegeben. Wir sind frei von der Last der Erinnerungen. Doch da sind so viele außergewöhnliche Vorahnungen: Puschkin, Ovid, Homer. Wenn der Liebende in der Stille mit den zärtlichen Namen durcheinandergerät und sich plötzlich erinnert, dass das schon einmal da war:

---

* »Fliegen wir hin zu den berühmten Städten Asiens!« (Carmen 46)

diese Worte und dieses Haar, und dass der Hahn, der vor dem Fenster gekräht hat, schon in Ovids Tristien gekräht hat, ergreift ihn die tiefe Freude der Wiederholung, diese schwindelerregende Freude:

Dunklem Wasser gleich – tieftrübe Luft hier zu atmen,
Die Rose war Erdreich, und die Zeit ist gepflügt.

So hat auch der Dichter keine Angst vor Wiederholungen und berauscht sich leicht am klassischen Wein.

Was auf den einen Dichter zutrifft, trifft auf alle zu. Es ist nicht nötig, irgendwelche Dichterschulen zu gründen. Nicht nötig, sich seine eigene Poetik auszudenken.

*

Die Analytische Methode ist in ihrer Anwendung auf das Wort, auf Bewegung und Form ein völlig legitimes und geschicktes Verfahren. In letzter Zeit ist Zerstörung schlechthin zur Voraussetzung für Kunst geworden. Zerfall, Verwesung, Auflösung – all das ist noch immer *décadence*. Doch die Dekadenten waren christliche Künstler, gleichsam die letzten christlichen Märtyrer. Die Musik der Verwesung war für sie Auferstehungsmusik. Baudelaires *Charogne*[*] ist ein hohes Beispiel christlicher Verzweiflung. Etwas ganz anderes ist die bewusste Zerstörung der Form. Der schmerzlose Suprematismus. Die Negation des Gesichts der Dinge. Ein Selbstmord aus Kalkül, aus Neugier. Man kann auseinandernehmen, man kann auch wieder zusammensetzen: Als ob dadurch die Form erkundet würde! In Wirklichkeit jedoch fault und zerfällt hier der Geist. (Übrigens, da ich Baudelaire genannt habe, möchte ich seiner Bedeutung als der eines Glaubensstreiters gedenken, im authentischsten christlichen Sinne des Wortes *martyre*).

*

[*] »Ein Aas« (»Die Blumen des Bösen«, 1857)

Im Leben des Wortes ist eine heroische Ära angebrochen. Das Wort ist Fleisch und Brot. Es teilt das Los des Brotes und des Fleisches: das Leiden. Die Menschen sind hungrig. Noch hungriger ist der Staat. Doch da ist etwas noch Hungrigeres: die Zeit. Die Zeit will den Staat verschlingen. Wie ein Posaunenklang klingt die Drohung, die Derschawin auf seine Schiefertafel kratzte. Wer das Wort hochhalten und es der Zeit vor Augen führen wird wie ein Priester die Eucharistie, der wird ein neuer Josua sein. Es gibt nichts Hungrigeres als den heutigen Staat, und ein hungriger Staat ist schrecklicher als ein hungriger Mensch. Mitleid zu haben mit dem Staat, der das Wort verneint – das ist der öffentliche Weg und die mutige Tat des heutigen Dichters.

> *Die Schicksalsfracht lasst uns besingen*
> *Die er, des Volkes Führer, weinend fasst,*
> *Das Joch der Macht, das Dämmer-Ringen,*
> *Ihre untragbar schwere Last.*
> *Und wer ein Herz hat, Zeit,*
> *der hört's von innen:*
> *Dein Schiff, es sinkt zu Grund, im Übermaß.*

Verlangt von der Poesie keine übermäßige Dinglichkeit, Konkretheit, Materialität. Da ist wieder der Hunger der Revolution. Der Zweifel des Thomas. Warum muss man alles unbedingt mit den Fingern befühlen können? Und das Wichtigste: Warum das Wort mit dem Ding identifizieren, mit dem Grashalm, mit dem Gegenstand, den es bezeichnet?

Ist das Ding etwa Herr des Wortes? Das Wort ist Psyche. Das lebendige Wort bezeichnet nicht einen Gegenstand, sondern wählt frei, gleichsam als Behausung, diese oder jene gegenständliche Bedeutung, eine Dinglichkeit, einen ihm lieben Leib. Und um das Ding herum irrt das Wort in Freiheit, wie die Seele um einen abgelegten, doch nicht vergessenen Leib.

Was über die Dinglichkeit gesagt wurde, klingt etwas anders im Hinblick auf die Bildlichkeit:

Prends l'éloquence et tords-lui le cou![*]

Schreibe bilderlose Verse, wenn du kannst, wenn du dazu imstande bist. Der Blinde erkennt ein ihm liebes Gesicht, kaum hat er es mit sehenden Fingern leicht berührt, und Freudentränen, die echten Freudentränen des Wiedererkennens, strömen aus seinen Augen nach einer langen Trennung. Das Gedicht ist lebendig durch das innere Bild, durch jenen klingenden Abguss der Form, der dem geschriebenen Gedicht vorausgeht. Noch kein einziges Wort ist da, doch das Gedicht klingt bereits. Es klingt das innere Bild, das vom Gehör des Dichters betastet wird.

Dein Glück: nur der Moment, da du's erkennst!

Was heute vor sich geht, ist ein Phänomen der Glossolalie. In heiliger Verzückung sprechen die Dichter in den Sprachen aller Zeiten, aller Kulturen. Es gibt nichts Unmögliches mehr. Wie das Zimmer des Sterbenden allen offensteht, so ist die Tür der alten Welt für die Menschenmenge weit geöffnet. Plötzlich ist alles Gemeingut geworden. Geht hin und nehmt. Alles ist zugänglich: alle Labyrinthe, alle Schlupfwinkel, alle Geheimgänge. Das Wort ist nicht siebenröhrige, sondern tausendröhrige Schalmei geworden, die vom Atem aller Jahrhunderte zum Leben gebracht wird. Das Verblüffende an der Glossolalie ist, dass der Sprechende die Sprache nicht kennt, in der er spricht. Er spricht eine völlig unbekannte Sprache. Und allen, auch ihm selbst, scheint, er spreche Griechisch oder Chaldäisch. Das ist etwas der Gelehrsamkeit völlig Entgegengesetztes. Die moderne Poesie ist, bei all ihrer Komplexität und Spitzfindigkeit, naiv:

Écoutez la chanson grise …[**]

---

[*] »Nimm die Beredsamkeit und dreh ihr den Hals um« (Paul Verlaine, »Art poétique«, 1874)

[**] »Hört das trunkene Lied« (Paul Verlaine)

Als der synthetische Dichter der Moderne erscheint mir nicht Verhaeren, sondern irgendein Verlaine der Kultur. Für ihn ist die ganze Komplexität der alten Welt noch einmal eine Puschkinsche Schalmei. In ihm singen Ideen, wissenschaftliche Systeme und Staatstheorien genauso, wie in seinen Vorgängern Nachtigallen und Rosen gesungen haben. Es heißt, der Grund für die Revolution sei der Hunger in den interplanetarischen Räumen. Man müsste Weizen ausstreuen in den Äther!

Die klassische Poesie ist die Poesie der Revolution.

1921

MENSCHENWEIZEN

Viele Körner sind in dem einen Sack, man mag sie durchschütteln und umschütten, wie man will, es bleibt doch alles ein und dasselbe. Eine gewisse Anzahl Russen, Franzosen oder Engländer macht noch kein Volk aus, es bleiben dieselben Körner im Sack, derselbe ungemahlene Menschenweizen, eine reine Quantität. Diese reine Quantität, dieser Menschenweizen sehnt sich danach, gemahlen zu werden, zu Mehl verwandelt, zu Brot gebacken zu werden. Der Zustand des Korns in den Broten entspricht dem Zustand der Persönlichkeit in jener völlig neuen und nicht mechanischen Vereinigung, die man ein »Volk« nennt. Und da gibt es nun Epochen, wo kein Brot gebacken wird, wo die Speicher voll sind vom Korn des Menschenweizens, doch gemahlen wird nicht, der Müller ist gebrechlich geworden und müde, und die breiten Flügelflossen der Mühlen warten hilflos auf Arbeit.

Der Backofen der Geschichte, dieser einst so weite und geräumige heiße Hausofen, aus dem viele braun gebackene Brote kamen, ist in den Ausstand getreten. Der Menschenweizen lärmt überall und erregt sich, doch will er kein Brot mehr werden, auch wenn jene ihn dazu zwingen wollen, die sich für seine Herren halten, die rauen Eigentümer, die Besitzer von Speichern und Kornkammern.

Die Ära des Messianismus ist für die Völker Europas endgültig und unwiderruflich vorbei. Jeder Messianismus verkündet etwa Folgendes: Nur wir sind Brot, ihr seid bloß Korn, das unwürdig ist, gemahlen zu werden, doch wir können es einrichten, dass auch ihr zu Brot werdet. Jeder Messianismus ist von vornherein unaufrichtig, verlogen und auf die unmögliche Resonanz im Bewusstsein derer berechnet, an die er sich mit einem solchen Vorschlag wendet. Kein einziges messianistisches und schönrednerisches Volk ist je von den anderen gehört worden. Alle sprachen sie ins Leere, und sinnlose Reden flossen gleichzeitig aus mehreren Mündern, die einander nicht wahrnehmen wollten.

Da ist ein Faktum, das Entstehung und Aufblühen eines jeden Messianismus fördert und die Völker mit Mündern verantwortungsloser pythischer Orakel Unsinn reden lässt, ein Faktum, das Europa auf lange Zeit in einen pythischen Umschlagplatz nationaler Ideen verkehrt hat. Dieses Faktum ist die Abtrennung des politischen vom höchst wesentlichen kulturellen und ökonomischen Leben der Völker, die Abspaltung der politischen und der nationalen Ebene, grob formuliert: die Nicht-Übereinstimmung der politischen und der nationalen Grenzen. Doch im Zigeunerlager der Ethnographie ist kein Platz für wilde Tiere, hier tanzt ein zahmer Bär, und den Adler bindet man an seiner kranken Klaue fest. Das politische Ungestüm Europas, sein nie ermüdendes Verlangen, die Grenzen zu verändern, lässt sich als eine Fortführung des geologischen Prozesses betrachten, als das Bedürfnis, in der Geschichte die Ära der geologischen Katastrophen und Erschütterungen fortzusetzen, wie sie charakteristisch sind für den jüngsten, den zartesten, den historischsten Kontinent, dessen Scheitel noch nicht verhärtet ist, wie der Scheitel eines Kleinkindes. Doch das politische Leben ist seinem Wesen nach katastrophisch. Die Seele der Politik, ihre Natur, ist die Katastrophe, der unerwartete Ruck, die Zerstörung. Gut haben es die Bürger auf dem Sitzbänkchen im »Faust«, wenn sie Pfeife rauchend die türkischen Dinge erörtern. Ein Erdbeben ist angenehm aus der Ferne, wo es überhaupt keine Angst auslöst. Ist kein Grollen politischer Ereignisse für Europa vernehmbar, für Europa, das in seinem Weltgefühl zutiefst politisch ist, so ist das bereits ein Ereignis:

Die Freude der Könige und Königreiche,
die geliebte Stille –

das schlichte Fehlen einer Katastrophe wurde fast physisch als der feine Äther der Stille empfunden. Der Katastrophencharakter des politischen Elementes führte im Innersten des historischen Europa zur Herausbildung jener sehr starken Tendenz, die sich die Abtötung des Politischen an sich zur Aufgabe machte, die Vernichtung des eigenständigen und katastrophischen politischen Elementes, den Kampf gegen die geschichtliche Katastrophe, wo immer und in welcher Form auch immer sie auftreten sollte – diese Tendenz brach aus einer solchen Tiefe hervor, dass ihre Erscheinung selbst einer Katastrophe glich und sie, die ihrer Natur nach keineswegs katastrophisch war, nur aufgrund eines Missverständnisses als neues politisches Erdbeben gelten konnte, als eine neue geschichtliche Katastrophe nach all den anderen.

Von nun an ist die Politik als Element gestorben, und dreimal gesegnet sei ihr Leben. Viele sprechen noch immer die alte Sprache, doch kein politischer Kongress wie jener in Wien oder Berlin ist in Europa heute noch möglich, keiner wird den Schauspielern noch zuhören, und auch die Schauspieler selbst haben zu spielen verlernt.

Und so kam es, dass der Stillstand des politischen Lebens in Europa, dieses eigenständigen, katastrophischen Prozesses, der mit dem imperialistischen Krieg sich vollendet hat, zusammenfiel mit dem Ende des organischen Wachstums nationaler Ideen, mit dem überall sich zeigenden Zerfall der »Völkerschaften« zu schlichtem Menschenkorn, zu Weizen. Und nun müssen wir auf die Sprache dieses Menschenweizens hinhören, auf die Stimme der Masse, wie man sie heute in sprachlichem Unvermögen nennt, um zu begreifen, was mit uns geschieht und was der kommende Tag für uns bereithält.

Es ist nicht mehr die Mühle der politischen Geschichte, nicht mehr der schwere Mühlstein der Katastrophe, der den Menschenweizen zu Mehl verwandeln wird. Dreimal gesegnet sei heute, was nicht mehr Politik im alten Sinne des Wortes ist, gesegnet die Ökonomie mit ihrem Pathos weltweiter Häuslichkeit, gesegnet das Steinbeil des Klassenkampfes, gesegnet alles, was erfüllt ist von der einen großen Sorge um die Einrichtung einer Weltwirtschaft, jede Häuslichkeit und jeder Wirtschaftssinn, jede Bemühung um den universalen Hausherd. Das Gute im ethischen Sinne und das Gut im wirtschaftlichen, d. h. die Gesamtheit des Geräts, der Produktionswerkzeuge, der auf dem Buckel von Jahrtausenden zusammengetragenen universalen Habseligkeiten, sind nun ein und dasselbe.

Kein Volk kann von nun an seine Selbstbestimmung im Prozess des politischen Kampfes erlangen. Die politische Unabhängigkeit macht kein Volk mehr aus, und nur wenn wir unseren Getreidesack auf diese neue Mühle führen, unter die Mühlsteine dieser neuen Sorge, gewinnen wir das reine Mehl – unser neues Wesen als ein Volk.

Die Schande des Messianismus von gestern brennt noch auf den Gesichtern der europäischen Völker, und ich kenne nach allem, was geschehen ist, keine brennendere Schande. Jede Nationalidee ist im heutigen Europa zur Nichtigkeit verurteilt, solange sich dieses Europa nicht als ein Ganzes gefunden hat und sich als eine moralische Persönlichkeit begreift. Außerhalb des gemeinsamen, gleichsam auf eine Mutter bezogenen europäischen Bewusstseins ist keinerlei kleinere Völkerschaft mehr möglich. Der Ausweg aus dem nationalen Zerfall, aus dem Zustand des Korns im Getreidesack zu weltweiter Einigkeit, zu einer internationalen Vereinigung, führt über die Wiedergeburt des europäischen Bewusstseins, über die Neubelebung des Europäertums als unsere große Völkerschaft.

Das »Gefühl für Europa«, dieses gedämpfte, in Krieg und Bruderzwist niedergehaltene, unterdrückte Gefühl, kehrt zurück in den Kreis der aktiven, tätigen Ideen. Russland hat dieses Gefühl für

Europa im Verborgenen eifrig bewahrt und das Feuer im Voraus entfacht aus Sorge, es könnte verlöschen. Denken wir an Alexander Herzen, nicht an seine Weltanschauung, sondern seine europäische Häuslichkeit, seinen Wirtschaftssinn – er streifte durch die Länder des Westens wie ein Hausherr durch sein riesiges, vertrautes Anwesen. Denken wir an Karamsins und Tjutschews Beziehung zum Westen, zum Boden Europas. Beide empfanden den europäischen Boden dort am stärksten, wo er zu Bergen aufragt, wo er das lebendige Gedächtnis der geologischen Katastrophe bewahrt. Hier, in der Schweiz, vergoss Karamsin die sentimentalen Tränen eines russischen Reisenden. Über die Alpen schrieb Tjutschew seine besten Gedichte. Die ganz eigentümliche, durchgeistigte Beziehung des russischen Dichters zum geologischen Ungestüm des Alpenmassivs erklärt sich damit, dass hier durch eine geologische Katastrophe seine heimatliche, geschichtliche Erde mächtig aufragte, eine Erde, die Rom und den Petersdom trägt, eine Erde, die Kant und Goethe trug, weshalb denn hier

Festliches weht,
Wie sonntägliche Stille.

So sind Tjutschews Alpengedichte durchgeistigt von der geschichtlichen Empfindung europäischen Bodens, und der Dichter sieht den europäischen Himalaya von einer zweifachen Tiara gekrönt.

Im heutigen Europa gibt es keine majestätische Größe und darf es keine geben, weder Tiaren noch Kronen noch majestätische Ideen, die diesen massiven Tiaren gleichen. Wo ist das alles hingekommen? Die ganze Masse des Goldes historischer Formen und Ideen ist zurückgekehrt in den Zustand der Schmelze, wurde flüssiges goldenes Magma und ging nicht verloren. Was sich jetzt als Größe ausgibt, ist fauler Zauber, Attrappe, Theaterpappe. Betrachten wir es nüchtern – das Europa der Gegenwart ist ein riesiger Speicher von Menschenkorn, von wirklichem Menschenweizen, und ein Sack Weizen ist heute monumentaler als die Gotik. Doch jedes Korn bewahrt die Erinnerung an einen alten hellenischen Mythos: wie nämlich Zeus sich in einen gewöhnlichen Stier verwandelt hat, um auf breitem Rücken, schwer schnaubend und den rosa Schaum der Müdigkeit auf seinen Lippen, eine kostbare Last, die zarte Europa, durch die irdischen Wasser zu tragen – und sie hält sich an diesem mächtigen Hals mit ihren schwachen Händen fest.

1922

DAS ENDE DES ROMANS

Im Unterschied zu Novelle, Chronik, Memoiren oder einer anderen Prosaform ist der Roman eine durchkomponierte, geschlossene, längere und in sich vollendete Erzählung vom Schicksal einer Person oder einer ganzen Gruppe von Personen. Die Heiligenviten waren trotz der ausgearbeiteten Fabel keine Romane, weil in ihnen das weltliche Interesse am Schicksal der handelnden Personen fehlte und nur eine allgemeine Idee illustriert wurde. Die griechische Erzählung von *Daphnis und Chloe* hingegen gilt als der erste europäische Roman, denn hier tritt dieses Interesse zum ersten Mal als eigenständige, treibende Kraft in Erscheinung. Im Verlauf einer riesigen Zeitspanne hat der Roman als eine Kunst, Interesse zu wecken am Schicksal von Einzelpersonen, eine immer höhere Vollendung und Kraft erreicht, und zwar in zwei Richtungen. Einmal in der Kompositionstechnik, die eine Biographie in eine Fabel verwandelt, d. h. in eine dialektisch sinnreiche Erzählung. Gleichzeitig mit der Fabel erstarkt eine andere Seite des Romans, der im Wesentlichen eine Hilfsfunktion zukommt: die Kunst der psychologischen Motivierung. Die Erzähler des Quattrocento und der *Cent Nouvelles nouvelles* beschränkten sich in der Motivierung auf die Zusammenstellung äußerer Situationen, was ihre Erzählungen außerordentlich schlank, elegant, leicht und unterhaltsam macht. Die psychologisch arbeitenden Romanschriftsteller wie Flaubert und die Brüder Goncourt widmeten auf Kosten der Fabel ihre ganze Aufmerksamkeit der psychologischen Begründung und lösten ihre Aufgabe glänzend, indem sie ein Hilfsverfahren zu einer selbständigen Kunst erhoben.

Bis in unsere Zeit hinein war der Roman eine zentrale, unabdingbare Notwendigkeit und organische Form der europäischen Kunst. *Manon Lescaut, Werther, Anna Karenina, David Copperfield, Rot und Schwarz, Das Chagrinleder* und *Madame Bovary* waren ebenso sehr künstlerische Ereignisse wie Ereignisse im öffentlichen Leben. Sie bewirkten massenweise Selbsterkenntnis bei den Zeitgenossen, die sich im Spiegel des Romans betrachteten, und massenweise Nachahmung, Anpassung der Zeitgenossen an typische Romangestalten. Der Roman erzog ganze Generationen, war Epidemie, gesellschaftliche Mode, Schule und Religion. In der Epoche der Napoleonischen Kriege entstand um die Biographie Napoleons ein ganzer Wirbel von nachahmenden kleinen Biographien, die das Schicksal der zentralen historischen Figur nachbildeten, wobei sie es natürlich nicht bis ins Letzte reproduzierten, sondern auf verschiedene Art variierten. Stendhal hat in *Le Rouge et le Noir* eine dieser turbulenten nachahmenden Biographien erzählt.

Waren ursprünglich die handelnden Personen des Romans ungewöhnliche, begabte Menschen, so lässt sich in der Spätzeit des europäischen Romans ein gegenteiliges Phänomen beobachten: Der Durchschnittsmensch wird zum Romanhelden, und der Schwerpunkt verlagert sich auf die soziale Motivierung – als eigentliche handelnde Person erscheint nun bereits die Gesellschaft, wie zum Beispiel bei Balzac oder bei Zola.

All das lässt einen Vermutungen anstellen über die Beziehung, die zwischen dem Schicksal des Romans und der Frage nach dem Schicksal der Einzelpersönlichkeit in der Geschichte besteht. Man braucht hier nicht von den tatsächlichen Schwankungen der Rolle der Persönlichkeit in der Geschichte zu sprechen, sondern nur davon, wie diese Frage zu einem gegebenen Zeitpunkt gelöst wurde, denn diese Lösung erzog und formte den Geist der Zeitgenossen.

Die Blüte des Romans im 19. Jahrhundert muss man in direkter Abhängigkeit von der napoleonischen Epopöe sehen, die die Aktien der Persönlichkeit in der Geschichte außerordentlich steigen ließ und über Balzac und Stendhal dem gesamten französischen und europäischen Roman den Boden bereitete. Die typische Biographie des Eroberers und Erfolgsmenschen Bonaparte wird bei Balzac in Dutzende sogenannter »Erfolgsromane« *(roman de réussite)* aufgesplittert, in denen die treibende Kraft nicht die Liebe ist, sondern die Karriere, das Bestreben, sich aus den unteren und mittleren sozialen Schichten in die oberen durchzuschlagen.

Wenn wir in einen Bereich mächtiger sozialer Bewegungen und organisierter Massenhandlungen gelangen, ist es ganz klar, dass die Aktien der Persönlichkeit in der Geschichte fallen müssen und mit ihnen auch Einfluss und Macht des Romans, für den die allgemeine Anerkennung der Rolle der Persönlichkeit in der Geschichte gleichsam als Manometer dient, das den Druck der sozialen Atmosphäre anzeigt. Das Maß des Romans ist die Biographie eines Menschen oder ein System von Biographien. Vom ersten Schritt an fühlte der neue Romanschriftsteller, dass es ein Einzelschicksal nicht mehr gab, und bemühte sich, die ihm nötige soziale Pflanze mit allen Wurzeln, allen Trabanten und Attributen aus dem Boden zu heben. So bietet uns der Roman stets ein System von Phänomenen, das vom biographischen Zusammenhang gelenkt und mit dem biographischen Maß gemessen wird, und der Roman wird nur dann kompositionell zusammengehalten, wenn die Zentripetalkraft eines Planetensystems in ihm wirksam ist, wenn also die Zentrifugalkraft, das Streben vom Zentrum zur Peripherie, nicht endgültig die Oberhand über die Zentripetale gewinnt.

Als letztes Beispiel eines zentripetalen biographischen Romans in Europa kann Romain Rollands *Jean-Christophe* gelten, dieser Schwanengesang der europäischen Biographie, der in seinem erhabenen Fluss und in der Vornehmheit seiner synthetischen Verfahren an Goethes *Wilhelm Meister* erinnert. *Jean-Christophe* schließt den Kreis des Romans. Bei aller Modernität ist das ein altmodisches Werk. In ihm ist der urtümliche zentripetale Honig der germanischen und der lateinischen Rasse gesammelt. Um einen letzten Roman zu schaffen, bedurfte es zweier Rassen, die in der Persönlichkeit Romain Rollands zusammenkamen, doch hat auch das nicht mehr genügt. *Jean-Christophe* wird vom selben mächtigen Impuls des napoleonischen Umsturzes in Bewegung gesetzt wie der ganze europäische Roman durch die Beethoven-Biographie Christophes, durch die Berührung mit der mächtigen Figur eines musikalischen Mythos, den dieselbe napoleonische Sturzflut in der Geschichte hervorgebracht hat.

Das weitere Schicksal des Romans wird nichts anderes sein als die Geschichte der Zerpulverung der Biographie als einer Form der persönlichen Existenz, sogar mehr als eine Zerpulverung: ein katastrophaler Untergang der Biographie.

Das Zeitgefühl, mit dem der Mensch ausgestattet ist, um zu handeln, zu siegen, unterzugehen oder zu lieben – dieses Zeitgefühl war der Grundton im Klanggefüge des europäischen Romans, denn noch einmal wiederhole ich: Das kompositionelle Maß des Romans ist die Biographie eines Menschen. Das menschliche Leben an sich ist noch keine Biographie und gibt dem Roman noch kein Rückgrat. Der Mensch, der in der Zeit des alten europäischen Romans handelt, ist gleichsam die Achse eines ganzen Systems von Phänomenen, die sich um ihn gruppieren.

Nun sind die Europäer aus ihren Biographien herausgeschleudert worden wie Billardkugeln, und die Gesetze ihres Handelns werden, wie der Zusammenprall der Kugeln auf dem Billardtisch, von dem einen Prinzip regiert: Der Einfallswinkel ist gleich dem Ausfallswinkel. Ein Mensch ohne Biographie kann nicht die thematische Achse des Romans sein, und andererseits ist der Roman undenkbar ohne das Interesse am menschlichen Einzelschicksal, an der Fabel und an allem, was sie begleitet. Außerdem ist das Interesse an der psychologischen Motivierung – in die sich der verfallende Roman in Vorahnung seines Untergangs so kunstvoll gerettet hat – von vornherein untergraben und diskreditiert durch die Ohnmacht psychologischer Motive vor den realen Kräften, deren Strafgericht über die psychologische Motivierung von Stunde zu Stunde grausamer wird.

Der moderne Roman wurde mit einem Mal sowohl der Fabel,

d. h. der in der ihr eigenen Zeit handelnden Persönlichkeit, als auch der Psychologie beraubt, da diese keinerlei Handlungen mehr zu begründen hat.

1922

HUMANISMUS UND GEGENWART

Es gibt Epochen, die erklären, dass der Mensch sie nichts angehe, dass man ihn benutzen solle wie einen Ziegelstein, wie Zement, dass man mit ihm, nicht für ihn bauen solle. Die gesellschaftliche Architektur wird mit dem Maß des Menschen gemessen. Manchmal wird sie dem Menschen zum Feind und nährt ihre eigene Größe mit seiner Erniedrigung und Nichtigkeit.

Assyrische Gefangene wirbeln umher wie Küken unter den Füßen eines riesenhaften Herrschers. Krieger, die die menschenfeindliche Macht des Staates verkörpern, töten mit langen Speeren gefesselte Pygmäen. Ägypter, ägyptische Baumeister verfahren mit der Menschenmasse wie mit einem Baumaterial, das zur Genüge vorhanden sein, in beliebiger Quantität herbeigeschafft werden muss.

Doch es gibt eine andere gesellschaftliche Architektur, deren Richtlinie und Maß ebenfalls der Mensch ist, die aber nicht mit dem Menschen, sondern für den Menschen baut. Nicht auf der Nichtigkeit des Individuums baut sie ihre Größe auf, sondern auf der höchsten Zweckmäßigkeit, in Übereinstimmung mit seinen Bedürfnissen.

Jedermann fühlt die Monumentalität der herannahenden gesellschaftlichen Architektur. Der Berg ist noch nicht sichtbar, doch wirft er bereits seinen Schatten auf uns, und wir, die wir der monumentalen Formen öffentlichen Lebens entwöhnt sind, erzogen zur staatlich-rechtlichen Flachheit des 19. Jahrhunderts, wir bewegen uns in diesem Schatten in Angst und Verwirrung und wissen nicht, ob es der Flügel der anbrechenden Nacht oder der Schatten der Heimatstadt ist, in die wir eintreten müssen.

Simple mechanische Riesenhaftigkeit und bare Quantität sind dem Menschen feind, und es ist nicht eine neue gesellschaftliche Pyramide, die uns verlocken kann, sondern eine soziale Gotik: das freie Spiel der Gewichte und Kräfte, eine menschliche Gesellschaft, begriffen als komplexer und dichter architektonischer Wald, wo alles zweckdienlich und individuell ist und jede Einzelheit im riesenhaften Ganzen ihren Widerhall findet.

Der Instinkt für gesellschaftliche Architektur, das heißt: die Einrichtung des Lebens in erhabenen, monumentalen Formen, die die unmittelbaren Bedürfnisse des Menschen scheinbar weit überragen, ist den menschlichen Gesellschaften tief eigen und wird nicht von einer eitlen Laune diktiert.

Verzichtet auf jede gesellschaftliche Struktur, und der schlichteste, für alle unbestritten notwendige Bau wird einstürzen: das Haus des Menschen, die menschliche Wohnstatt.

In Ländern, die von Erdbeben bedroht sind, bauen die Menschen flache Behausungen, und dieses Streben nach Flachheit, der Verzicht auf Architektur, geht von der Französischen Revolution an durch das gesamte Rechtsleben des 19. Jahrhunderts, das ganz in der gespannten Erwartung eines Erdstoßes, einer sozialen Erschütterung verlief.

Doch das Erdbeben verschonte auch die flachen Behausungen nicht. Eine chaotische Welt brach herein, sowohl in das englische *home* als auch in das deutsche *Gemüt;* dieses Chaos singt in unseren russischen Öfen, klopft mit unseren Kaminklappen und Ofentüren.

Wie soll man die menschliche Wohnstatt vor den drohenden Erschütterungen schützen, wie deren Wände sichern vor den Erdstößen der Geschichte? Wer wird zu behaupten wagen, die menschliche Behausung, das freie Haus des Menschen, dürfe nicht auf der Erde stehen als deren bester Schmuck und als das Beständigste von allem, was existiert?

Die Rechtslehre der letzten Generationen hat sich als zu kraftlos erwiesen, das zu schützen, um dessentwillen sie entstanden war, für das sie sich abgemüht und fruchtlos philosophiert hatte.

Keinerlei Gesetze über Menschenrechte, keine Prinzipien des

Eigentums und der Unantastbarkeit sichern nunmehr die menschliche Wohnstatt, sie retten das Haus nicht mehr vor der Katastrophe und geben weder Zuversicht noch Sicherheit.

Die Engländer kümmern sich mehr als die anderen scheinheilig um die Rechtsgarantien für das Individuum, doch sie vergessen, dass der Begriff des *home* vor vielen Jahrhunderten in ihrem eigenen Land entstanden ist, als ein revolutionärer Begriff, als natürliche Rechtfertigung der ersten sozialen Revolution in Europa, die ihrem Wesen nach tiefer und unserer Zeit verwandter war als die Französische Revolution.

Die Monumentalität der herannahenden gesellschaftlichen Architektur ergibt sich aus ihrer Bestimmung, die Weltwirtschaft nach dem Prinzip weltweiter Häuslichkeit zum Nutzen des Menschen zu organisieren, indem sie den Kreis seiner häuslichen Freiheit bis zu den Grenzen der Welt weitet und die Flamme seines individuellen Herdes aufbläst zu den Ausmaßen einer universalen Flamme.

Die Zukunft ist kalt und schrecklich für diejenigen, die das nicht begreifen, doch die innere Wärme des Künftigen, die Wärme der Zweckdienlichkeit, des Wirtschaftssinns und der Teleologie, ist für den modernen Humanisten ebenso klar wie die Ofenglut des heutigen Tages.

Wenn nicht eine wahrhaftig humanistische Rechtfertigung die Grundlage der künftigen gesellschaftlichen Architektur bildet, wird diese den Menschen zermalmen, wie Assyrien und Babylon es getan haben.

Dass die Werte des Humanismus heute selten geworden, gleichsam außer Gebrauch gekommen und verborgen sind, ist durchaus kein schlechtes Zeichen. Die humanistischen Werte haben sich nur zurückgezogen und halten sich verborgen als eine goldene Währung, doch wie ein Goldvorrat sichern sie den ganzen Ideenverkehr des modernen Europa ab und lenken diesen umso mächtiger, als sie im Verborgenen wirken.

Der Übergang zur Goldwährung ist eine Sache der Zukunft, und im Bereich der Kultur steht eine Ablösung der provisorischen Ideen – sie sind Papiergeld – durch die goldene Prägung des europäischen humanistischen Erbes bevor. Und nicht unter dem Spaten des Archäologen werden die herrlichen Florine des Humanismus aufklingen, sondern sie werden ihren Tag erleben und als gebräuchliche klingende Münze durch die Hände gehen, wenn die Zeit gekommen ist.

1923

TRISTIA

Die Stimmenvielfalt wie von Mädchenchören:
Die zarten Kirchen, jede singt für sich,
Und in der Himmelfahrt, dem Stein der Bögen
Seh ich geschwungene Brauen, ein Gesicht.

Vom Wall aus – Engel schufen diese Mauern –
Sah ich die ganze Stadt da unten stehn.
Auf der Akropolis nagte die Trauer
Nach russischen Namen, denn Russisch war schön.

Nicht Wunder wundersam,
                        dass uns hier Gärten träumen,
Wo Tauben ziehn im heißen Blau,
Die Nonne, schwarz, singt orthodoxe Neumen:
Die zarte Himmelfahrt – Florenz in Moskau!

Fünfköpfig stehen Moskaus Kathedralen
Mit ihrer Seele italienisch-russisch, wild
Tritt vor mich jetzt Aurora, heller strahlend
Mit russischem Namen – in Pelz gehüllt.

Februar 1916

Glashell Petropolis: hier gehen wir zugrunde,
Proserpina vor uns, sie herrscht und teilt,
In jedem Atemzug nur tote Luft getrunken,
Und jede Stunde ist uns Sterbezeit.
Göttin des Meers, du drohende Athene,
Leg ab den schweren Helm aus Stein!
Glashell Petropolis: der Tod, nur jene
Proserpina wird unsere Herrscherin sein.

Mai 1916

Kein Auferstehungswunder glaubend
Gingen wir durch den Friedhof hin –
Weißt du, die Erde bringt mir dauernd
Nur jene Hügel in den Sinn

....
....

Wo es ganz plötzlich abbricht: Russland
Über dem schwarzen dumpfen Meer.

Von klösterlichen Hängen flimmernd
Läuft eine Wiese weit hinaus,
Aus diesen Weiten um Wladimir
Nur nicht nach Süden ziehn, niemals –
Doch auch in dieser dunkel hölzern
Und närrisch kleinen Stadt zu sein,
Bei dieser rätselhaften Mönchin
Zu bleiben bringt wohl Unglück ein.

Ich küss den Arm, den sonngebräunten
Und deine Stirn: das Stückchen Wachs,
Unter der dunkelgoldenen Strähne
Blieb sie, ich sah es, weiß und blass.
Ich küss die Stelle, wo das Armband
Noch einen weißen Streifen ließ –
Nur Tauris und sein Sommer, flammend
Schaffen sich Wunder so wie dies.

Wie schnell die Sonne dich sonst bräunte,
Kamst zum Erlöser demutsvoll
Und küsstest, küsstest ohne Ende –
Du warst in Moskau doch so stolz!
Uns bleibt als Einziges der Name,
Ein Wunderklang, für lange Zeit –
Aus meinen Händen nimm als Gabe
Den Sand, der zu dir weitereilt.

Juni 1916

Diese Nacht – nicht gutzumachen,
Doch bei euch brennt noch ein Licht.
Vor Jerusalem entfachte
Sonne: schwarz erhebt sie sich.

Gelbe Sonne, größerer Schrecken –
Baju-bajuschki-baju:
Hell der Tempel, und sie betten
Mutter hier zur letzten Ruh.

Fruchtlos ihre Gnade suchend,
Aller Priesterschaft beraubt,
Stehn im Tempellicht die Juden:
Sangen eines Weibes Staub.

Über Mutters Sarg die Lieder,
Israeliten, feierlich.
Ich erwach in meiner Wiege –
Um mich: schwarzes Sonnenlicht.

August 1916

SOLOMINKA

I

Wenn du, Solominka, nicht schläfst im großen Zimmer
Und wartest, schlaflos du, dass hoch und unbeengt
Mit ruhiger Schwere – was kann trauriger klingen –
Auf deine Lider sich die Zimmerdecke senkt,

Sonores Sälmchen, halbes Hälmchen –
Den ganzen Tod trankst du und wurdest zarter immerzu,
Du brachst, du brachst entzwei, lebloses Hälmchen,
Nicht Salome, o nein! Solominka bist du.

In Stunden ohne Schlaf sind alle Dinge schwerer,
Als wären's weniger – wie still es plötzlich ist –
Schimmern die Kissen auf in dieser Spiegel-Leere
Und in dem tiefen Rund ist auch ein Bett gewiss.

Nein, nicht Solominka in dieser schweren Seide
Über dem schwarzen Fluss, im Zimmer-Kreis –
Zwölf Monate, die von der Todesstunde singen,
Und in der Luft fließt blasses blaues Eis.

Dezember, feierlich, verströmt hier seinen Atem,
Als wär in diesem Raum der Fluss das Element.
Nein, nicht Solominka – Ligeia, Totenschatten –
Ihr seligen Wörter: Euch hab ich erlernt.

Ihr seligen Wörter: Euch hab ich erlernt –
Lenore, Solominka, Ligeia, Séraphîta.
Der schwere Newa-Fluss im Raum: sein Element,
Ein blaues Blut, es fließt herein aus den Graniten.

Dezember, feierlich, er glänzt auf der Newa,
Zwölf Monate, die von der Todesstunde singen,
In all der Seidenpracht – nein, nicht Solominka
Kann qualvoll-langsam hier nicht ihre Ruhe finden …

In meinem Blut, da lebt, Dezemberkind – Ligeia,
Und ihre Liebe schläft in einem Sarkophag,
Jene Solominka, vielleicht auch Salomeja,
Kehrt nicht zurück – da sie dem Mitgefühl erlag.

Dezember 1916

Aus der Flasche ein Strom:
                    wie der goldene Honig da floss
So gedehnt und so lang, dass die Hausherrin
                    Zeit fand zu sprechen:
Auf das traurige Tauris verbracht,
                    wie es das Schicksal beschloss,
Wird der Tag uns nie lang – und sie wandte
                    den Kopf, tat es lächelnd.

Überall Rituale des Bacchus,
                    als gäb's auf der Welt
Einzig Hüter und Hunde – du gehst,
                    keiner will sich jetzt zeigen –
Schwere Fässer, die Tage, sie wälzen sich
                    ruhig durchs Feld:
In der Ferne die Strohhütte, Stimmen –
                    du antwortest keiner.

Nach dem Tee gingen wir in den Garten,
                    den riesigen, braunen,
An den Fenstern die Storen, die dunklen,
                    wie Wimpern gesenkt,
An den Säulen vorbei gingen wir,
                    sie zu sehen: die Trauben,
Und von luftigem Glas waren
                    schläfrige Berge besprengt.

Und ich sagte: der Weinberg – er lebt,
                    eine uralte Schlacht,
Wo die lockigen Reiter sich schlagen
                    in kräuselnder Ordnung.
Hier im steinigen Tauris ist Hellas,
                    sein Wissen noch wach –
Diese vornehmen rostigen Beete,
                    die Flächen, die goldnen.

Und im Zimmer, dem weißen, da steht
                    wie ein Spinnrad die Stille,
Wo es duftet nach Essig, nach Farbe,
                    nach frischestem Wein.
Und du denkst an die Griechin, im Haus
                    die von allen geliebte,
Jene andre – nicht Helena – wie lange
                    sie webte allein?

Wo nur bist du, du Goldenes Vlies,
                    wo nur ist deine Heimat?
Schwere Wellen, die Reise war lang,
                    nur das Rauschen, es bleibt,
Und den Schiffsbauch verlassend, die im Meer
                    wund geriebene Leinwand,
Kehrte Odysseus zurück, reich erfüllt
                    nur vom Raum, von der Zeit.

August 1917

AN KASSANDRA

Ich hab sie nicht gesucht, in blühenden Momenten,
Kassandra, deine Augen, deinen Mund,
Doch in Dezembernächten – schlaflos, ohne Ende –
Quält uns nun die Erinnerung!

Im Jahre siebzehn, im Dezember
Verlorst du – liebend – alles, was du zählst:
Der eine wird vom Volk geplündert,
Der andre plündert sich schon selbst …

Wenn Leben stets in Fieberträumen enden,
Wenn hohe Häuser Schiffe sind, ein ganzes Nest –
So flieg, du Sieg mit abgeschnittenen Händen,
Hyperboreerland der Pest!

Auf einem Platz mit Panzerwagen, Reitern –
Ein Mensch, ich seh ihn, da: er hetzt
Die Wölfe fort mit lodernd hellen Scheiten:
Heißt Freiheit, Gleichheit und Gesetz!

Rauchschwälbchen, liebes, du, Kassandra,
Du stöhnst, du glühst – wozu, warum
Schien wohl die Sonne Alexanders
Vor hundert Jahren uns zum Ruhm?

Und irgendwann, in dieser Wahnsinns-Metropole
An der Newa, beim Fest der Skythenschar –
Bei einem widerlichen Ball und zum Gejohle
Reißt man das Tuch von deinem schönen Haar …

Dezember 1917

Wie herrlich Du die Wörter sprichst –
So rufen wilde Vögel, soll ich's deuten:
Lebendig aus der Stimme bricht's
Wie Seide und wie Wetterleuchten.

Ssst! – der Dich da ruft, bin ich, ja: ich!
Schscht! – der Kopf wird plötzlich schwerer.
So rauscht es weit und rund um Dich:
Auch ich leb hier, auf dieser Erde.

Sollen sie doch sagen: Liebe – voller Flügel,
Um hundert Flügel reicher – Er, der Tod.
Noch will die Seele sich nicht fügen,
Und unsre Lippen fliegen zu ihm, rot.

Und wie viel Wind da, Luft und Seide
Bei Dir, in Deinem Flüstern wohnt –
Wie Blinde trinken wir nun beide
Die Nacht lang Sonnenleere, ungewohnt.

Januar 1918

Wenn die Uhr tickt: Grillenlieder,
Fieberheißes Rauschen – fremd,
Und der Ofen knistert wieder,
Rote Seide brennt und brennt.

Feinen, dünnen Lebensboden
Den durchnagt der Mäusezahn,
Schwalbenmädchen, Schwalbentochter
Band mir los schon meinen Kahn.

Auf dem Dachholz murmelt Regen,
Schwarze Seide brennt ihr Lied,
Doch der Faulbeerbaum wird's hören
Tief im Meer das Wort: vergib.

Schuldlos ist der Tod – kein Biegen
Gibt es, davon heilt dich nichts,
Dass im Nachtigallenfieber
Heiß das Herz, noch heißer ist.

Februar 1918

In ungeheurer Höhe, dort – ein irrer Schein,
Ob je ein Stern so zuckt und flirrt?
Du gläserner, du Stern, du irrer Schein:
Petropolis, dein Bruder, stirbt.

Dort oben geht ein Traum, ein irdischer, der brennt,
Ein grüner Stern fliegt auf, entschwirrt.
O Stern! Der Wasser- und der Himmelsfreund:
Petropolis, dein Bruder, stirbt.

Und geisterhaft ein Schiff, dort oben geht es um
Und jagt, die Flügel ausgestreckt.
Du grüner Stern! In seinem reichen Bettlertum:
Petropolis, dein Bruder, stirbt.

Das Frühjahr, gläsern, brach,
                    und schwarz rinnt die Newa,
Das Lebenswachs – es schmilzt, verwirkt.
Und bist du Stern, ist dieser Ort dir nah:
Petropolis, dein Bruder, stirbt.

März 1918

DIE DÄMMERUNG DER FREIHEIT

Die Dämmerung der Freiheit lasst uns preisen
Ihr Brüder, dieses große Dämmerjahr!
Hinabgetaucht der schwere Wald der Reusen
Ins Brodeln, nachtschwarz, unzähmbar.
In taube Jahre gehst du, geht die Reise
O Sonne, Volk, du Richterschar!

Die Schicksalsfracht lasst uns besingen
Die er, des Volkes Führer, weinend fasst,
Das Joch der Macht, das Dämmer-Ringen,
Ihre untragbar schwere Last.
Und wer ein Herz hat, Zeit,
                    der hört's von innen:
Dein Schiff, es sinkt zu Grund, im Übermaß.

Wir banden sie zu Kampflegionen
Alle die Schwalben, und am Himmel seht
Ihr keine Sonne mehr, da oben
Zwitschert's, rührt sich, lebt;
Durch dichte Netze – Dämmerzonen –
Scheint keine Sonne mehr:
                    die Erde, schwimmend, bebt.

Nun los, versuchen wir's:
                    das Steuer linkisch wenden
Wir um, und mag's auch knirschen sehr!
Die Erde schwimmt. Nur Mut, ihr Männer!
Wir sind der Pflug, der in die Meere fährt,
Dass wir's im Lethe-Frost noch wissen werden:
Zehn Himmel war uns diese Erde wert.

Mai 1918

Wie fremd ist alles in der Zoten-Hauptstadt:
Die Erde ist hier trocknes hartes Brot,
Und ungestüm der Marktplatz, gierig grapschend,
Der Räuber-Kreml steht und droht.

Als dunkler Wald will sie die Welt beglücken,
Millionenfach auf Karren knarrend treibt
Sie schwankend los – das halbe All erdrücken
Ihre Basare: breites Bauernweib!

Nur ihre Kirchen – wohlriechende Waben
Wie wilder Honig, verloren tief im Wald,
Die dichten Vogelschwärme drüber plagen
Den Himmel, mürrisch blickt er, kalt.

Im Feilschen ist sie eine schlaue Füchsin,
Doch vor dem Fürsten unterwürfig klein.
Sie fließt als kümmerliches trübes Flüsschen
Seit eh und je im trocknen Rinnenkleid!

Mai / Juni 1918

TELEFON

In dieser Schreckenswelt der Wilden –
Du Freund von Nachtbegräbnis, Klageton,
Im hohen strengen Arbeitszimmer
Des Selbstmörders – das Telefon!

Die schwarzen Seen im Asphalt
Zerwühlt von Hufen, schwarzer Brei,
Und bald die erste Sonne – bald
Der erste irre Hahnenschrei.

Doch dort – ein eichenes Walhalla,
Ein alter Traum von Fest und Lohn:
Die Nacht entschied, das Schicksal waltet,
Und da erwacht das Telefon.

Die Luft ertränkt in Vorhangsschwere,
Theaterplatz, ein dunkler Rest.
Ein Klingelton – da drehn sich Sphären:
Der Selbstmord steht jetzt endlich fest.

Wohin man sich noch flüchten müsste
Vor diesem Leben, seinem Hieb?
So schweig, verfluchte schwarze Kiste!
Und tief im Meer erblüht: vergib!

Nur sie, ein Vogel, sie – die Stimme
Fliegt auf zu Fest und Traum davon.
Du bist Erlösung, Lichterschimmer
Von einem Selbstmord – Telefon!

Juni 1918

TRISTIA

Ich lernte Abschied: eine Wissenschaft,
In Klagen – nachts – von unbedecktem Haar.
Gekau der Ochsen. Warten. Und kein Schlaf.
Den letzten Gang der Wache nehm ich wahr.
Und folg dem einen Kult: der Nacht der Hähne,
Als ich die Lasten hob, den Schmerz – für lang,
Das Aug ins Ferne sah durch seine Träne,
Und Schluchzen mischte sich zum Musensang.

Wer weiß, hört er das Wort da: Abschiednehmen,
Welch eine Trennung es uns bringt –
Was er verheißen mag, der Schrei der Hähne
Auf der Akropolis, wenn alles brennt?
Und da es tagt, das irgend neue Leben,
Während er immer kaut, der Ochse, träg –
Warum der Hahn, der Künder neuen Lebens,
Auf seinem Wall die Flügel schlägt?

Ich lieb das Weiterspinnen all der Fäden:
Ein Schiffchen fliegt, und eine Spindel surrt …
Da schau: zu dir, wie Flaum der Schwäne
Fliegt Delia, da kommt sie, unbeschuht!
O unsres Lebens Grund, der karge, sehre –
Wie arm der Freude Sprache, wie begrenzt!
Und alles war schon und wird wiederkehren:
Dein Glück – nur der Moment, da du's erkennst.

So sei es denn: ein Wachsfigürchen, hell,
Das sich auf einer irdenen Schale zeigt
(Die Form – ein Eichhorn, sein gestrafftes Fell) –
Ein Mädchen, schauend, übers Wachs geneigt.
Nicht uns steht zu, den Erebos zu ahnen,
Den Männern Kupfer, Wachs den Frauen.
Uns fällt das Los, die Schlacht zu schlagen,
Doch sie: sie sterben, in die Zukunft schauend.

1918

Schwestern: Schwere und Zartheit,
wie sehr sie sich gleich sind!
Die Immen, die Wespen –
mit der nährenden Rose gepaart.
Sterbend der Mensch. Die Wärme des Sands:
bald entweicht sie,
Gestern strahlende Sonne –
auf schwarzer Bahre aufgebahrt.

Ach die Waben, die schweren, die zarten Gewebe,
Jeder Stein scheint mir leichter: dein Name –
nichts ist schwerer gesagt!
Eine einzige, goldene Sorge noch
bleibt mir im Leben:
Von der Zange der Zeit mich befreien
mit einem einzigen Schlag.

Dunklem Wasser gleich –
tieftrübe Luft hier zu atmen.
Die Rose war Erdreich, und die Zeit ist gepflügt …
Die Wirbel des Wassers, die Rosen,
die schweren und zarten,
Rosen: Schwere und Zartheit –
hast vereint du zu Kränzen gefügt.

März 1920

Venedigs Leben, unfruchtbar und düster –
Ist mir so klar, ich sah es, sah's:
Mit einem kalten Lächeln blickt es, grüßt es
In das brüchig blaue Glas.

Feine Luft der Haut. Die blauen Adern.
Weißer Schnee. Grüner Brokat.
Alle legt man auf Zypressen-Bahren,
Löst sie schläfrig-warm von Hüllen ab.

Und es brennen, brennen in den Körben Kerzen,
Als flög die Taube in die Arche heim,
In Theatern und auf leeren, öden Plätzen
Stirbt der Mensch, stirbt er allein.

Keine Rettung gibt's vor Angst und Liebe:
Saturn-Ring, schwerer als Platin sein Gewicht!
Der Richtblock dort, der schwarze Samt darüber –
Und wie herrlich das Gesicht.

Schwer, Venedig, deine Kleider und Gebärden,
In zypressene Spiegel eingefasst.
Diamantene Luft. Im Schlafraum schmelzen Berge
Von dem brüchig blauen Glas.

Nur in deinen Fingern – Gläschen oder Rose,
Adria, du grünes Meer: leb wohl!
Venezianerin, was schweigst du, sag mir, wo sind
Wege fort von diesem festlich-schweren Tod?

Schwarze Venus, die im Spiegel flirrt.
Alles geht vorbei. Und dunkel ist die Wahrheit.
Geboren wird der Mensch. Die Perle stirbt.
Und Susanna muss auf ihre Alten warten.

Herbst 1920

Das Wort vergaß ich, das ich sagen wollte,
Ins Schattenheim zurück kehrt eine Schwalbe blind
Auf Flügelfetzen hin zum Spiel der Körperlosen …
Besinnungslos das Lied, das in der Nacht noch singt.

Die Vögel stumm. Es blüht nicht eine Immortelle.
Die Mähnen gläsern-hell – der Herde in der Nacht.
Im trocknen Fluss der Kahn,
                    schwimmt leer, auf keiner Welle.
Im Grillenschwarm das Wort, bleibt unerwacht.

Und langsam wächst es,
                    wächst gleich Tempeln oder Zelten,
Stürzt sich hinauf, so wie Antigone, so irr!
Als tote Schwalbe wirft es sich mit grünen Zweigen
Voll stygischer Zärtlichkeit zu Füßen ihr.

O käm sie nur zurück: die Scham sehender Finger,
Die Freude des Erkennens, zart gewölbt.
Ich fürcht das Schluchzen so,
                    den Schmerz der Aoniden,
Den Nebel und den Ton – wie ausgehöhlt.

Wer sterblich ist, hat Macht: zu lieben und erkennen,
In seine Finger fließt selbst noch der Klang zuletzt,
Doch ich vergaß das Wort,
                    ich kann es nicht mehr nennen,
Ins Schattenheim zurück kehrt körperlos es jetzt.

Die Gläsern-Helle fehlt, spricht weiter ohne Ende,
Antigone, du Freundin, Schwälbchen – komm …
Doch auf dem Mund wie schwarzes Eis noch brennend
Erinnerung an ihn, den stygisch-hellen Ton.

November 1920

Nimm dir zur Freude nun aus meinen Händen
Ein wenig Sonne und ein wenig Honig –
Nach dem Gebot der Bienen Persephones.

Nicht loszumachen ist das unvertäute Boot,
Nicht hörbar ist der pelzbeschuhte Schatten,
Nicht zu bezwingen ist im Lebenswald die Angst.

Uns bleiben einzig und allein die Küsse,
Die zottigen, sie sind wie kleine Bienen
Die sterben, kaum sind sie dem Korb entflogen.

Sie summen hell im Glasgesträuch der Nacht,
Ihr Heimatland – der dichte Wald Taygetos,
Als Nahrung: Zeit, das Honigkraut, die Minze.

So nimm zur Freude dir mein wildestes Geschenk,
Das schlichte Halsband aus den toten Bienen –
Sie schufen Honig, schufen aus ihm Sonne.

November 1920

Petersburg: Es wird uns neu zusammenführen,
Als hätten wir die Sonne dort verscharrt,
Und zum ersten Mal wird's unsern Mund berühren
Jenes selige sinnlose Wort.
Tief im Samt der Sowjetnacht, im schwarzen
Samt der Leere, weltenweit,
Singen seliger Frauen Augen, und es wachsen
Blumen noch und blühn für alle Zeit.

Wilde Katze: Hauptstadt, macht den Buckel,
Auf der Brücke die Patrouille – breit,
Nur ein böser Motor rast durchs Dunkel
Der jetzt wie ein Kuckuck schreit.
Ich brauch keinen Nachtpassierschein, rede
Mir die Angst aus vor den Posten dort,
In der Sowjetnacht werde ich beten
Für das selige sinnlose Wort.

Leise hör ich es: Theaterrascheln,
Hör ein mädchenhaftes »Ach« –
Haufen unsterblicher Rosen raffen
Kypris' Hände leicht und sacht.
Überdruss, wir wärmen uns an Flammen
Und es gehn, wer weiß, Jahrhunderte vorbei,
Seliger Frauen liebe Hände sammeln
Einst die leichte Asche ein.

Üppig schäumen Logen, Wäschekästen,
Irgendwo Parkettreihn, roter Lack,
Offizier und Aufziehpuppe – nichts den
Schwarzen Seelen, nichts dem Frömmlerpack …
Jetzt, im schwarzen Samt weltweiter Leere
Unsere Kerzen – geh schon, lösche sie.
Seliger Frauen Schultern singen, ihre Chöre,
Doch die Nachtsonne, die siehst du nie.

25. November 1920

Nicht anders nun als andre
Will ich dir dienen und
Wahrsagen dir mit wahrem
Eifersuchtstrocknem Mund.
Die ausgedörrten Lippen
Stillt mir das Wort nicht mehr,
Und ohne dich ist wieder
Die Luft so dunkel, leer.

Nein, nicht mehr eifersüchtig –
Und dennoch will ich dich,
Dem Henker selber bring ich
Als Opfer dar jetzt mich.
Ich werde dich nie nennen
Nicht Freude, Liebe, Rausch.
Für Wildestes und Fremdes
Hat man mein Blut vertauscht.

Noch einen Augenblick nur
Und gleich schon sag ich's dir:
Nur Qualen, keine Lichtspur
Find jemals ich in dir.
Und gleich einem Verbrechen
Zieht mich zu dir hin nun
Dein wirrer und zerbissener
Dein zarter Kirschenmund.

Komm doch zurück, mach schneller:
Die Angst hier ohne dich,
Ich spürte dich nie heller
Als jetzt, als ohne dich.
Was ich mir wirklich wünsche
Seh ich vor mir im Licht.
Nein, nicht mehr eifersüchtig –
Und dennoch ruf ich dich.

Dezember 1920

BAHNHOFSKONZERT

Kein Atmen mehr. Das Firmament voll Maden.
Und nicht ein Stern, der mit dem andern spricht.
Doch über uns Musik, Gott sieht's, wie überladen
Der Bahnhof bebt unter dem Aonidenlicht,
Und neue Pfiffe einer Lok durchbrachen
Die Geigenluft – nun fließt sie wieder dicht.

Der Riesenpark. Das Glas der Bahnhofskugel.
Die Eisenwelt erneut verzaubert vom Gesang.
Und fort in ein Elysium von Nebel trugen
Die Räder den Waggon, zum Fest des Klangs.
Der Schrei des Pfaus, in den Klaviere schlugen.
Ich kam zu spät. Ein Traum nur? Meine Angst.

Den Bahnhofsglaswald habe ich betreten,
Den Geigen-Bau in Tränen, tief verwirrt.
Ein Duft von Rosen aus den Moderbeeten,
Der Chor der Nacht erhebt sich – wild,
Und zu Nomadenscharen nachthin legte
Sich unterm Himmelsglas das liebe Schattenbild.

Die Eisenwelt: wie bettelhaft jetzt bebend,
Ganz in den Schaum, in die Musik gefügt,
Der heiße Dampf, die Geigenaugen blendend,
Und ich – ans Glas des Flurs gedrückt.
Wo willst du hin? Am Totenfest des Schattenbildes
Zum letzten Mal für uns erklingt Musik.

1921

Nachts, da draußen, wusch ich mich.
Grobe Sterne, Himmelsstrahl –
Auf der Axt wie Salz ihr Licht,
Randvoll steht das Fass und kalt.

Riegel vor dem Tor. Die raue
Erde, ein Gewissen, streng und rund.
Frische Leinwand: wahr und reiner
Ist wohl nirgendwo ein Grund.

Salz des Sterns, im Fass zergehend,
Eisig schwarz das Wasser. Klarer
Nun der Tod und salziger das Elend,
Die Erde wahrer und furchtbarer.

Herbst 1921

Dem ist der Winter Arrak, Punsch von blauer Helle,
Dem andern duftend roter Wein mit Zimt,
Ein dritter schleppt grausamer Sterne Salz-Befehle
In seine rauchig schwarze Hütte hin.

Nur wenig, wenig von dem warmen Hühnerdung,
Kopflose Schafswärme, von einem wirren Schwarm –
Fürs Leben gäb ich alles, brauch die Obhut nun
Und schon von einem Streichholz würd mir warm.

Schau her: in meiner Hand ist nur ein Krug aus Erde,
In meinem Ohr das Sternenzirpen, kitzelt kaum,
Doch dieses gelbe Gras, die warmen Lehme –
Ich muss sie lieben noch unter dem kargen Flaum.

Nur leis die Wolle streichen, sich im Stroh verstecken,
Im Winter hungern wie der Apfelbaum im Bast,
Sich sinnlos zärtlich nach dem Fremden recken
Und in die Leere tasten, warten, ohne Hast.

Sollen Dunkelmänner übers Schneefeld schlittern
Wie Schafe, dass die Kruste knirscht und schnalzt,
Dem einen ist der Winter Wermut, Rauchnacht, bitter,
Dem andern feierlicher Kränkung grobes Salz.

O könnt ich, die Laterne auf der langen Stange,
Ein Hund voraus, unter dem Salz der Sterne gehn
Zur Wahrsagerin, den Hahn im Topf umklammernd,
Und in den Augen beißt der weiße weiße Schnee.

Januar 1922

Den rosa Schaum der Müdigkeit auf weichen Lippen
Bricht dieser Stier es schnaubend um, das grüne Meer,
Nicht Ruderschläge, nein, die Frauen liebt er –
Die Last ist ungewohnt, und seine Mühe schwer.

Nur selten ein Delphin: er zeigt die Form des Rades,
Der Seeigel kommt vor, der kleine Stachelkopf,
O ihr, Europas zarte Hände, nehmt euch – alles!
Wo gäb es einem Hals ein noch begehrteres Joch?

Und bitter hört Europa all die Wellen schlagen,
Das feiste Meer um sie, es brodelt quellgleich auf,
Man sieht's, der ölige Glanz: er schafft ihr Unbehagen
Und gern möcht sie herab von diesem rauen Bauch.

Oh, lieber wär ihr das Gekreisch von Ruderdollen,
Ein Haufen Schafe und ein Deck, breit wie ein Schoß,
Und dann ein hohes Heck, dem blitzend Fische folgen –
Doch weiter trägt sie fort der Ruderer ruderlos!

Mai 1922

Kälte kitzelt meinen Scheitel,
Zeit, dass du dir endlich sagst
Dass auch dich die Zeiten schleifen
Wie den schiefen Schuhabsatz.

Leben – an sich selber mühend,
Laute schmelzen, ausgereimt,
Immer noch ein Ungenügen,
Zum Erinnern keine Zeit.

Früher war es dennoch besser,
Gar nicht zu vergleichen brauchst
Du, mein Blut, wie du noch gestern
Rauschtest, wie du heute rauschst.

Die Bewegung dieser Lippen
Geht nicht straflos ab, umsonst,
Und der Wipfel lärmt und lebt noch
Bald verurteilt, abgeholzt.

1922

Ich weiß nicht, seit wann das Lied
Sich in meinem Ohr verbirgt,
Raschelt nicht mit ihm der Dieb
Und der Mückenkönig sirrt?

Ich will von nichts und wieder nichts
Noch einmal sprechen, mach die Nacht
Mit dem raschen Streichholzblitz,
Mit der Schulter schubsend wach,

Wie stickendes Heu heb ich sacht
Die Luft, die mützengleich mich quält,
Schüttle ihn dann durch, den Sack
Samt dem Kümmel, eingenäht,

Dass sich rosa Blutes Band,
Dürrer Gräser heller Laut,
Einst weggestohlen wiederfand
Nach der Zeit, dem Heu, dem Traum.

1922

MEINE ZEIT

Meine Zeit, mein Tier, gibt's einen
Der ins Aug dir blicken kann?
Wer, mit seinem Blut, wird's leimen
Das Jahrhundert-Wirbelband?
Blut, das baut: aus Erdendingen
Strömt's, aus ihrer Kehle steigt's,
Einzig der Schmarotzer zittert
An der Schwelle neuer Zeit.

Ein Geschöpf, das lebt, verbissen
Trägt's sein Rückgrat bis ins Ziel,
Eine Welle spielt mit dieser
Säule unsichtbar ihr Spiel.
Gleich dem Kindesknorpel, weichem,
Liegt die Erde säuglingszart,
Statt des Lamms den Lebens-Scheitel
Brachten sie als Opfer dar.

Das Jahrhundert freizuschlagen,
Dass die Welt hier neu beginnt,
Heißt es knotig zähe Tage
Binden mit dem Flötenwind.
Das Jahrhundert wiegt die Welle,
Wiegt das ganze Menschenleid,
Dort im Gras die Viper: schnellend
Nach dem goldenen Maß der Zeit.

Und noch einmal schwellen Knospen,
Treibt der Spross und quillt das Grün,
Doch dein Rückgrat liegt gebrochen,
Meine Zeit du – elend, schön.
Sinnlos lächelnd schaust du, leidend
Schwach und grausam du, zurück
Wie ein Tier, das, einst geschmeidig,
Auf die eignen Spuren blickt …

8./9. Oktober 1922

DER HUFEISENFINDER

Wir sehen einen Wald und sagen:
Das ist ein Schiffswald, Mastenwald,
Rosige Kiefern
Bis in die Wipfel frei von der Mooslast,
Die sollten knarren im Sturm
Wie einsame Pinien
In der wütenden waldlosen Luft;
Unter der salzigen Ferse des Windes bleibt fest
        das Lot, gefügt in das tanzende Deck,
Und der Seefahrer
In unbändigem Durst nach dem Raum
Schleppt durch die feuchten Furchen
        das zerbrechliche Gerät des Geometers,
Setzt gleich mit der Anziehung des Erdschoßes
Die holprige Fläche der Meere.

Wir atmen den Duft
Der Harztränen, die aus der Schiffswand hervortreten,
Freuen uns an den Brettern,
Vernietet, in die Schotten eingepasst
Nicht vom friedlichen Zimmermann aus Bethlehem,
Vom andern, dem Vater der Reisen, dem Seefahrerfreund –
Und wir sagen:
Auch sie standen auf der Erde,
Der unbequemen wie ein Eselsrücken,
Mit den Wipfeln die Wurzeln vergessend,
Auf der berühmten Gebirgskette,
Und rauschten im Süßwasserregen,
Boten erfolglos dem Himmel für eine Prise Salz
Ihre vornehme Last.

Wo beginnen?
Alles kracht und schwankt.
Die Luft zittert vor Vergleichen.
Kein Wort ist besser als das andre,
Die Erde dröhnt von Metaphern,
Und die leichten zweirädrigen Wagen
Mit dem grellen Geschirr von
        dichtgedrängten Vogelschwärmen
Brechen in Stücke
Im Wettkampf mit den schnaubenden Lieblingen
        der Rennplätze.
Dreimal selig, wer den Namen einführt ins Lied!
Das namengeschmückte Lied
Lebt länger inmitten der andern –
Gekennzeichnet inmitten der Freundinnen
        durch die Stirnbinde,
Die heilt von Besinnungslosigkeit, von allzu starkem,
        betäubendem Geruch:
Sei es die Männernähe,
Der Fellgeruch starker Tiere
Oder einfach der Duft des Pfefferkrauts,
        zwischen Handflächen zerrieben.

Luft ist oft dunkel wie Wasser, und alles Lebende
        schwimmt in ihr wie Fische,
Mit den Flossen eine Kugel durchstoßend,
Die dicht ist, federnd, leicht erwärmt –
Einen Kristall, in dem Räder sich drehen und
        Pferde scheuen,
Die feuchte Schwarzerde Neairas, jede Nacht
        neu gepflügt
Mit Forke, Dreizack, Hacke, Pflug.
Luft ist so dicht gemischt wie Erde –
Kein Ausweg aus ihr, und schwer ist der Eintritt.

Ein Rascheln fährt durch die Bäume wie ein
        grünes Schlagholz,
Kinder spielen Knöcheln mit den Wirbeln
        verendeter Tiere.
Die zerbrechliche Zeitrechnung unserer Ära
        geht dem Ende zu.
Dank sei für das, was war:
Ich hab mich selbst geirrt, mich vertan, mich verzählt.
Die Ära klang wie eine goldene Kugel,
Hohl, aus einem Guss, von keinem gehalten,
Auf jede Berührung antwortete sie »ja« und »nein«.
So antwortet ein Kind:
»Ich geb dir den Apfel« oder:
        »Ich geb dir den Apfel nicht«.
Und sein Gesicht ist der Abguss der Stimme,
die diese Worte sagt.

Der Laut klingt noch, obgleich die Ursache
        des Lautes verschwunden ist.
Das Pferd liegt im Staub, schaumbedeckt, schnaubend,
Doch die jähe Wendung seines Halses
Bewahrt noch die Erinnerung an den Lauf mit
        auseinandergeworfenen Beinen –
Als sie nicht vier waren,
Sondern so viele wie die Steine des Weges,
Erneuert in vierfachem Wechsel
Wie oft auch der hitzeglühende Passgänger
        abstieß von der Erde.

So bläst
Der Hufeisenfinder
Das Eisen vom Staub frei,
Reibt es mit Wolle ab, bis es aufblitzt,
Dann
Hängt er es über seine Schwelle,
Damit es ausruhe,
Es soll nicht mehr Funken schlagen müssen
        aus dem Kiesel.
Die menschlichen Lippen,
        die nichts mehr sagen können,
Bewahren die Form des letzten Wortes, das sie sagten,
Und in der Hand bleibt das Gefühl der Schwere,
Obgleich der Krug schon zur Hälfte
        verschüttet wurde, als man ihn heimtrug.

Was ich jetzt sage, sage nicht ich,
Es ist ausgegraben aus der Erde, Körnern gleich
        von versteinertem Weizen.
Die einen bilden einen Löwen ab auf den Münzen,
Die andern – einen Kopf.
Vielerlei kupferne, goldene, bronzene Scheibchen
Ruhn mit gleichviel Ehre in der Erde,
Das Zeitalter, das sie zu durchnagen versuchte,
        hat ihnen seine Zähne aufgeprägt.
Die Zeit schleift mich ab wie eine Münze,
Und ich reiche mir schon selbst nicht mehr aus.

1923

GRIFFEL - ODE

Der Stern zum Stern, machtvoll gefügt,
Aus altem Lied der Kiesweg klingend,
Sprache von Luft und Kies, sie fliegt
Zum Wasser, Hufeisen zum Ring hin,
Auf weichem Wolkenschiefer fein
Stehn milchig weiße Griffel-Schraffen,
Nicht Weltenschulzeit ist das, nein –
Ein Halbschlaftraum, geträumt von Schafen.

Wir schlafen stehend, dichte Nacht,
Unter der Mütze, warm, aus Schaffell.
Der Quell springt jetzt zurück zum Schacht
Als Kettchen, Schäumchen und als Sprache.
Hier schreibt die Angst, hier schreibt der Ruck
Von einem Stäbchen milchig bleiern,
Hier reift der schwarze, der Entwurf
Von Schülern, die beim Wasser lernen.

Und steile Ziegenstädte, dann
Die Kiesel, mächtig aufgeschichtet –
Und dennoch immer noch ein Kamm:
Schafsdörfer und schafwarme Kirchen!
Und ihnen predigt nur das Lot,
Das Wasser lehrt, die Zeit: Sie schärft sie,
Der glashell-klare Wald der Luft –
Von ihnen längst schon reich gesättigt.

Der bunte Tag – Hornisse, tot –
Aus Waben weggefegt ins Leere.
Die Nacht, die Geierin, sie holt
Brennende Kreide, Griffel nährend.
Von der Ikonenstürmer-Wand
Nur weggewischt die Tageslichter,
Und wie den Nestling von der Hand
Gescheucht die glashellen Gesichte!

Die Traube reift. Das Fruchtfleisch schwillt.
Der Tag, er tobt, es tobt die Helle.
Das zarte, zarte Knöchelspiel
Und mittags böser Hunde Felle;
Ein Schutt, herab von hohem Eis –
Der grünen Bilder Umkehrungen –
Das Wasser, hungrig, fließt und reißt
Und wirbelt spielend, Raubtierjunges,

Und kriecht wie eine Spinne her,
Wo jede Fuge mond besprizt ist,
An der erstaunten Steilwand hör
Ich schrilles Kreischen eines Griffels.
Gedächtnis, deine Stimmen sind's,
Sie brechen, lehrend, Finsternisse?
Und werfen Wäldern Griffel hin
Den Vogelschnäbeln flink entrissen?

Wir wissen aus der Stimme nur
Was eingekratzt ist, was dort kämpfte,
Wir führen die spröde Griffelspur
Allein wohin die Stimme lenkte.
Ich brech die Nacht, den Kreidebrand
Zur strengen Schrift von Augenblicken,
Ich tausch für Rauschen – Pfeilgesang,
Tausch Ordnung gegen Zorn und Zittern.

Wer bin ich denn? Bau nicht mit Stein,
Kein Dachdecker bin ich, kein Schiffer:
Ein Doppelmund, mit Seelen – zwei,
Der Freund der Nacht, der Tag-Anstifter.
Und selig, wer den Kiesel nennt
Den Schüler allen Wassers Fließen,
Und selig, wer den Berg festhält
Am Fuß, den Riemen straffer schließend.

Das Tagebuch studiere ich
Der Kratzer eines Griffel-Sommers,
Sprache von Luft und Kies, der Schicht
Aus Dunkelheit, der Lichtschicht folgend,
Den Finger in die Wunde tun:
Den Kiesweg aus dem alten Liede,
Zur Kies- und Wasser-Fuge nun
Hufeisen mit dem Ring verschmieden.

März 1923

DER 1. JANUAR 1924

Die Zeit, wer sie geküsst hat auf den wunden Scheitel
Wird sich mit Sohneszärtlichkeit
Erinnern, wie die Zeit im schneegleich hohen Weizen
Sich schlafen legte überbreit.
Wer sie einst hob, im Schmerz, dieses Jahrhunderts Lider –
Die beiden Äpfel schläfrig, groß –
Hört ewig nur das Rauschen, Flüsse brüllen wieder
Von Zeiten, taub, gewissenlos.

Zwei Schlafäpfel: Jahrhundert, herrischer Gebieter
Mit einem Mund so lehmig schön,
Doch sterbend wird es sich in Sohnes Hände schmiegen
Die selber welken und vergehn.
Der Lebenshauch, ich weiß: mit jedem Tage schwächer,
Ein wenig noch, ein wenig – und
Das Lied von Kränkungen und Lehm, sie werden's brechen,
Mit Blei versiegeln dir den Mund.

O Lehm des Lebens! O Jahrhundert-Sterben!
Nur dem erschließt sich voll dein Sinn,
In dem ein Lächeln lebte, hilflos – eines Menschen
Der sich schon selbst verlorenging.
Und welch ein Schmerz noch, das verlorene Wort zu suchen,
Die wunden Lider heben sacht,
Für ihn, den fremden Stamm, mit Kalk in deinem Blute
Das Gras zu sammeln, Kraut der Nacht.

Jahrhundert. Ja, der Kalk im Blut des kranken Sohnes
Wird härter. Moskau – eine Holztruhe, die schläft!
Und vorm Jahrhundert, dem Gebieter, kein Entkommen …
Wie früher schon der Apfelduft des Schnees.
Ich will jetzt weg, nur weg von dieser Schwelle.
Wohin? Da draußen – Dunkelheit.
Doch auf dem Pflasterweg da, salzgleich schimmernd
Liegt mein Gewissen ausgestreut.

Durch Gassen hin, die Starenkästen-Hütten, schiefe,
Nicht weit, nur weg, geht diese Flucht:
Ich simpler Passagier, umdeckt vom Fell der Fische,
Der's mit der Hand zu schließen sucht.
Die Straßen, aus dem Dunkel tauchend,
Und wie der Apfel knirscht im Frost das Kufenband,
Sie gibt und gibt nicht nach, die steife Schlaufe
Entgleitet wieder meiner Hand.

Mit welchem Schrott, mit welchem Eisenplunder
Klirrt diese Winternacht durch Moskaus Straßen hin?
Pocht wie gefrorener Fisch, als Silber-Flunder
Dampft es heraus aus Teehäusern, den rosigen.
Du Moskau, wieder, Moskau. Lass dich grüßen!
Sei nicht zu streng, steht alles nicht so schlecht,
Nach altem Brauch nehm ich sie an, als Brüder
Den starken Frost, den Urteilsspruch des Hechts!

Da glüht der Schnee im Himbeerlicht der Apotheke,
Da klappert eine Underwood halbstumm;
Der Kutscherrücken, Schnee, ein halber Meter:
Was willst du noch? Sie bringen dich nicht um.
Die Winterschönheit. Und von Sternen übergossen
Der Ziegenhimmel, der jetzt milchhell blinkt,
An den vereisten Kufen hin das Rosshaar
Von meiner Decke, schleift sich ab und singt!

Die Gässchen rußig schwarz wie Lämpchen-Kerosinchen,
Sie schluckten Schnee, Himbeere, Eis,
Von ihnen abgeschuppt das Sowjet-Sonatinchen
Des zwanziger Jahrs, erinnerungsheiß.
Lass ich sie je verleumden und verlästern –
Von neuem Apfelduft des Frosts –
Den wunderbaren Eid, dem Vierten Stand geleistet,
Die schweren Schwüre, tränengroß?

Wen bringst du um noch? Wen wirst du noch preisen?
Und welche Lüge fällt dir wohl noch ein?
Der Underwood die Knorpeltasten wegzureißen,
Vom Hecht die Gräte finden klein!
Der Kalk im Blut des kranken Sohns wird schwinden,
Ein Lachen, selig, bricht hervor …
Die simple Sonatine aus den Schreibmaschinen –
Von Macht-Sonaten bloß ein Schattenchor.

Januar 1924

Nein ich war nirgendwo und niemands Zeitgenosse,
Solch eine Ehre passt mir nicht.
Der meinen Namen trug – zuwider mir, verstoßen:
Das war ein andrer, war nicht ich.

Zwei Schlafäpfel: Jahrhundert, herrischer Gebieter
Mit einem Mund so lehmig-schön,
Doch sterbend wird es sich in Sohnes Hände schmiegen
Die selber welken und vergehn.

Mit dem Jahrhundert hob ich auf die wunden Lider –
Die beiden Äpfel schläfrig, groß –
Und Flüsse, dröhnende, sie sprachen mir nun wieder
Vom Streit der Menschen, pausenlos.

Vor hundert Jahren stand, mit weißen Kissen schimmernd
Das leichte Faltbett mittendrin,
Und seltsam hingestreckt darauf ein Körper, lehmern:
Der erste Rausch der Zeit – verging.

Der Gang der Welt, er knirscht, in ihrer Mitte
Ein Bett, wie leicht, wie federleicht.
Nun los, lässt sich denn keine andre schmieden,
So lasst uns zeiten mit der Zeit!

Im Zimmer, heiß, im Zelt, der Jurte des Nomaden
Stirbt ein Jahrhundert – noch nicht kalt
Zwei Schlafäpfel, die zwei auf hörnener Oblate:
Ihr Licht, gefiedert, wie es strahlt!

1924

Ich lauf durch den Ort der Nomaden,
			die dunkle Straße,
Dem Faulbeerbaumzweig hinterher in der schwarzen,
			gefederten Kutsche,
Dem Häubchen von Schnee hinterher und
			dem ewigen Geräusch einer Mühle ...

Ich erinnre mich nur an die Locken,
			kastanienbraun, ihre Versager,
Umraucht von der Bitterkeit, nein! – eher Ameisensäure;
Von ihnen blieb mir auf den Lippen
			wie trockener Bernstein.

In solchen Minuten hat mir noch die Luft braune Augen,
Pupillen, die Ringe, umkleidet vom Pelzrand aus Licht,
Und das, was ich weiß von der apfelgleich
			rosigen Haut ...

Und immer noch knirschten die Kufen
			des Schlittens im Schnee,
Durchs Flechtwerk von Lindenbast blickten
			die stachligen Sterne,
Die Hufpaare schlugen in Sperrschrift auf sie,
			die gefrorenen Tasten.

An Licht ist da nichts als die stachlige Lüge der Sterne,
Das Leben schwimmt weg, theatralisch,
			wie Schaum eines Häubchens,
Keiner da, ihm zu sagen:
			»Nomadenort dunkle Straße« ...

Frühjahr 1925

Das Leben fiel, ein Wetterblitz
Wie ins Glas die Wimper stürzt,
Lügenprall bis an den Rand –
Keinen, niemand klag ich an.

Willst zur Nacht du einen Apfel,
Honigtee, ganz frisch gemachten?
Zieh ich dir die Stiefel aus,
Heb dich Fläumchen leise auf?

Engel – hell im Spinngewebe,
Goldnes Schaffell dich umgebend,
Strahl von dem Laternenlicht
Schulterhoch beleckt er dich.

Sträubt sich zuckend eine Katze
Oder doch ein schwarzer Hase?
Steppt sich zickzack übern Weg
Und ist plötzlich spurlos weg.

Himbeergleiche Lippen zittern,
Gabst dem Söhnchen Tee zu trinken,
Sprachst dann auf gut Glück drauflos
Drunter drüber pausenlos.

Wie du stocktest allzu plötzlich,
Logst und lächeltest verletzlich,
Und verhaltne Schönheit strich
Hilflos hin dir durchs Gesicht.

Hinter Hüten von Palästen,
Hinter Gärten, schäumend letzten,
Wimpernjenseits liegt ein Land –
Bist dort meine Frau genannt.

Komm wir nehmen trockne Stiefel,
Goldne Bauernpelzchen, tiefe,
Nehmen uns dann bei der Hand
Gehn die gleiche Straße lang

Blicken uns nie um, erreichen
Strahlend helle Wegezeichen,
Nachtlang bis der Tag anbricht
Zwei Laternen voller Licht.

Januar 1925

DIE ÄGYPTISCHE BRIEFMARKE

Manuskriptrollen liebe ich nicht.
Manche von ihnen sind fettdurchtränkt
und schwer geworden von der Zeit,
wie die Posaune des Erzengels.

I

Das polnische Dienstmädchen war in die Kirche Quarenghis gegangen, um ein wenig zu schwatzen und zur Muttergottes zu beten.

In der Nacht ein Traum: von einem Chinesen, der um den Hals Damenhandtäschchen trug wie ein Kette von Haselhühnern, und von einem amerikanischen Kuckucksduell, wo die Gegner mit ihren Pistolen in gläserne Geschirrschränke schossen, in Tintenfässer und auf Familienporträts.

Du meine Familie, ich schlage dir hier ein Wappen vor: ein Glas abgekochtes Wasser. Im Gummigeschmack des gekochten Petersburger Wassers trinke ich die uns nie geglückte häusliche Unsterblichkeit. Die Zentrifugalkraft der Zeit hat unsere Wiener Stühle und die holländischen Teller mit ihren blauen Blümchen auseinandergefegt. Nichts ist geblieben. Dreißig Jahre sind dahingegangen wie ein schleichender Brand. Dreißig Jahre lang hat eine weiße kalte Flamme die Rücken unserer Spiegel mit den Etiketten des Gerichtsvollziehers beleckt.

Doch wie soll ich von dir loskommen, du geliebtes Ägypten der Dinge? Sichtbare Ewigkeit des Esszimmers, Schlafzimmers und Arbeitszimmers. Wie kann ich meine Schuld wiedergutmachen? Wollt ihr ein Walhalla: die Lagerräume von Kokorew? Ja, dorthin zur Aufbewahrung! Schon vollführen die Möbelmänner in hellem Entsetzen ihre Tänzelschritte und heben im Arbeitszimmer den Flügel Marke »Mignon« hoch wie einen schwarzen, lackierten Meteoriten, der vom Himmel gefallen ist. Bereits liegen die Lindenbastplanen ausgebreitet da wie Priestergewänder. Der Trumeau-

Spiegel schwimmt schief die Treppe hinunter und manövriert auf jedem Treppenabsatz in seiner ganzen palmengleichen Größe.

Am Abend hatte Parnok seinen Ausgehanzug über die Lehne eines Wiener Stuhles gehängt: Er sollte sich über Nacht in den Schultern und Ärmelausschnitten etwas ausruhen und einen munteren, cheviot-wollenen Schlaf schlafen. Wer weiß, vielleicht wird so ein Ausgehanzugmädchen auf der Wiener Rückenlehne Purzelbäume schlagen, sich ganz und gar verjüngen, mit einem Wort – sein Spielchen treiben? … Die rückgratlose Freundin junger Leute hat Sehnsucht nach dem Spiegeltriptychon beim Schneider in der Beletage … Bei der ersten Anprobe war sie ein gewöhnlicher Sack gewesen – ein wenig Ritterharnisch, ein wenig zweifelhafte Ärmellose. Doch dann hat sie der Schneiderkünstler mit der Kreide des Pythagoras vollgezeichnet, hat ihr das Leben eingehaucht und ihre Eleganz:

»Nun geh, meine Schöne, und lebe! Zeig dich in Konzerten, halte Vorträge, liebe und irre!«

Ach, Merwis, Merwis, was hast du getan! Warum hast du Parnok seiner irdischen Hülle beraubt, warum hast du ihn von seiner lieben Schwester getrennt?

»Schläft er?«

»Ja, er schläft! … So ein Strolch, das elektrische Licht ist für so einen viel zu schade!«

Die letzten Kaffeebohnen waren im Krater der Kaffeemühle und Drehorgel verschwunden.

Der Brautraub war vollzogen.

Merwis hat das Ausgehanzugmädchen wie eine Sabinerin entführt.

Wir rechnen in Jahren – in Wirklichkeit jedoch zerfällt die Zeit in jeder Wohnung am Kamenoostrowskij in Dynastien und Jahrhunderte.

Die Verwaltung eines Hauses hat immer etwas Grandioses an sich. Die Etappen eines Lebens – vom Begreifen des deutschen gotischen Alphabets bis zum goldbraun gebratenen Speck der Universitätspastetchen – sind nicht überschaubar.

Der selbstverliebte, leicht beleidigte Benzinduft und der fette Geruch des gutmütigen Kerosins behüten die Wohnung, die von der Küche her verwundbar ist – dort brechen die Hausknechte herein mit ihren Katapulten von Brennholz. Staubige Lappen und Bürsten erwärmen ihr das weiße Blut.

Im Anfang war die Werkbank und Iljins Karte der beiden Erdhalbkugeln.

Aus ihr schöpfte Parnok seinen Trost. Ihr unzerreißbares, auf Leinwand aufgezogenes Papier beruhigte ihn. Er tippte mit dem Griff seines Federhalters auf die Ozeane und Kontinente und entwarf grandiose Reiserouten, verglich die luftigen Umrisse des arischen Europa mit dem stumpfen Stiefel Afrikas und dem ausdrucksarmen Australien. Auch in Südamerika, angefangen bei Patagonien, fand er einen gewissen Reiz.

Die Verehrung für Iljins Weltkarte lag Parnok seit der mythischen Zeit im Blute, da er glaubte, diese aquamarin- und ockerfarbenen Halbkugeln, die wie zwei große Spielbälle im Netz der Breitengrade lagen, seien von einer glutheißen Kanzlei im Innern des Erdballs zu ihrer anschaulichen Mission bevollmächtigt worden und trügen in sich, wie Nährpillen, ein Konzentrat des Raumes und seiner Distanzen.

Entspricht dieses Gefühl nicht genau demjenigen der italienischen Sängerin, die sich für ihre Tournee durch das noch junge Amerika vorbereitet und mit ihrer Stimme die Weltkarte überfliegt, den Ozean durchmisst mit ihrem metallischen Timbre, den ungewohnten Pulsschlag des Überseedampfers prüft mit ihren Gesangsläufen und Tremolos …

Auf ihrer Netzhaut stehen umgestürzt die beiden Amerikas wie zwei grüne Jagdtaschen, die Washington und den Amazonas enthalten. Mit ihrer salzreichen ersten Überfahrt über das Meer gibt sie der Weltkarte eine neue Gestalt und wahrsagt nach Dollarnoten und Hundertrubelscheinen mit ihrem winterlichen Knistern.

Die fünfziger Jahre haben sie betrogen. Keinerlei Belcanto wird dies beschönigen können. Immer derselbe, überall gleich niedrige Sacktuch- und Zimmerdeckenhimmel, immer dieselben verrauchten Leseräume, dieselben im Mark des Jahrhunderts auf Halbmast stehenden Fahnenstangen der »Times« und der »Nachrichten«. Und schließlich – Russland …

Der *Krestschatik*-Boulevard, das *stschastje*-Glück und der *stschawel*-Sauerampfer werden ihre kleinen Ohren kitzeln. Der unerhörte, unmögliche russische »y«-Laut wird ihr den Mund bis zu den Ohren auseinanderzerren.

Und dann werden Gardeoffiziere zu ihrer Totenmesse in die Kirche Quarenghis eilen. Goldene Vögel, Aasgeier werden die römisch-katholische Sängerin zerpicken.

Wie hoch sie liegt! Ist das denn der Tod? Der Tod wagt im Beisein des diplomatischen Korps keinen Mucks zu tun.

– Wir werden sie mit Federbüschen, Gendarmen und Mozart zu Grabe tragen!

Hier flogen in seinem Gehirn Fieberbilder aus den Romanen Balzacs und Stendhals vorüber: junge Leute, die Paris erobern und sich mit dem Taschentuch die Stiefel abwischen, bevor sie in die Villen eintreten – und er machte sich auf, den Ausgehanzug zurück-zuerobern.

Der Schneider Merwis wohnte in der Monetnaja, gleich neben dem Lyzeum. Ob er jedoch von den Lyzeumsschülern leben konnte, das war die große Frage. Die Vermutung lag nahe, genau wie man annehmen kann, dass ein Rheinfischer Forellen fängt und nicht irgendwelchen Plunder. Alle Anzeichen deuteten darauf hin, dass Merwis nicht etwa nur das Schneiderhandwerk im Kopf hatte, sondern weit wichtigere Dinge. Nicht umsonst kamen Verwandte von weit her zu ihm gelaufen, während der Kunde verdutzt und reumütig zurückwich.

»Und wer wird meinen Kindern die Butter auf die Brötchen geben?«, sagte Merwis und machte dazu eine Handbewegung, als wollte er die Butter aus einem Topf herauskratzen, und Parnok sah in der Volierenluft der Schneiderwohnung nicht nur die sahnige, mit taubedeckten Blütenblättern verzierte »Sternchen«-Butter auftauchen, sondern auch ganze Radieschenbüschel. Dann brachte Merwis geschickt das Gespräch auf den Advokaten Grusenberg, der im Januar bei ihm eine Senatorenuniform bestellt habe, flocht ohne ersichtlichen Grund ein paar Worte über seinen Sohn Aaron ein, der Konservatoriumsschüler sei, begann Unsinn zu reden, nervös zu zappeln, und huschte schließlich hinter eine spanische Wand.

– Nun ja, dachte Parnok, vielleicht hat es so kommen müssen, vielleicht ist mein Ausgehanzug tatsächlich gar nicht mehr da, vielleicht hat er ihn wirklich verkauft, wie er behauptet, um den Cheviot-Stoff zu bezahlen.

Außerdem versteht sich Merwis gar nicht besonders gut auf den Schnitt eines Ausgehanzugs – immer wieder fällt er in den Gehrock, der ihm offenbar viel vertrauter ist.

Lucien de Rubempré trug Wäsche aus grobem Leinen und einen plumpen Anzug, der vom Dorfschneider genäht worden war. Er aß Kastanien auf der Straße und fürchtete sich vor den Concierges. An einem für ihn glücklichen Tag rasierte er sich, und aus dem Seifenschaum wurde die Zukunft geboren.

Parnok stand verlassen da, vom Schneider Merwis und seiner Familie vergessen. Sein Blick fiel auf die spanische Wand, hinter der – zähflüssiger jüdischer Honig – eine weibliche Kontra-Altstimme summte. Diese mit Bildchen beklebte spanische Wand stellte eine recht sonderbare Ikonenwand vor.

Da war Puschkin mit verzerrtem Gesicht, im Pelzmantel, und irgendwelche Herren, Fackelträgern ähnlich, trugen ihn aus der Kutsche, die eng war wie ein Wachthäuschen, und schickten sich an, ohne im Geringsten auf den erstaunten Kutscher mit seiner Metropolitenmütze zu achten, ihn in einen Toreingang zu werfen. Daneben ein altmodischer Pilot aus dem neunzehnten Jahrhundert – Santos-Dumont im zweireihigen Jackett mit Uhrkettenanhänger, durch das Spiel der Elemente aus dem Korb seines Ballons herausgeschleudert, an einem Seil hängend und sich nach einem vorübergleitenden

Kondor umblickend. Dann waren da Holländer auf Stelzen abgebildet, die mit Kranichbeinen ihr kleines Land durchlaufen.

II

Die Orte, wo sich die Petersburger zu einem Rendezvous treffen, sind nicht besonders zahlreich. Geheiligt sind sie durch den langwährenden Gebrauch, das Meergrün des Himmels und die Newa. Auf einem Stadtplan könnte man sie inmitten der schwerwolligen Parks und der Pappkartonstraßen durch kleine Kreuzchen kenntlich machen. Vielleicht haben sie im Laufe der Geschichte gewechselt, doch damals, kurz vor dem Ende, als die Temperatur der Epoche auf siebenunddreißig-drei emporschnellte und das Leben vorbeiraste wie nach einem falschen Alarm, wie ein Löschzug der Feuerwehr, der in der Nacht über den weißen Newskij-Prospekt heult, da waren sie an einer Hand abzuzählen:

Erstens – der Empirepavillon im Ingenieursgarten, wo ein Außenstehender nicht hinzuschauen wagte, wollte er nicht in private Dinge hineingeraten und sich plötzlich gezwungen sehen, aus heiterem Himmel eine italienische Arie zu singen. Zweitens – die thebanischen Sphinxen gegenüber dem Universitätsgebäude. Drittens – der unansehnliche Bogen bei der Mündung der Galernaja-Straße, der nicht einmal Schutz vor dem Regen bieten konnte. Viertens – eine Seitenallee im Sommergarten, deren genaue Lage ich vergessen habe, die einem jedoch jeder eingeweihte Bürger ohne Schwierigkeit wird zeigen können. Das ist bereits alles. Nur Verrückte konnten sich beim Ehernen Reiter oder bei der Alexandersäule verabreden, die völlig überlaufen waren.

In Petersburg lebte ein kleiner Mann mit Lackschuhen, der von den Portiers und von den Frauen verachtet wurde. Er hieß Parnok. Kaum war der Frühling da, lief er auf die Straße hinaus und trappelte über die noch immer nassen Trottoirs mit seinen kleinen Schafshufen.

Er wollte als Dolmetscher in die Dienste des Außenministeriums treten, Griechenland zu irgendeinem riskanten Schritt überreden und ein Memorandum verfassen.

Folgendes Ereignis aus dem Monat Februar ist ihm im Gedächtnis geblieben:

Durch die Stadt wurden schöne, dicke Eisblöcke zur Butterfabrik gefahren. Das Eis war geometrisch, heil und gesund, noch unberührt vom Tod und vom Frühling. Doch auf dem letzten Schlitten glitt ein leuchtend grüner, ins zartblaue Glas eingefrorener Tannenzweig vorüber, wie ein junges Griechenmädchen in einem offenen Sarg. Der schwarze Zucker des Schnees sank ein unter den Füßen, und die Bäume standen da in warmen kleinen Mulden aufgetauter Erde.

Eine verrückte Parabel verband Parnok mit den prunkvollen Zimmerfluchten der Geschichte und der Musik.

Irgendwann wird man dich hinauswerfen, Parnok, nach einem fürchterlichen Skandal schmählich hinauswerfen. Man wird dir unter die Arme greifen und hoppla-hopp – raus aus dem Konzertsaal, aus der Gesellschaft der Freunde und Verfechter der allerneuesten Mode, aus dem Kammerzirkel für Libellenmusik, aus dem Salon der Madame Perepletnik. Wer kann wissen, wo du rausfliegen wirst – aber rausfliegen wirst du, beschimpft und mit Schande überhäuft …

Er hatte unzutreffende Erinnerungen: Zum Beispiel war er fest davon überzeugt, dass er sich irgendwann als kleiner Junge in einen prachtvollen Konferenzsaal geschlichen und das Licht angedreht hatte. Sämtliche Lämpchentrauben und Kerzenbündel mit ihren kristallenen Eiszapfen blitzten plötzlich auf wie tote Bienenstöcke, und das elektrische Licht ergoss sich in einem so furchtbaren Strom, dass ihm die Augen weh taten und er weinen musste.

Liebes, blindes, egoistisches Licht.

Er liebte Holzstöße und Brennholzvorräte. Im Winter muss so ein trockenes Holzscheit hell klingen, leicht und hohl. Und das Innere der Birke muss zitronengelb sein und soll nicht schwerer wiegen als gefrorener Fisch. Er empfand das Holzscheit in seiner Hand als etwas Lebendiges.

Von Kindheit an hatte er sein Herz an alles gehängt, was unnütz war, und das Straßenbahngeplapper des Lebens zu seinen Ereignissen gemacht – und als die Zeit kam, wo er sich verliebte, hatte er den Frauen all das zu erklären versucht, doch sie verstanden ihn nicht, und aus Rache dafür sprach er mit ihnen in einer grotesken und geschraubten Zwitschersprache ausschließlich über erhabene Gegenstände.

Schapiro hieß mit Vornamen Nikolaj und mit Vatersnamen Davidowitsch. Wie er zum Vornamen »Nikolaj« gekommen war, wusste man nicht, doch dessen Verbindung mit dem Namen »David« fanden wir entzückend. Ich stellte mir vor, wie dieser Davidowitsch, d. h. Schapiro, sich mit eingezogenem Kopf vor irgendeinem Nikolaj verbeugte und ihn bat, ihm etwas Geld zu leihen.

Schapiro war von meinem Vater abhängig. Lange, lange saß er in dessen albernem Arbeitszimmer mit der Kopiermaschine und dem Sessel *»style russe«*. Von Schapiro sagte man, dass er ehrlich sei und ein »kleiner Mann«. Aus irgendeinem Grund war ich fest davon überzeugt, dass die kleinen Leute nie mehr als drei Rubel ausgeben und unbedingt im »Sand«-Viertel wohnen müssen. Nikolaj Davidowitsch mit seinem großen Kopf war ein etwas täppischer und gutmütiger Gast, der unablässig die Hände rieb und schuldbewusst lächelte wie ein Bote, den man bis ins Wohnzimmer vorgelassen hat. Er roch nach Schneiderwerkstatt und nach Bügeleisen.

Ich wusste ganz bestimmt, dass Schapiro ehrlich war, und meine Freude darüber ließ mich im Stillen wünschen, dass kein anderer sich unterstehen möge, ehrlich zu sein. Nur die »Hilfskräfte« standen in der gesellschaftlichen Hierarchie noch unter Schapiro – diese geheimnisvollen Laufburschen, die zur Bank und zu Kaplan geschickt wurden. Von Schapiro gingen die Fäden aus, die uns über die Laufburschen mit der Bank und mit Kaplan verbanden.

Ich liebte Schapiro, weil er meinen Vater brauchte. Das »Sand«-Viertel, wo er wohnte, war eine Sahara, in der die Weißnähwerkstatt seiner Frau stand. Mir wurde schwindelig bei dem Gedanken, dass es Leute gab, die Schapiro zu ernähren hatte. Ich hatte Angst, dass sich auf dem »Sand« plötzlich ein Wirbelsturm erheben und Schapiros Weißzeug nähende Frau mitsamt ihrer einzigen Näherin und den Kindern mit ihrem ewigen Abszess im Hals fortwehen könnte, als wären sie ein Federchen, ein Dreirubelscheinchen …

Wenn ich abends beim blauen Schimmer des Lämpchens in meinem ausgedienten Kinderbett einschlief, überlegte ich mir, was ich für Schapiro tun könnte: Ihm ein Kamel und eine Schachtel Datteln schenken, damit er auf dem »Sand« nicht zugrunde ginge, oder ihn zusammen mit der Märtyrerin – Madame Schapiro – in die Kasaner Kathedrale begleiten, wo die zerlöcherte Luft schwarz war und süß roch.

Es gibt eine dunkle, aus der Kindheit stammende Heraldik der moralischen Begriffe: Das Geräusch zerreißender Leinwand kann Ehrlichkeit bedeuten, die Kühle des Madapolamgewebes – Heiligkeit.

Doch der Friseur hielt eine pyramidenförmige Flasche mit Pixaphonzerstäuber über Parnoks Kopf, goss ihm eine kalte braune Brühe auf den in Skrjabin-Konzerten kahl gewordenen Schädel, klatschte ihm eisige Myrrhe auf den Scheitel – und als Parnok den eisig kalten Guss in seinem Nacken fühlte, wurde er lebendig. Ein Kälteschauer, als säße er im Konzert, lief über seine trockene Haut und – Mütterchen, hab Mitleid mit deinem Sohn! – kroch weiter bis unter seinen Kragen.

»Nicht zu heiß?«, fragte der Friseur und schüttete ihm darauf eine ganze Kanne kochend heißes Wasser über den Kopf, doch Parnok kniff nur die Augen zusammen und neigte seinen Hals noch tiefer über den marmornen Richtblock des Lavabos.

Dann wurde sein Kaninchenblut unter dem flauschigen Frottiertuch rasch wieder warm.

Parnok war das Opfer seiner fixen Vorstellungen davon, wie eine Liebesgeschichte abzulaufen habe.

Auf geripptem Papier, meine Herrschaften, auf englischem geripptem Papier mit Wasserzeichen und Zierrändern, teilte er einer nichtsahnenden Dame mit, er habe den gesamten Raum zwischen der Millionnaja, der Admiralität und dem Sommergarten zu einem hochkarätigen Brillanten geschliffen und in volle Alarmbereitschaft versetzt.

Auf einem solchen Papier, lieber Leser, hätten die Karyatiden des Eremitage-Museums einen Briefwechsel führen und sich gegenseitig ihr Beileid oder ihre Verehrung ausdrücken können.

Denn es gibt Menschen auf der Welt, die nie gefährlicher als an einem Schnupfen erkrankt sind und irgendwie ganz leicht, nur gerade wie ein Kotillonschleifchen, an ihrer Epoche haften. Solche Menschen kommen sich nie als Erwachsene vor und fühlen sich noch mit dreißig Jahren von irgendwem beleidigt und pochen auf Wiedergutmachung. Niemand hat sie je besonders verwöhnt, doch sie sind so verdorben, als hätten sie zeitlebens Verpflegungspakete für Professorenhäupter bekommen, mit Ölsardinen und Schokolade. Es sind Wirrköpfe, die dauernd ins Schachmatt laufen und sich dennoch auf ein Spiel einlassen, um zu sehen, wie es wohl ausgehe. Sie könnten ihr ganzes Leben irgendwo in einem Landhaus bei Freunden verbringen, dem Klang der Teetassen auf dem Balkon lauschen, vor dem mit Tannenzapfen geheizten Samowar sitzen und sich mit dem Flusskrebshändler und dem Briefträger unterhalten. Gerne würde ich sie alle versammeln und im Badeort Sestrorezk ansiedeln, weil nun anderswo kein Platz mehr für sie ist.

Parnok war ein Mensch des Kamenoostrowskij-Prospekts – einer der leichtsinnigsten und verantwortungslosesten Straßen Petersburgs. Im Jahre 1917, nach der Februarrevolution, ist diese Straße mit ihren Dampfwäschereien, ihren georgischen Lädelchen, wo der selten werdende Kakao noch zu haben war, und den tollköpfigen Automobilen der Provisorischen Regierung noch leichtsinniger geworden.

Bieg nicht nach rechts ab, nicht nach links: Dort herrscht der Unsinn, eine trambahnlose Wildnis. Auf dem Kamenoostrowskij jedoch entwickeln die Trams eine unerhörte Geschwindigkeit. Der Kamenoostrowskij ist ein leichtblütiger schöner Kerl, der seine beiden einzigen steinernen Hemden hat stärken lassen und in dessen

Trambahnkopf ein Meerwind bläst. Ein junger und sorgloser Geck ist er, der seine Häuser unter dem Arm trägt wie der arme Stutzer sein luftiges Paket von der Wäscherin.

III

»Nikolaj Alexandrowitsch! Pater Bruni!«, rief Parnok einem bartlosen jungen Priester aus Kostroma zu, dem man ansah, dass er sich noch nicht an seinen Priesterrock gewöhnt hatte, und der in seinen Händen ein duftendes Päckchen frisch gerösteten gemahlenen Kaffees trug.

»Pater Nikolaj Alexandrowitsch, bitte, begleiten Sie mich!«

Er fasste den Priester an seinem weiten, glanzseidenen Ärmel und zog ihn mit sich wie ein Schiffchen. Mit Pater Bruni zu sprechen war schwierig. Parnok kam er irgendwie wie eine Dame vor.

Es war im Kerenskij-Sommer 1917, und die Limonadenregierung hielt gerade ihre Sitzungen ab.

Alles war bereit für den großen Kotillon. Eine Zeitlang schien es, als würden die Bürger für immer so verharren, wie mit Schleifchen geschmückte Kater.

Doch bereits begannen die Stiefelputzer-Aissoren unruhig zu werden wie die Raben kurz vor der Sonnenfinsternis, und bei den Zahnärzten gab es keine Stiftzähne mehr.

Ich liebe die Zahnärzte für ihre Liebe zur Kunst, für ihren weiten Horizont und ihre Toleranz. Ich sündiger Mensch liebe das Surren der Bohrmaschine – dieser armen irdischen Schwester des Flugzeugs, das mit seinem Bohrer das Blau des Himmels durchdringt.

Die Wäschereimädchen waren vor Pater Bruni sehr verlegen. Den jungen Pater Bruni machten die kleinen batistenen Wäschestücke sehr verlegen, während Parnok bei der vom Staat abgetrennten Autorität der Kirche Schutz suchte und mit der Inhaberin der Wäscherei um sein Recht stritt.

Es war eine schreckliche Zeit: Die Schneider nahmen einem die Ausgehanzüge wieder ab, und die Wäscherinnen verhöhnten junge Männer, die das Abholzettelchen verloren hatten.

Der frisch geröstete Mokka in Pater Brunis Beutelchen stieg der erbosten Matrone kitzelnd in die Nase.

Sie drangen tiefer in die heißluftige Wolke der Wäscherei vor, wo sechs plappernde Mädchen die Wäsche fältelten, mangelten und bügelten. Diese schelmischen Seraphim nahmen den Mund voll Wasser und bespritzten damit den zephirleichten und batistenen Plunder. Sie plänkelten mit ihren höllisch schweren Bügeleisen und hörten auch nicht einen Augenblick auf zu schwatzen. Frivole Wäschestückchen lagen wie versprengte Schaumkronen auf den langen Tischen und warteten, bis sie an die Reihe kamen. In den roten Mädchenhänden zischten die Bügeleisen und vollführten ihre Kreuzfahrten. Wie Panzerschiffe glitten sie über die geschlagene Sahne, und die Mädchen spritzten Wasser aus ihrem Mund.

Parnok hatte sein Hemd erkannt: Es lag auf einem Regal, leuchtend mit seiner Baumwollbrust, gebügelt, voller verschluckter Stecknadeln, mit feinen Streifen in der Farbe von reifen Kirschen.

»Sagen Sie, Fräulein, wem gehört dieses Hemd?«

»Dem Rittmeister Krzyzanowski«, antworteten die Mädchen in einem schamlosen Lügenchor.

»Väterchen«, wandte sich die Geschäftsführerin nun an den Priester, der als der Machthaber im satten Nebel der Waschstube stand, vom Dampf umgossen, der sich auf dem Priesterrock wie auf einem vertrauten Kleiderständer niederließ. »Väterchen, falls Sie diesen jungen Mann kennen, so sprechen Sie doch ein ernstes Wörtchen mit ihm! So einen habe ich selbst in Warschau nie gesehen. Die kommen mir immer mit eiligen Aufträgen, sollen sich zum Henker scheren mit ihrer Eile ... Nachts steigen die noch ein, über den Hintereingang, als sei ich der Pfarrer oder die Hebamme ... Ich bin doch nicht verrückt, ihm die Wäsche des Rittmeisters Krzyzanowski auszuhändigen. Das ist doch nicht irgendein Gendarm, sondern ein richtiger Oberleutnant. Der Herr hat sich nur drei Tage verborgen gehalten, dann haben ihn die Soldaten selbst ins Regimentskomitee gewählt und tragen ihn nun auf Händen!«

Darauf gab es nichts zu erwidern, und Pater Bruni warf Parnok einen flehenden Blick zu.

Ich jedoch hätte den Mädchen statt der Bügeleisen Stradivari-Geigen gegeben, die leicht sind wie Starenkästen, und jedem von ihnen eine lange Papierrolle mit handgeschriebenen Noten. All das verlangt geradezu danach, zum Deckengemälde erhoben zu werden. Der Priesterrock in den Dampfwolken wird zur Sutane eines dirigierenden Abtes. Sechs runde Münder öffnen sich, nicht wie die leeren Löcher in den Petersburger Teigkringeln, sondern wie die erstaunten Kreismündchen des »Konzerts im Palazzo Pitti«.

IV

Der Zahnarzt hängte den Rüssel seiner Bohrmaschine auf und trat ans Fenster:

»Na so etwas … Schauen Sie sich das an!«

Über die Gorochowaja bewegte sich eine Menschenmenge in einem Gemurmel wie von Gebeten. In ihrer Mitte gab es einen freien Raum in Form eines Quadrates. Doch diese Luke, durch welche man das Schachbrettmuster des Straßenpflasters schimmern sah, hatte ihre Ordnung, ihr System: Da zeigten sich fünf oder sechs Männer, die aussahen, als seien sie die Anführer dieser Prozession. Sie marschierten im Adjutantenschritt. Zwischen ihnen – wattierte Schultern und ein schuppenbedeckter Kragen. Die Königin dieses sonderbaren Bienenstockes war ein Mensch, den die Adjutanten behutsam vorwärtsstießen, vorsichtig weiterlenkten und wie eine Perle hüteten.

Könnte man sagen, dass er kein Gesicht mehr hatte? Nein, da war ein Gesicht – auch wenn Gesichter in der Menge keinerlei Bedeutung haben: Dort gibt es nur Nacken und Ohren, die ein eigenes Leben führen.

Da gingen Schultern wie Kleiderständer, wattegepolstert, Trödel-joppen, reichlich mit Schuppen besät, gereizte Nacken und Hunde-ohren.

All diese Leute sind Bürstenverkäufer – fuhr es Parnok durch den Kopf.

Irgendwo zwischen Heumarkt und Mehlgasse, im Dunkel der Leimhandlungen und Lederwarengeschäfte, in der wilden Brut-stätte für Schuppen, Wanzen und abstehende Ohren, war dieses sonderbare Gewirr entstanden, das Brechreiz und Ansteckung ver-breitete.

Sie riechen wie aufgeblähte Därme, dachte Parnok, und unver-sehens fiel ihm das schreckliche Wort »Innereien« ein. Es wurde ihm beinahe schlecht, als er sich erinnerte, wie er vor kurzem in einem Geschäft eine alte Frau hat »Lunge« verlangen hören – in Wirklichkeit jedoch wurde ihm von der schrecklichen Ordnung übel, die diese Menschenmenge da zusammenschmiedete.

Hier war eine gegenseitige Bürgschaft das herrschende Gesetz: Alle standen dafür ein, dass der schuppenbedeckte Kleiderständer heil und wohlbehalten an das Ufer der Fontanka, zum Fischbehäl-ter, geschafft wurde. Hätte sich irgendwer getraut, auch nur mit einem schüchternen Ausruf dem Besitzer des unglückseligen Jop-penkragens zu Hilfe zu kommen, der höher geschätzt wurde als ein Zobel- oder Marderfell, so hätte man ihn selbst in die Mangel ge-nommen, unter Verdacht gestellt, für vogelfrei erklärt und ins leere Quadrat hineingezerrt. Hier war ein besonderer Böttcher am Werk – die Angst.

Die Bürgernacken hielten ihre Zeremonienordnung ein wie Schiiten am Tage des Schakse-Wakse und bewegten sich unerbitt-lich auf die Fontanka zu.

Und Parnok rannte Hals über Kopf die zerschrammte pförtner-lose Treppe hinunter, ließ den verdutzten Zahnarzt bei seiner Bohrmaschine zurück, die da hing wie eine schläfrige Kobra, und wiederholte sich, ohne zu überlegen:

Joppenknöpfe werden aus Tierblut gemacht!

Zeit, du scheue Chrysalide, mehlbestäubter Kohlweißling, junge Jüdin, die du dich ans Schaufenster des Uhrmachers schmiegst – schau lieber nicht her!

Nicht Anatole France tragen wir zu Grabe auf einem mit Straußenfedern geschmückten Katafalk, der hoch ist wie eine Pappel, hoch wie die Pyramide, die nachts durch die Stadt fährt, die Trambahnmasten zu reparieren – nein, wir führen einen kleinen Menschen zur Fontanka, zum Fischbehälter, um ihn zu ertränken, einer amerikanischen Uhr wegen, einer Schaffneruhr von weißem Silber, einer Lotterieuhr.

Du bist, kleiner Mensch, durch die Stscherbakow-Gasse spaziert, hast auf die schlechten tatarischen Metzgereien gespuckt, hast an den Halteriemen der Trams gehangen, bist zu deinem Freund Serjoschka nach Gatschina gefahren, ins Dampfbad gegangen und in den Zirkus Ciniselli. Du hast gelebt, kleiner Mensch – und zwar genug!

Zuerst lief Parnok zu einem Uhrmacher. Der saß da wie ein buckliger Spinoza und betrachtete durch sein jüdisches Lupengläschen die Spiralfedern, kleine Insektchen.

»Haben Sie Telefon? Ich muss die Polizei rufen!«

Doch wie kann ein armer jüdischer Uhrmacher an der Gorochowaja Telefon haben? Töchterchen hat er – traurige wie Marzipanpuppen, und Hämorrhoiden hat er, und Tee mit Zitrone, und Schulden hat er auch, aber kein Telefon.

Parnok mischte hastig einen Cocktail aus Rembrandt, ziegenbockiger spanischer Malerei und Zikadengezirpe, nippte nicht einmal an diesem Getränk und rannte schon weiter.

Die eine Schulter vorgeschoben, huschte er am Trottoir entlang, überholte die stattliche Prozession der lynchenden Menge und lief zu einem der Spiegelläden, die bekanntlich alle in der Gorochowaja sind. Die Spiegel warfen sich Bilder von Häusern zu, die Büfett-Theken glichen, und gefrorene Straßenstücke mit der wimmelnden Masse der Küchenschaben, die hier noch schrecklicher und zottiger erschienen.

Der argwöhnische Spiegelhändler, ein Tscheche, hütete die seit

1881 unbefleckte Firmenehre und schlug Parnok die Tür vor der Nase zu.

An der Ecke des Wosnessenskij tauchte mit seinem eingeschwärzten Schnurrbart der Rittmeister Krzyzanowski höchstpersönlich auf. Er war im Soldatenmantel, trug jedoch den Säbel und flüsterte seiner Dame ungezwungen Gardekavalleriezärtlichkeiten ins Ohr.

Parnok stürzte auf ihn zu wie auf seinen besten Freund und flehte ihn an, die Waffe zu zücken.

»Ich verehre den Augenblick«, sprach der krummbeinige Rittmeister kalt, »doch verzeihen Sie, ich bin in Damengesellschaft.« Und er nahm seine Begleiterin gewandt um die Taille, ließ seine Sporen erklirren und verschwand in einem Café.

Parnok rannte weiter, klapperte mit seinen kleinen Schafshufen, seinen Lackschuhen, über das Straßenpflaster. Mehr als alles auf der Welt fürchtete er, den Unwillen der Menge auf sich zu ziehen.

Es gibt Menschen, die aus irgendeinem Grunde der Menge missfallen. Sie werden von ihr sofort ausfindig gemacht, gehetzt und bekommen eins auf die Nase. Von Kindern werden sie nicht gemocht, Frauen vermögen sie nicht zu gefallen.

Parnok gehörte zu diesen Menschen.

Seine Schulkameraden hatten ihn oft gehänselt, riefen ihm »Schäfchen«, »Lackhuf«, »ägyptische Briefmarke« und andere beleidigende Namen nach. Die Knaben hatten über ihn das völlig aus der Luft gegriffene Gerücht verbreitet, er sei ein »Fleckenentferner«, d. h., er kenne ein besonderes Mittel gegen Tinten-, Fett- und andere Flecken. Sie stibitzten bei ihren Müttern mit Vorbedacht irgendeinen hässlichen Stofffetzen, brachten ihn in die Schule mit und ersuchten Parnok mit einer Unschuldsmiene, »das Fleckchen da zu entfernen«.

Da ist ja auch schon die Fontanka – diese Undine der Lumpentrödler und der hungrigen Studenten mit ihren langen speckigen Haarschöpfen, diese Lorelei der gekochten Krebse, die auf einem Kamm mit abgebrochenen Zähnen ihre Musik bläst – Beschützerfluss des unansehnlichen Kleinen Theaters mit seiner kahlen, glatzköpfigen, Hexen ähnlichen, nach Patschuli duftenden Melpomene.

Was soll das! Die Ägyptische Brücke hat keinen blassen Schimmer von Ägypten, und noch kein einziger anständiger Mensch hat je den Herrn Kalinkin von der Kalinkin-Brücke von Angesicht zu Angesicht gesehen!

Der zahllose menschliche Heuschreckenschwarm, der wer weiß von wo herangeflogen war, schwärzte die Ufer der Fontanka, überklebte den Fischbehälter, die mit Holz beladenen Lastkähne, die Anlegestellen, die granitenen Treppen und selbst noch die Boote der vom Ladoga-See angereisten Töpfer. Tausende von Augen starrten auf das ölige, regenbogenfarbene Wasser, das in allen Tönungen des Kerosins, des perlmutternen Spülichts und des Pfauenrades schillerte.

Petersburg hatte sich zum Nero ausgerufen und war so ekelhaft, als löffelte es eine Suppe aus zerdrückten Fliegenleibern.

Trotz allem schaffte er es, von einer Apotheke aus zu telefonieren, rief die Polizei an, rief die Regierung an – den Staat, der verschwunden war, wie ein Karpfen schlief.

Mit demselben Erfolg hätte er Proserpina oder Persephone anrufen können, zu denen noch kein Telefonkabel gelegt ist.

Die Apothekentelefone sind aus bestem Scharlachholz gemacht. Das Scharlachholz wächst im Klistierspritzenwald und riecht nach Tinte.

Telefoniert niemals von Petersburger Apotheken aus: Der Telefonhörer schuppt sich ab, und die Stimme erlischt. Erinnert euch daran, dass zu Proserpina und Persephone noch kein Telefonkabel gelegt ist.

Meine Feder zeichnet eine schnurrbärtige griechische Schönheit und irgendjemandes Fuchskinn.

So entstehen auf den Rändern von Manuskriptentwürfen plötzlich Arabesken und führen ihr eigenes, reizvolles und hinterlistiges Leben.

Geigenförmige Männchen trinken die weiße Milch des Papiers.

Da ist Isaak Babel: ein Fuchskinn und die Pfötchen seiner Brille.

Parnok – die ägyptische Briefmarke.

Arthur Jakowlewitsch Hoffmann – Beamter im Außenministerium, Abteilung für Griechenland.

Die Waldhörner des Marientheaters.

Nochmals die schnurrbärtige Griechin.

Und leerer Raum für alle andern.

Die Spatzen der Eremitage zwitscherten von der Sonne in Barbizon, von der Freiluftmalerei, von einem Kolorit, das Spinat mit Röstbrotstückchen ähnlich sieht, mit einem Wort: von allem, was der düster flämischen Eremitage fehlt.

Doch ich werde keine Einladung zum Frühstück in Barbizon erhalten, obwohl ich als Kind die sechskantigen, gezähnelten Laternchen der Krönungszeremonie aufgebrochen und auf den sandigen Kiefernwald und den Wacholderstrauch bald das aufreizende Rot der Augenentzündung, bald das wiedergekäute Mittagsblau irgendeines fremden Planeten, bald eine kardinalsviolette Nacht aufgetragen habe.

Meine Mutter machte den Salat mit Eigelb und Zucker an.

Die abgerissenen, zerknüllten Salatohren voller Kieselchen starben vor lauter Essig und Zucker.

Luft, Essig und Sonne wurden mit grünen Lappen zu einem dichten, von Salz, Gitterspalieren, Glasperlen, grauen Blättchen, Lerchen und Libellen brennenden, mit seinen Tellern klappernden Tag in Barbizon geknetet.

Der Sonntag in Barbizon ging, sich mit Zeitungen und Servietten umfächelnd, seinem Frühstückszenit entgegen und belegte das Gras mit Feuilletons und Zeitungsnotizen über stecknadelkleine Schauspielerinnen.

Zu den Sonnenschirmen in Barbizon strömten Gäste mit weiten Beinkleidern und löwenstolzen Samtwesten. Und die Frauen schüttelten Ameisen von ihren runden Schultern.

Die offenen Wägelchen der Eisenbahn gehorchten dem Dampf

nur widerwillig, ließen die Vorhänge flattern und machten mit den Kamillefeldern ein Lottospiel.

Die Lokomotive, im Zylinder und mit Antriebsstangen wie Kükenbeinchen, war entrüstet über das Gewicht der Klapphüte und des Musselingewebes.

Ein Wasserfässchen spritzte Bindfäden auf die Straße, feine und zerbrechliche Saiten.

Schon war der ganze Luftraum wie ein riesiger Bahnhof für füllige und empfindliche Rosenköpfe.

Und schwarz schillernde Ameisen, wie fleischfressende Schauspieler des chinesischen Theaters in einem uralten Stück, in dem ein Henker vorkommt, brüsteten sich mit ihren Terpentinbeinchen und schleppten ihre Kriegsbeute mit sich, einen noch unzerstückelten Insektenkörper, wackelten mit ihren kräftigen, achatenen Hinterleibern wie Kampfrösser, die in der wie ein Fischbeinrock geblähten Staubglocke den Hügel hinaufgaloppieren.

Parnok schüttelte sich.

Eine Zitronenscheibe ist eine Fahrkarte nach Sizilien, hin zu den füllige Rosen, und die Parkettschrubber tanzen mit ägyptischen Körperbewegungen ihren Reigen.

Der Lift ist außer Betrieb.

Das Vaterland verteidigende Menschewiken gehen von Haus zu Haus und organisieren die Nachtwache in den Toreingängen.

Das Leben ist schrecklich und schön!

Parnok ist der Zitronenkern, der in einen Spalt des Petersburger Granits geworfen wurde, und die heranfliegende Nacht wird ihn mit ihrem schwarzen türkischen Kaffee austrinken.

V

Im Monat Mai erinnert Petersburg irgendwie an ein Auskunftsbüro, das keine Auskünfte erteilt – ganz besonders im Bereich des Platzes vor dem Winterpalast. Hier ist alles in erschreckender Weise bereit für die Eröffnung einer historischen Tagung mit weißen Papierbogen, gespitzten Bleistiften und einer Karaffe mit abgekochtem Wasser.

Noch einmal: Die Größe dieses Ortes besteht darin, dass hier nie und niemandem Auskünfte erteilt werden.

In diesem Augenblick gingen Taubstumme über den Platz: Ihre Hände spannen in der Luft ein flinkes Garn. Sie sprachen miteinander. Der Älteste führte das Weberschiffchen. Die andern halfen ihm bei der Arbeit. Ab und zu lief ein kleiner Junge von der Seite herbei, die Finger so weit auseinandergespreizt, als bäte er darum, man möge ihm einen überquer gespannten Faden abnehmen, damit das Gewebe nicht beschädigt werde. Auf die ganze Gruppe – sie waren zu viert – kamen offensichtlich fünf Garnspulen. Eine war überzählig. Sie sprachen miteinander in der Sprache der Schwalben und der Bettelkinder, nähten unablässig die Luft in großen Stichen und schufen aus ihr ein Hemd.

Im Zorn brachte der Älteste das ganze Garn durcheinander.

Die Taubstummen verschwanden durch den Generalstabsbogen und spannen weiter ihr Garn, doch schon bedeutend ruhiger, gerade so, als schickten ihre Hände nun nach allen Seiten Brieftauben aus.

Die Notenschrift schmeichelt dem Auge nicht weniger als dem Ohr die eigentliche Musik. Die schwarzen Notenköpfe der Klaviertonleiter klettern wie Lampenanzünder hinauf und hinunter. Jeder Takt ist eine kleine Barke, beladen mit Rosinen und schwarzen Weintrauben.

Ein Notenblatt ist erstens – eine Segelschiff-Flottille in Kampfordnung, zweitens – ein Plan, nach dem die Nacht, als eine Organisation von Pflaumenkernen, untergehen wird.

Die kolossalen Abhänge von Chopins Mazurkas, die breiten, mit Glöckchen geschmückten Treppen von Liszts Etüden, Mozarts hängende Gärten mit ihren Blumenbeeten, die auf den fünf Drähten zittern – sie alle haben nichts gemeinsam mit den kleinwüchsigen Sträuchern von Beethovens Sonaten.

Die Fata-Morgana-Städte der Notenzeichen stehen wie Staren-kästen im siedenden Teer.

Schuberts Notenweinberg ist stets bis auf die Traubenkerne zerpickt und sturmgepeitscht.

Wenn Hunderte von Lampenanzündern mit ihren Leitern durch die Straßen laufen, Vertiefungszeichen an rostige Haken hängen, die Wetterfähnchen der Erhöhungszeichen festmachen und ganze Ladenschilder abgezehrter Takte herunterholen – so ist das natür-lich Beethoven. Wenn jedoch die Kavallerie der Achtel und Sech-zehntel mit papierenen Federbüschen, den Brandzeichen der Pferde und kleinen Standarten sich in den Angriff stürzt – dann ist das ebenfalls Beethoven.

Ein Notenblatt ist eine Revolution in einer alten deutschen Stadt.

Kinder mit großen Köpfen. Starenvögel. Der Kutsche des Fürs-ten spannt man die Pferde aus. Aus Kaffeehäusern kommen Schachspieler gelaufen, die ihre Damen und Bauern schwingen.

Schildkröten, die zarten Köpfe reckend, wetteifern da im Schnell-lauf – das ist Händel.

Doch die Seiten Bachs, wie sind die kämpferisch – erschütternde Bündel getrockneter Pilze.

An der Sadowaja, bei der Kirche Mariä Fürbitte, steht der Feuer-wehrturm. In den Januarfrösten werden da die Weintrauben der Signalkugeln aufgezogen – zur Sammlung der Mannschaften. Nicht weit von dort ging ich in die Musikstunde. Meine Hände hatten sich dem System von Leszetycki zu fügen.

Mag der träge Schumann seine Noten wie Wäschestücke zum Trocknen aufhängen, mögen Italiener darunter spazieren gehen, die Nasen stolz in die Luft gereckt! Mögen Liszts schwierigste Pas-sagen ihre Krückstöcke schwingen und die Feuerleitern dahin und dorthin schleppen!

Das Klavier ist ein kluges und gutmütiges Zimmertier mit faseri-gem hölzernem Fleisch, goldenen Adern und stets entzündeten Knochen. Wir schützten es vor Erkältungen und fütterten es mit Sonatinen, die leicht wie Spargel waren …

Guter Gott! Lass mich nicht Parnok ähnlich sein! Gib mir die Kraft, mich von ihm zu unterscheiden.

Denn auch ich habe in jener schrecklichen, geduldigen Schlange gestanden, die zum gelben Schalter der Theaterkasse kriecht – zuerst in der Frostkälte, dann unter der niedrigen Badestubendecke im Vestibül des Alexandra-Theaters. Denn auch das Theater erschreckt mich wie eine Bauernhütte ohne Rauchfang, wie ein dörfliches Badehaus, wo eines Halbpelzes oder eines Paares Filzstiefel wegen bestialische Morde begangen wurden. Denn einzig an Petersburg kann ich mich noch halten – dem konzertreichen, gelbhäutigen, unheilkündenden, aufgeplusterten, winterlichen Petersburg.

Meine Feder gehorcht mir nicht: Sie ist gespalten und verspritzt ihr schwarzes Blut wie eine im Telegraphenamt an den Tisch festgebundene Feder, eine öffentliche, die von Zotenreißern in Pelzmänteln beschmutzt wird und ihren Schwalbenschnörkel, ihren ersten, eröffnenden Schattenstrich eingetauscht hat gegen all die »komm doch um Gottes willen«, »ich sehne mich nach dir« und »Küsschen« von unrasierten schamlosen Kerlen, die ihr Telegrämmchen in den muffigen Pelzkragen flüstern.

Die Kerosinlampe war vor dem Primuskocher da. Ein Fensterchen aus Glimmer und ein einklappbarer Leuchtturm. Die Kerosinlampe, ihr schiefer Turm zu Pisa, nickte Parnok zu, entblößte ihre patriarchalischen Dochte und erzählte ihm gutmütig die Geschichte von den Jünglingen im Feuerofen.

Ich fürchte weder den Mangel an Zusammenhang, noch fürchte ich Brüche.

Mit einer langen Schere zerschneide ich das Papier.

Ich klebe Papierstreifchen wie Fransen an das Blatt.

Ein Manuskript ist immer ein Sturm, zerzaust, zerpickt.

Es ist der Entwurf zu einer Sonate.

Sudeln ist besser als schreiben.

Ich fürchte weder die Flicknähte noch das Gelb des Leims.

Ich schneidere drauflos, ich faulenze.

Ich zeichne Marat in einem Strumpf.

Uferschwalben.

Mehr als alles andere fürchtete man bei uns zu Hause den Ruß – den Ruß der Kerosinlampen. Der Schrei »Ruß! Ruß!« klang bei uns wie »Feuer! Es brennt!« Dann rannte alles in das Zimmer, wo die Lampe übermütig geworden war. Man schlug die Hände zusammen, blieb stehen und schnupperte in der Luft, welche wimmelte von lebendigen flatternden Teeblättchen mit langen Fühlern.

Man bestrafte die schuldig gewordene Lampe, indem man den Docht herunterschraubte.

Dann wurden unverzüglich die Lüftungsklappen an den Fenstern aufgerissen, und der Frost schoss als Champagner herein und durchdrang eiligst das ganze Zimmer, wo sich die Rußschmetterlinge mit ihren langen Fühlern auf den bestickten Decken und Kissenanzügen niederließen – drang herein als ein Äther der Verkühlung, ein Sublimat der Lungenentzündung.

»Geh nicht hinein ... das Lüftungsfensterchen ...«, flüsterten meine Mutter und meine Großmutter.

Doch selbst durch das Schlüsselloch brach sie herein, die verbotene Frostkälte, der wunderbare Gast aus dem Reich der Diphtherie.

Giorgiones Judith hat den Eunuchen der Eremitage entwischen können.

Ein Traberpferd wirft seine Knöchel hoch.

Die Millionnaja ist voller silberner Gläschen.

Verfluchter Traum! Verfluchte Plätze dieser schamlosen Stadt!

Er machte eine schwache, flehende Handbewegung, ließ ein Blättchen gepudertes, nach Zitronenschale duftendes Papier fallen und setzte sich auf einen Prellstein.

Er dachte an seine ruhmlosen Siege, an seine schmachvollen Rendezvous, wo er umsonst auf der Straße herumgestanden hatte, an die Telefonhörer in den Bierkneipen, die schrecklich sind wie die

Scheren von Krebsen ... Die nutzlosen Nummern ausgebrannter Telefone ...

Prunkvolles Rasseln einer Kutsche schmolz in die Stille hin, die verdächtig war wie das Gebet eines Kürassiers.

Was tun? Bei wem sich beklagen? Welchen Lichtengeln seine scheue, Konzerte liebende Seele übergeben, die dem himbeerroten Paradies der Kontrabässe und Brummelgeigen gehört?

»Skandal« ist der Name eines Dämons, den die russische Prosa oder das russische Leben selbst etwa in den vierziger Jahren des 19. Jahrhunderts entdeckt hat. Er ist keine Katastrophe, sondern nur deren Nachäffung, eine infame Metamorphose, bei der zwischen Menschenschultern plötzlich ein Hundekopf hervorwächst. Der Skandal führt sein Leben auf einen speckigen, abgelaufenen Pass, den die Literatur ihm ausgestellt hat. Er ist ihr Ableger, ihr Lieblingsspross. Ein kleines Körnchen ist verlorengegangen: ein homöopathisches Tablettchen, eine winzige Dosis eines kalten, weißen Stoffes ... In fernen Zeiten, da jenes Kuckucksduell üblich war, bei dem die Gegner in einem dunklen Zimmer mit ihren Pistolen in gläserne Geschirrschränke, in Tintenfässer und auf Familienporträts schossen – da trug dieses Schrotkörnchen den Namen »Ehre«.

Eines Tages stiegen bärtige Literaten in Beinkleidern, die weit waren wie pneumatische Glocken, zum Starenkasten eines Fotografen hinauf und ließen eine ausgezeichnete Daguerreotypie von sich machen. Fünf von ihnen saßen, viere standen hinter den Lehnen der Nussbaumstühle. Vor ihnen standen ein kleiner Junge im Tscherkessenrock und ein kleines Mädchen mit Lockenköpfchen, und zwischen den Beinen dieser Gesellschaft strich ein Kätzchen herum. Man entfernte es. Sämtliche Gesichter drückten die eine, bange, tiefsinnige Frage aus: Was kostet heute ein Pfund Elefantenfleisch?

Abends dann, in einem Landhaus in Pawlowsk, machten diese Herren Literaten einen armen Grünschnabel von Jüngling, einen Ippolit, furchtbar herunter. Der kam nicht einmal dazu, aus seinem Wachstuchheftchen vorzulesen. Noch so ein Rousseau!

Sie sahen und verstanden Petersburg nicht, diese reizvolle Stadt mit ihren reinen, an ein Segelschiff erinnernden Linien.

Und der kleine Dämon des Skandals ließ sich in einer Wohnung an der Rasjeschaja nieder, schraubte ein Kupferschildchen an seine Tür, das auf den Namen eines vereidigten Advokaten lautete (diese Wohnung ist bis heute unantastbar geblieben wie ein Museum, wie das Puschkin-Haus), döste auf Ottomanen, stand in Vorzimmern herum (Leute, die unter dem Stern des Skandals ihr Leben führen, wissen nie, wann es Zeit ist zu gehen), belästigte alle mit seinem Gejammer, pflegte seine Abschiede in die Länge zu ziehen und schlüpfte in fremde Galoschen.

Meine Herren Literaten! Wie den Ballerinen die Ballettschühlein – so gehören euch die Gummigaloschen. Probiert sie an und tauscht sie aus: So geht euer Tanz. Er wird in dunklen Vorzimmern aufgeführt, unter Einhaltung einer unumstößlichen Regel: die Respektlosigkeit gegenüber dem Hausherrn. Zwanzig Jahre eines solchen Tanzes machen eine Epoche, vierzig Jahre – die Geschichte. Das ist euer Gesetz.

Johannisbeerlächeln der Ballerinen,

Geplapper der talkbestäubten Ballettschühlein,

kämpferische Verschlingung und verwegene Vielzahl des Violinorchesters, das in seinem leuchtenden Graben versteckt ist, wo die Musiker mit ihren Bogen durcheinandergeraten wie Dryaden mit ihren Wurzeln und Zweigen,

pflanzenhafter Gehorsam der Balletttruppe,

prächtige Vernachlässigung der Mutterschaft:

»Mit diesem nicht-tanzenden König und dieser Königin hat man soeben Sechsundsechzig gespielt.«

»Die jugendliche Großmutter von Giselle verschüttet Milch – ganz gewiss ist es Mandelmilch.«

»Jedes Ballett ist bis zu einem gewissen Grade ein Leibeigenenballett. Nein, nein – versuchen Sie jetzt nicht, mit mir darüber zu streiten!«

Der Januarkalender mit seinen Ballettzicklein, seiner Mustermilchwirtschaft von Myriaden Welten und dem Knistern eines neuen Kartenspiels, das aufgerissen wird …

Fährt man von hinten an das Gebäude der in unanständiger Weise an einen Regenmantel erinnernden Marien-Oper heran, so stößt man auf Polizeispitzel und Schwarzhandel treibende Kartenverkäufer:
 «Spitzel-Höker, Höker-Spitzel, gar nicht dumm,
 Was steht ihr nur im Frost herum?
 Dem einen Logenplätze zur Ekstase,
 Dem andern nur eins auf die Nase.«

»Nein, Sie können sagen, was Sie wollen, das Fundament des klassischen Tanzes ist die Einschüchterung: Er ist ein Teil des ›staatlichen Eisblocks‹.«

»Was meinen Sie, wo mag wohl Anna Karenina gesessen haben?«

»Beachten Sie bitte: Die Antike hatte das Amphitheater, und wir, das moderne Europa, wir haben Theaterränge. Sowohl auf den Fresken des Jüngsten Gerichts als auch in der Oper. Dasselbe Weltbild.«

Die von Rauch durchzogenen Straßen mit ihren Feuerstellen drehten sich wie ein Karussell.
 »Kutscher! Zur Giselle – will sagen zum Marientheater!«

Der Petersburger Kutscher ist ein Mythos, ein Steinbock. Man müsste ihn durch den Tierkreis fahren lassen. Da würde er nicht untergehen mit seiner Bauernweiber-Geldbörse, seinen Schlittenkufen, die schmal sind wie die Wahrheit, und seiner nach Hafer klingenden Stimme.

VI

Es war eine Kutsche von klassischem, eher Moskauer denn Petersburger Schick: eine hochliegende Karosserie, blitzende, lackierte Flügel und bis zum Gehtnichtmehr prall gepumpte Reifen – aufs Haar einem griechischen Streitwagen ähnlich.

Der Rittmeister Krzyzanowski flüsterte in ein schelmisches rosa Öhrchen:

»Machen Sie sich seinetwegen keine Gedanken: Ehrenwort, er lässt sich nur gerade einen Zahn plombieren. Ich will Ihnen noch etwas sagen: Er hat heute an der Fontanka eine Uhr gestohlen, oder ihm selbst ist die Uhr gestohlen worden. So ein Lümmel! Eine schmutzige Geschichte!«

Eine weiße Nacht war über Kolpino und Srednaja Rogatka vorwärtsgeschritten und hatte Zarskoje Selo erreicht. Die schreckensbleichen Paläste standen da wie Seidenpuppen. Dann und wann erinnerte ihr Weiß an ein daunenweiches, in Seifenlauge gewaschenes Schultertuch aus Orenburg. Im dunklen Grün surrten Velozipede – metallene Hornissen des Parks.

Das Weiß konnte nicht mehr weißer werden: Einen Augenblick noch, so schien es, und dieser ganze magische Zauber hätte Sprünge bekommen wie allzu frischer Sauerquark.

Eine schreckliche steinerne Dame geht »in den Stiefeln Peters des Großen« durch die Straßen und spricht:

»Kehricht auf den Plätzen ... Samum-Sandwind ... Araber ... ›Semjon seufzt ins Seminar‹ ...«

Petersburg, du wirst dich verantworten müssen für deinen armen Sohn!

Für diesen ganzen Wirrwarr, für seine jämmerliche Liebe zur Musik, für jedes Tablettchen in der Papiertüte eines Studentenmädchens, das im Saal der Adelsversammlung auf der Galerie oben sitzt, wirst du dich verantworten müssen, Petersburg!

Die Erinnerung ist eine kranke junge Jüdin, die nachts in aller Heimlichkeit das Haus ihrer Eltern verlässt und zum Nikolajewskij-Bahnhof läuft: Vielleicht findet sich jemand, der mich entführt?

Das »Versicherungsgroßväterchen« Heschka Rabinowitsch hatte, kaum war er geboren, bereits Formulare für Versicherungspolicen und Seife der Marke »Rally« verlangt. Er wohnte am Newskij-Prospekt in einer winzigen Mädchenwohnung. Alle waren über sein Verhältnis mit einem Mädchen namens Lisotschka sehr gerührt. »Heinrich Jakowlewitsch schläft«, pflegte Lisotschka zu sagen, legte den Finger auf ihre Lippen und errötete über das ganze Gesicht. Sie hegte natürlich die Hoffnung (eine wahnwitzige Hoffnung), dass Heinrich Jakowlewitsch noch wachsen und noch viele Jahre mit ihr leben würde, dass ihre rosige, kinderlose, von den Erzpriestern des Cafés Filippow gesegnete Ehe erst der Anfang sei …

Und Heinrich Jakowlewitsch lief mit der Leichtigkeit eines Schoßhündchens die Treppen hinauf und drehte den Leuten Lebensversicherungen an.

In jüdischen Wohnungen herrscht eine traurige, schnurrbärtige Stille.

Sie ist zusammengesetzt aus den Gesprächen des Uhrpendels mit den Brotkrümeln auf der Wachstuchdecke und mit den silbernen Teeglashaltern.

Tante Vera kam hie und da zum Mittagessen und brachte ihren Vater mit, den alten Pergament. Hinter Tante Veras Schultern stand der Mythos von Pergaments Bankrott. Er hatte einst am Kiewer Krestschatik eine Vierzigzimmerwohnung besessen. »Sein Haus war stets ein voller Kelch.« Vor den Fenstern der vierzig Zimmer scharrten Pergaments Pferde mit ihren Hufen. Er selbst hatte nichts zu tun, riss nur seine Tage wie Coupons von einem Kalender ab.

Tante Vera war Lutheranerin und sang für ihre Pfarrgemeinde in der roten Kirche an der Mojka. Sie war von der Kühle einer Gesellschafterin, Vorleserin und Krankenschwester – von jenem seltsamen Menschenschlag, der sich mit inbrünstiger Feindseligkeit an ein fremdes Leben heftet. Ihre schmalen Lutheranerlippen verurteilten die Lebensweise in unserem Haushalt, und ihre Altjungferlocken neigten sich mit leisem Ekel über den Teller mit Hühnersuppe.

Wenn Tante Vera bei uns erschien, wurde sie sogleich vom Mitleid gepackt und bot uns ihre Rotkreuzdienste an, riss gleichsam ihre Verbandstoffrolle auf und warf die unsichtbare Binde wie eine Konfettischlange über den Raum.

Zweirädrige Wagen rollten über die harte Landstraße, und die Sonntagsjoppen der Männer waren starr wie Dachdeckerblech. Zweirädrige Wagen, die nach Spiritus und nach Quark rochen, rollten von Wegmarke zu Wegmarke, dass die Kilometer wie Erbsen unter die Räder kullerten. Zweirädrige Wagen rollten, einundzwanzig waren's und noch viere – mit alten Frauen in schwarzen Kopftüchern und Stoffröcken, die steif waren wie Blech. Man fuhr zur Wetterhähnchenkirche, Psalmen zu singen, schwarzen Kaffee zu trinken mit einem Schuss reinem Schnaps und dann auf demselben Weg nach Hause zu fahren.

Eine junge Krähe plusterte sich auf und krächzte:

»Wir würden uns freuen, wenn Sie unserem Begräbnis beiwohnen wollten.«

»So lädt man doch nicht ein«, tschilpte der kleine Spatz im Park *Mon-Repos*.

Da mischten sich ein paar magere Krähen ins Gespräch, deren Federn vom Alter blau und hart geworden waren: »Karl und Amalia Blomquist teilen ihren Verwandten und Bekannten das Ableben ihrer geliebten Tochter Elsa mit.«

»Ja, das ist etwas anderes«, tschilpte nun der kleine Spatz im Park *Mon-Repos.*

Zum Spielen auf der Straße wurden die kleinen Jungen wie Ritter zum Turnier gerüstet: Gamaschen, wattierte Pluderhosen, Kapuzen, Ohrenschützer.

Von den Ohrenschützern dröhnte einem der Kopf, und sie machten einen taub. Wollte man jemandem Antwort geben, musste man zuerst die dünnen, einschneidenden Bänder unter dem Kinn lösen.

Er wand sich in seiner Winterrüstung wie ein kleiner tauber Ritter und hörte seine eigene Stimme nicht mehr.

In diesen Ohrenschützern verkörperte sich seine erste Entfremdung von den Menschen wie von sich selbst, und, wer weiß, vielleicht auch das süße vor-sklerotische Rauschen im Blut, das vorläufig noch vom flauschigen Handtuch seines siebenten Lebensjahres frottiert wurde. Und ein sechsjähriger wattierter Beethoven, mit seiner Taubheit bewaffnet und in Gamaschen, wurde auf die Treppe hinausgestoßen.

Er hätte sich umdrehen und schreien wollen: »Die Köchin ist selber stocktaub.«

Sie gingen würdevoll durch die Offizerskaja und suchten sich in einem Laden eine Duchesse-Birne aus.

Einmal gingen sie ins Lampengeschäft Aboling am Wosnessenskij, wo sich die prunkvollen Lampen drängten wie idiotische Giraffen in roten Hüten mit Rüschen und Zierborten. Hier ergriff sie zum ersten Mal das Gefühl des Grandiosen und des »Waldes der Dinge«. Ins Blumengeschäft Eilers gingen sie nie.

Irgendwo in der Gegend hatte eine Ärztin mit dem Namen Straschuner ihre Praxis.

Wenn ein Schneider eine fertige Arbeit abliefern geht, würde man nie vermuten, dass das, was er auf seinen Armen trägt, ein neuer Anzug sei. Irgendwie erinnert er an ein Mitglied einer Bestattungsbruderschaft, das mit allem Zubehör des Rituals in ein von Asrael bezeichnetes Haus eilt. So auch der Schneider Merwis. Parnoks Ausgehanzug hatte sich nur kurze Zeit auf dem Kleiderbügel bei ihm gewärmt – vielleicht zwei Stunden – und da den heimischen Kümmelduft eingeatmet. Merwis' Frau gratulierte ihrem Mann zu diesem Erfolg.

»Das ist noch gar nichts«, antwortete der Meister geschmeichelt, »mein Großvater hat gesagt, dass nur der ein richtiger Schneider sei, der es fertigbringe, einem nichtzahlenden Kunden am helllichten Tag auf dem Newskij-Prospekt den Rock auszuziehen.«

Dann nahm er den Ausgehanzug vom Bügel, blies leicht darüber wie über eine Tasse heißen Tees, hüllte ihn in ein sauberes Leintuch und trug ihn im weißen Leichenhemd und im schwarzen Kaliko zum Rittmeister Krzyzanowski.

Ich gestehe, dass ich Merwis liebe, ich liebe sein blindes, von sehenden Runzeln durchfurchtes Gesicht. Die Theoretiker des klassischen Balletts widmen dem Lächeln einer Tänzerin größte Aufmerksamkeit – sie halten es für eine Ergänzung der Bewegung, für eine Ausdeutung des Sprungs und des Fluges. Manchmal jedoch sieht ein gesenktes Augenlid mehr als ein Auge, und die Runzellinien in einem menschlichen Gesicht blicken um sich wie eine Schar von Blinden.

Dann wird dieser elegante und porzellanene Schneider hin und her geworfen wie ein Lagersträfling, der von der Pritsche heruntergerissen und von seinen Mitgefangenen verprügelt wird; wie ein gehetzter, in Schweiß geratener Badestubengehilfe; wie ein Basardieb, der gleich sein letztes, ihn unwiderlegbar überführendes Wort herausschreien wird.

Wenn ich mir Merwis vorstelle, tauchen Bilder vor mir auf: ein griechischer Satyr, ein unglücklicher Kitharaspieler und Sänger, hie und da die Maske eines Schauspielers in einem Euripides-Stück, dann wieder die nackte Brust, der von Schweiß bedeckte Körper eines geschundenen Lagersträflings, eines russischen Nachtasylbewohners oder eines Epileptikers.

Ich eile mich, die volle Wahrheit zu sagen. Es drängt mich dazu. Das Wort lässt, wie Aspirinpulver, einen Kupfergeschmack in meinem Mund zurück.

Fischtran ist eine Mischung aus Brandstätten, gelben Wintermorgen und Walfischfett: der Geschmack herausgerissener, geplatzter Augen, ein Geschmack des Ekels, bis zur Ekstase gesteigert.

Das blutunterlaufene Vogelauge sieht genauso die Welt auf seine Art.

Bücher schmelzen wie Eisstücke, die ins Zimmer gebracht wurden. Alles schrumpft zusammen. Jedes Ding kommt mir wie ein Buch vor. Wo liegt der Unterschied zwischen Buch und Ding? Ich weiß nichts vom Leben: Es wurde mir schon damals vertauscht, als ich das Knirschen des Arsenik auf den Zähnen der schwarzhaarigen französischen Geliebten vernahm, dieser jüngeren Schwester unserer stolzen Anna.

Alles schrumpft zusammen. Alles schmilzt. Auch Goethe schmilzt. Nur eine kurze Frist ist uns gewährt. Die Hand wird kalt vom entgleitenden Griff des unblutigen, zerbrechlichen Degens, den man an einem Frosttag von der vereisten Wasserleitungsröhre bricht.

Doch der Gedanke, scharf wie der Henkerstahl der »Nurmis«-Schlittschuhe, die einst über das blassblaue, von Bläschen übersäte Eis geglitten sind, ist nicht abgestumpft.

So verwachsen die Schlittschuhkufen, diese frischen und jugendlichen Lanzetten, mit den unförmigen Kinderstiefeln, den amerikanischen verschnürbaren Kinderhufen, an die sie festgeschraubt sind, und die derart ausstaffierten Schuhe ziehen ein fröhliches Ge-

wicht über das Eis und verwandeln sich in herrliche, von Drachen-
flügeln bestückte Pantoffeln ohne Namen und ohne Preis.

Es wird immer schwieriger, die Seiten des gefrorenen Buches um-
zublättern, das beim Schein der Gaslaternen mit der Axt behauen
und gebunden wurde.

Ihr Holzstöße, schwarze Bibliotheken dieser Stadt – wir werden
noch lesen, wir werden noch sehen!

Irgendwo an der Podjatscheskaja befand sich die prächtige Bibliothek, aus der ganze Pakete von braunen Bändchen ausländischer
und russischer Autoren in ein Sommerhaus abgeschleppt wurden.
Ihre Seiten verbreiteten Ansteckung und waren so abgegriffen, dass
sie wie aus Seide schienen. Reizlose Fräulein suchten sich auf den
Regalen Bücher aus. Dem einen Bourget, dem andern Georges
Ohnet, dem dritten sonst irgendwas aus der literarischen Rumpel-
kammer.
      Gegenüber war eine Feuerwehrhalle mit fest verschlossenem
Tor und einer Glocke unter dem Pilzhutdach.
      Manche Seiten waren durchscheinend wie Zwiebelhäute.
      Zwischen ihnen hausten Masern, Scharlach und Windpocken.
      In den Rücken dieser Sommerferienbücher, die öfters am Strand
vergessen wurden, hatten sich die goldenen Schuppen des Meeres-
sandes eingenistet – man konnte sie herausschütteln, sooft man
wollte, sie kamen immer wieder neu zum Vorschein.
      Manchmal fiel ein gotisches Tannenbäumchen heraus, ein Stück-
chen Farnkraut, geplättet und verwelkt, manchmal eine zur Mumie
gewordene namenlose nördliche Blume.
      Brände und Bücher – das ist gut.
      Wir werden noch sehen – wir werden noch lesen.

»Wenige Minuten vor dem Eintreten des Todeskampfes donnerte
ein Löschzug der Feuerwehr über den Newskij-Prospekt. Alle
liefen an die beschlagenen, quadratischen Fenster und überließen

Angiolina Bosio, Kind des Piemonts, Tochter eines armen Wander-
komödianten – *basso comico* –, einen Augenblick sich selbst.«

»Die kämpferischen Koloraturen der wie Hähne krähenden
Feuerwehrhörner – unerhörtes Brio eines unabwendbaren, alles
bezwingenden Unglücks – brachen in das schlecht gelüftete Schlaf-
zimmer im Demidow'schen Hause ein. Von Lastpferden gezogene
Fässer, Wagen und Leitern polterten vorbei, und die Flammen der
Fackeln leckten über die Spiegel. Doch im getrübten Bewusstsein
der sterbenden Sängerin verwandelte sich dieser ganze Wust von
offiziellem Fieberlärm, dieser rasende Galopp von Hammelpelzen
und Helmen, dieser Armvoll überwältigter und unter Bewachung
abgeführter Klänge zu einem Signal in einer Orchesterouvertüre.
In ihren kleinen, unschönen Ohren erklangen klar und deutlich die
letzten Takte der Ouvertüre zu ›I due Foscari‹, jener Oper, mit der
sie in London ihr Debüt gegeben hatte …«

»Sie richtete sich leicht von ihrem Bett auf und sang, was sie zu
singen hatte, doch nicht etwa mit jener wohltönenden, metallen
klaren und geschmeidigen Stimme, die ihren Ruhm begründet
hatte und die von allen Zeitungen gepriesen wurde, sondern mit
jener ungeschulten Bruststimme, die sie als fünfzehnjähriges Mädchen gehabt hatte, mit einer unsauberen, unkontrollierten Stimm-
führung, für die sie einst von Professor Cattaneo so sehr getadelt
worden war.«

»Leb wohl, Traviata, Rosina, Zerlina …«

VIII

An diesem Abend ging Parnok nicht zum Essen nach Hause und
trank keinen Tee mit Zwieback, den er wie ein Kanarienvogel
liebte. Er horchte auf das Summen der Lötlampen, die ihre grell-
weißen, gesträubten Rosen den Trambahnschienen näherten. Sämtliche Straßen und Plätze Petersburgs bekam er als noch feuchte
Korrekturfahnen zurück, er brach Prachtstraßen zu Druckseiten
um und broschierte Parks und Gärten.

Er kam zu den aufgezogenen Brücken, die ihn daran erinnerten, dass alles einmal abbrechen muss, dass Leere und gähnender Abgrund ein prächtiger Stoff sind, dass der Abschied kommen wird, ja, kommen wird, und dass kolossale Gewichte und Jahre von betrügerischen Hebeln in Bewegung gebracht werden.

Er stand abwartend da, während sich auf beiden Seiten des Flusses Nomadenhorden von Droschken und Fußgängern ansammelten wie zwei verfeindete Stämme oder Generationen, die sich um ein Buch von hölzernem Pflaster mit steinernem Einband und herausgerissenem Innern stritten.

Er dachte, dass Petersburg seine Kinderkrankheit sei und dass er nur zu erwachen, zur Besinnung zu kommen brauche, und der ganze Spuk würde sich zerstreuen. Er würde gesund werden, würde sein wie die anderen und vielleicht sogar heiraten … Dann würde niemand mehr wagen, ihn »junger Mann« zu nennen. Und er würde aufhören, den Damen die Händchen zu küssen. Schluss damit! Die verwünschten Dinger glaubten wohl, sie seien im Trianon … Da kommt so ein Luderchen und Weibsbild, so eine kahle Katze, und streckt ihm die Pfote vor die Lippen, und er drückt nach alter Sitte einen Schmatz drauf! Genug damit. Diese hündische Jugendzeit muss ein Ende haben. Arthur Jakowlewitsch Hoffmann hat ja versprochen, ihm eine Stelle als Botschaftsdolmetscher zu verschaffen, etwa in Griechenland. Da wird man schon sehen. Er wird sich einen neuen Ausgehanzug nähen lassen, wird mit dem Rittmeister Krzyzanowski ein Wörtchen zu reden haben und es ihm schon zeigen.

Da ist nur ein Problem – er hat keinen Stammbaum. Weiß nicht, wo er den hernehmen soll: Einfach keiner da, Punkt! Seine ganze Verwandtschaft besteht aus einem einzigen Tantchen – der Tante Johanna. Eine Zwergin. Wie die Kaiserin Anna Leopoldowna. Spricht Russisch wie der Teufel. Als ob Biron ihr Gevatter und Bruder wäre. Zu kurz geratene Ärmchen. Kann sich nichts selbst zuknöpfen. Doch ihr Stubenmädchen Annuschka – die reinste Psyche!

Ja, mit einer solchen Verwandtschaft kommt man nicht weit. Übrigens, wieso sollte er denn keinen Stammbaum haben, erlauben Sie mal, wieso nicht? Er hat einen. Und der Hauptmann Goljad-kin? Und die Kollegienassessoren, denen »der liebe Gott ein wenig mehr Verstand und Geld hätte geben können«? All die Leute, die man in den vierziger und fünfziger Jahren des vorigen Jahrhunderts die Treppe hinunterwarf, entehrte und beleidigte, all diese Brumm-köpfe und Trampel in Pelerinen und verwaschenen Handschuhen, all jene, die an der Sadowaja und der Podjatscheskaja in Häusern aus hart gewordenen, steinernen Schokoladetafeln nicht etwa leben, sondern darben und vor sich hin brummen: »Wie ist das möglich? Keinen Groschen in der Tasche, mit einer höheren Bildung!«

Man braucht nur das dünne Häutchen von der Petersburger Luft abzulösen, dann wird die darunter verborgene Schicht zum Vorschein kommen. Unter dem Schwäne- und Tauchentenflaum des Gagarin-Kais, unter dem Wolkendunst der Tutschkow-Gasse, unter den französischen Leckerbissen der sterbenden Uferstraßen, unter den Spiegelaugen der Wohnungen nobler Lakaien wird etwas völlig Unerwartetes zutage treten.

Doch die Feder, die dieses dünne Häutchen abgelöst hat, ist wie der mit Diphtheriebelag infizierte Teelöffel eines Arztes. Man rührt sie lieber nicht an.

Ein Mücklein sirrte:

»Schaut nur, was aus mir geworden ist: Ich bin der letzte Ägyp-ter, ich bin ein Klageschrei, ein armer Schlucker, ein Kosake ohne Pferd. Ich bin ein kleiner, krummbeiniger Fürst, ein bettelnder Ramses und Blutsauger. Hier im Norden bin ich ein Nichts gewor-den. Von mir ist so wenig übrig geblieben. Bitte um Verzeihung!«

»Ich bin der Fürst des Missgeschicks, ein Kollegienassessor aus der Stadt Theben … Immer noch derselbe, nichts hat sich geändert. Oh, wie hab ich Angst hier. Bitte um Verzeihung …«

»Ich bin eine Belanglosigkeit. Ich bin nichts. Ich erbettle bei den choleraverseuchten Granitblöcken für eine Kopeke ägyptische Grütze, für eine Kopeke Mädchenhals.«

»Warten Sie nur, ich werde bezahlen. Bitte um Verzeihung!«

Um sich zu beruhigen, wandte er sich einem kleinen, ungeschriebenen Wörterbuch zu, genauer gesagt – einer Liste familiärer Wörtchen, die außer Gebrauch gekommen waren. Diese Liste hatte er schon vor langem in seinem Kopf zusammengestellt, für den Katastrophenfall:

»Hufeisen« – so hieß eine mit Mohn bestreute Semmelart.

»Fromuga« – so hatte seine Mutter ein großes Lüftungsfenster genannt, das wie ein Klavierdeckel zugeklappt wurde.

»Verpfusch es nicht« – so sprach man vom Leben.

»Du sollst nicht kommandieren« – so lautete eines der Gebote.

Diese Wörtchen genügen für einen ersten Aufguss. Er beschnupperte sie wie eine Prise Tee. Das Vergangene war erschütternd real geworden und stieg ihm kitzelnd in die Nase, wie ein Paket von frischem Tee aus Kjachta.

Durch das verschneite Feld rollten Kutschen. Über dem Feld hing ein niedriger Sacktuch- und Polizeistubenhimmel, der ein geizig bemessenes, gelbes und aus irgendeinem Grund schändliches Licht abgab.

Mich hatte man einer fremden Familie und einer fremden Kutsche überlassen. Ein junger Jude zählte neue Hundertrubelnoten nach, die winterlich knisterten.

»Wohin fahren wir?«, fragte ich eine alte Frau, die in einen Zigeunerschal gehüllt war.

»Nach Himbeerstadt«, antwortete sie mit einer so bedrückenden Wehmut, dass sich mein Herz in unguten Vorahnungen zusammenzog.

Die Alte wühlte in einem gestreiften Bündel und zog Tafelsilber, Leinen und samtene Pantoffeln hervor.

Die abgenutzten Hochzeitskutschen krochen weiter und wackelten wie Kontrabässe.

In ihnen saßen der Holzhändler Abrascha Kopeljanskij mit seiner Herzbräune und der Tante Johanna sowie Rabbiner und Fotografen. Ein alter Musiklehrer hielt eine stumme Klaviatur auf seinen Knien. Unter den Biberpelzschößen eines Greises zappelte ein Hahn, der für den Schächter bestimmt war.

»Schaut her«, rief irgendwer und streckte den Kopf zum Fenster hinaus, »da ist ja schon Himbeerstadt!«

Doch eine Stadt war nicht zu sehen. Dafür wuchs aus dem Schnee ein großer Himbeerstrauch mit seinen warzenhaften Früchten hervor.

»Das ist doch ein Himbeerstrauch«, stammelte ich außer mir vor Freude und lief mit den anderen darauf zu, wobei sich meine Schuhe mit Schnee füllten. Die Schnürsenkel meiner Stiefel lösten sich, und darob überfiel mich ein Gefühl großer Schuld und Unordnung.

Und ich wurde in ein widerwärtiges Warschauer Zimmer geführt und gezwungen, Wasser zu trinken und Zwiebeln zu essen.

Immer wieder bückte ich mich, um meine Stiefel mit doppelter Schleife zuzubinden und alles in Ordnung zu bringen, wie es sich gehört – doch vergebens. Nichts war nachzuholen und nichts wiedergutzumachen: Alles lief in die verkehrte Richtung, wie immer in einem Traum. Ich warf die fremden Federbetten von mir und lief in den Taurischen Garten, mein Lieblingsspielzeug in der Hand – ein leerer, reich mit Wachs übertropfter Kerzenhalter. Ich nahm die weiße Kruste von ihm, die zart war wie ein Brautschleier.

Ein schrecklicher Gedanke, dass unser Leben eine Erzählung ohne Fabel und ohne Held ist, aus Leere und Glas gemacht, aus dem heißen Gestammel der Abschweifungen, aus dem Petersburger Influenzadelirium.

Die rosenfingrige Aurora hat ihre Buntstifte abgebrochen. Nun liegen sie da wie junge Vögel mit aufgesperrten, leeren Schnäbeln. Doch in alledem ahne ich deutlich einen Vorschuss auf mein geliebtes Prosadelirium.

Kennen Sie diesen Zustand? Es ist, als hätten alle Dinge Fieber, als seien sie alle freudig erregt und doch krank: die Absperrbalken auf der Straße, Plakate, die sich wie Schuppen von den Wänden lösen, Konzertflügel, die sich in der Abstellhalle drängen wie eine kluge Herde ohne Hirt, geboren für sonatische Ekstasen und abgekochtes Wasser …

Ich gestehe, dass ich dann die Quarantäne nicht länger ertragen kann, das Fieberthermometer zerbreche und kühn durch das Labyrinth der Ansteckung schreite, das mit Nebensätzen wie mit fröhlichen Gelegenheitskäufen behängt ist ... Und knusprige Lerchenbrötchen fliegen in den bereitgehaltenen Beutel, naiv wie die Plastiken der ersten christlichen Jahrhunderte, und eine Brezel, eine ganz gewöhnliche Brezel will mir nicht länger verschweigen, dass sie von einem Brotbäcker als russische Lyra aus stimmlosem Teig ersonnen wurde.

Der Newskij-Prospekt im Jahre siebzehn – ist doch gewiss eine Kosakenschwadron mit der blauen Mütze auf dem Ohr und schräg der Sonne zugewandten Gesichtern, die sich ähnlich sehen wie Halbrubelstücke.

Selbst mit zugekniffenen Augen weiß man, dass da singende Reiter sind.

Das Lied wiegt sich in den Sätteln wie riesige hingeschenkte Säcke voller Flittergold des Hopfens.

Es ist die zum kurzen Getrappel, Geklirr und Schweißgeruch ausgegebene warme Verpflegung.

Das Lied schwebt auf der Höhe der spiegelnden Fensterscheiben der Beletage über den blinden, zottigen Baschkirenmützen, geradeso, als schwebte die Schwadron auf dem Zwerchfell der Sänger vorüber, als schenkte sie ihm mehr Vertrauen als den Sattelgurten und Reiterschenkeln.

Vernichtet euer Manuskript, doch bewahrt das, was ihr aus Langeweile, aus Unvermögen und wie im Traum auf seine Ränder gekritzelt habt. Diese nebensächlichen und unwillkürlichen Schöpfungen eurer Phantasie werden der Welt nicht verlorengehen, sondern sich sofort wie die dritten Geigen in der Marien-Oper über die umschatteten Notenständer verteilen und aus Dankbarkeit ihrem Schöpfer gegenüber unverzüglich Beethovens »Leonoren«- oder »Egmont«-Ouvertüre anstimmen.

Welch eine Freude für den Erzähler, von der dritten Person zur ersten überzugehen! Es ist, wie wenn man nach dem Gebrauch von kleinen und unbequemen Fingerhutsgläsern plötzlich abwinkt, kapiert und direkt vom Hahn kaltes, unabgekochtes Wasser trinkt.

Die Angst nimmt mich bei der Hand und führt mich. Ein weißer zwirnener Handschuh. Ein Handschuh ohne Finger. Ich liebe, ich verehre die Angst. Beinah hätte ich gesagt: Wenn sie bei mir ist, habe ich keine Angst! Die Mathematiker müssten der Angst ein Zelt errichten, weil sie der Koordinatenschnittpunkt von Zeit und Raum ist: Die beiden haben teil an ihr wie der gerollte Filz an einer kirgisischen Nomadenjurte. Die Angst spannt die Pferde aus in dem Moment, wo man zu fahren hätte, und schickt uns Träume mit grundlos niedrigen Zimmerdecken.

Mein Bewusstsein hat zwei bis drei Wörtchen als Laufburschen: »und jetzt«, »schon« und »plötzlich«. Sie stürzen im halbdunklen Zug nach Sebastopol von Waggon zu Waggon und werden auf jeder Pufferplattform aufgehalten, wo zwei Bratpfannen aufeinanderdonnern und wieder auseinanderkriechen.

Die Eisenbahn hat den Lauf, den Bau, den Takt unserer Prosa grundlegend verändert und sie dem sinnlosen französischen Gestammel des Bauern in »Anna Karenina« ausgeliefert. Wie die Damenhandtasche dieses Bauern und Vorboten des Todes ist die Eisenbahnprosa mit Rangierwerkzeugen, Deliriumspartikeln und eisernen Präpositionen vollgestopft, die in einem Prozess auf den Tisch der Beweisstücke gehören. Sie ist gänzlich losgelöst von jeglicher Bemühung um Schönheit und Rundung.

Ja, dort, wo die fleischigen Antriebsstangen der Lokomotiven von heißem Öl übergossen werden – dort kann es atmen, das kleine Prosatäubchen, in die Länge gestreckt, schamlos, mit falschem Maß messend, und spult sämtliche sechshundertundneun Kilometer der Nikolajewskij-Bahnlinie mitsamt den beschlagenen Wodkakaraffen auf seinen gierig schluckenden Messstab.

Um halb zehn Uhr abends machte sich der gewesene Rittmeister Krzyzanowski für den Moskauer Schnellzug bereit. Er packte Parnoks Ausgehanzug und Parnoks beste Hemden in seinen Koffer. Der Ausgehanzug hatte seine Flossen untergeschlagen und schmiegte sich besonders gut und beinah faltenlos in den Koffer – wie ein übermütiger, cheviot-wollener Delphin, mit dem er durch seinen Schnitt und seine junge Seele nah verwandt war.

In Ljuban und Bologoje stieg der Rittmeister Krzyzanowski aus, um ein Gläschen Wodka zu trinken, und sprach dazu »soirée-moirée-poirée« oder sonst irgendeinen Offiziersblödsinn. Er versuchte sogar, sich im Zug zu rasieren, doch gelang ihm das nicht.

In Klin kostete er Bahnhofskaffee, der seit den Zeiten Anna Kareninas unverändert nach demselben Rezept zubereitet wird: aus Zichorie und einer kleinen Beigabe von Friedhofserde oder irgendeinem ähnlichen Dreck.

In Moskau stieg er im Hotel Select ab – einem sehr guten Hotel an der Kleinen Lubjanka, in einem Zimmer, das früher ein Kaufladen gewesen war. Statt einer Fensteröffnung hatte er ein schickes Schaufenster, das von der Sonne unerhört erwärmt wurde.

1928

MANDELSTAM LACHT

Schklowskij hat mir geraten, ein Szenario zu schreiben, und hat sich, kaum war sein Gurkenkopf hier aufgetaucht, gleich wieder aus dem Staub gemacht. Ich habe ihn nicht mehr gesehen, doch was dabei rauskam, ist das Folgende: Ich habe Schklowskij in Grund und Boden verflucht.

Ich entschloss mich, etwas aus dem Leben der Feuerwehr zu schreiben. Sofort hat mir eine großartige Einstellung à la Eisenstein vorgeschwebt: eine weit offene Garage und Löschzüge, die wie gigantische Schuppentiere auf den Zuschauer losrasen.

Oder ein Alarm zum Beispiel, die schwankende Glocke, der Diensthabende am Telefon, die Feuerwehrmänner springen von ihren Kojen auf ...

Man könnte aber durchaus auch mit dem friedlichen Leben beginnen: Die Feuerwehrmänner sitzen auf den Kojen und lesen Zeitung, oder dann den Alltagsaspekt noch weiter vertiefen: Die Feuerwehrmänner berufen irgendeine Versammlung ein zur Wahl ihrer Abgeordneten oder zum Kampf gegen irgendwas. Dann spielen sie auch Schach ... Und plötzlich kommt eine Frau rein, die Gattin eines Feuerwehrmannes, und da ist sie auch schon: die Kollision.

Ja, ja, eine Kollision, das ist leicht gesagt – eine Kollision! Weshalb kommt sie denn hierher, was will sie bloß?

Nein, es ist viel besser, von der Seite her aufs Thema zu kommen. Irgendwo im Samoskworetschje-Viertel sitzt die Familie eines Buchhalters beim Tee und ist völlig ahnungslos, dass das ganze Mobiliar samt Nussbaumbüfett in einer halben Stunde abbrennen wird, wobei zur selben Zeit in der Küche der Primuskocher aufflammt, und gleich daneben spielt ein Kleinkind.

Der Kern der Sache liegt natürlich in der Komposition der Einstellungen und in der Montage. Auch die Dinge sollen ihre Rolle spielen. Der Primuskocher könnte riesengroß gezeigt werden.

Also, Primuskocher in Großaufnahme. Zum Teufel mit dem Kind. Alles fängt mit der verbogenen Nadel des Primuskochers an (kleinstes Detail). Nadel ebenfalls in Großaufnahme. Schreckgeweitete Augen der Frau.

Übrigens ist es vielleicht besser, mit dem Chinesen zu beginnen, der beim Moskauer Buchdruckerdenkmal Primusnadeln verkauft. Das wird den Rahmen abgeben. Ein Film ohne Held – das ist ganz gut, doch muss da immerhin irgendein Feuerwehrhauptmann sein. Der soll also immer noch mit ganzem Herzen an seinem Heimatdorf hängen. Einerseits liebt er die dörfliche Lebenswelt, andererseits fühlt er sich sehr zu Löschgeräten hingezogen. Da liegt der Konflikt. Der Feuerwehrhauptmann schleicht sich also nachts und unbeobachtet in die Garage und erfindet da irgendwas.

So weit, so gut: Als ob da endlich etwas aufschimmern würde. Eine Kollision brauchen wir, eine Kollision! Für eine Kollision gibt's Geldscheinchen. Eine Kollision ist kein Pappenstiel.

Die Kollision soll also folgendermaßen ausschauen:

Irgendwann, noch vor dem Krieg, hatte der Feuerwehrhauptmann bei einem Privatkapitalisten in der Fabrik gearbeitet. Der Kapitalist hat, bevor er im siebzehner Jahr ins Ausland flüchtete, verschiedene Wertsachen in einem Geheimsafe eingemauert …

Allerdings muss man den Feuerwehrhauptmann mit dem Buchhalter zusammenstoßen lassen. Was haben die gemeinsam? Da liegt der Knoten des ganzen Films. Eine Antwort auf diese Frage lässt uns augenblicklich aus der Sackgasse rauskommen.

Ein einziger Feuerwehrmann ist zu wenig, weil nichts dabei rausschaut, wenn man ihm alles Mögliche anhängt. Man müsste ihn irgendwem gegenüberstellen … Doch was wissen wir von ihm? Gar nichts, außer dass er sich noch nicht richtig von seinem Heimatdorf hat losreißen können, doch das wiederum hat nichts damit zu tun, dass er bei dem Privatkapitalisten gearbeitet hat.

Gut, soll also einer bei einem Privatkapitalisten gearbeitet haben, und der andere noch immer an seinem Heimatdorf hängen. Doch diese beiden, was haben die denn gemeinsam?

Sollen also die Dinge ihre eigene Rolle spielen, und die Feuerwehr völlig getrennt davon die ihrige. In den Dingen liegt das Pathos der Ereignisse, in den Leuten: der soziale Sprengstoff. Die

Löschgeräte, Pumpen und Leitern erziehen den Feuerwehrmann. Seine Frau hat hier nichts zu schaffen, sie hat keinen Platz in dieser Kollision.

Kino ist nicht Literatur. Man muss in Einstellungen denken.

Soll also der Feuerwehrhauptmann in einem Theaterfoyer Dienst tun, während sein Kollege zur selben Zeit einer völlig fremden Frau Plätzchen anbietet.

Nein, so ein Unsinn.

Das Thema ist im Verlauf des Arbeitsprozesses *durchgebrannt*. Gar nichts schimmert mehr auf. Nun muss ich aber schleunigst diesen Schklowskij sprechen!

1927

SCHERZGEDICHTE & SELBSTPORTRÄTS

Für Anna Achmatowa

Dass Sie wohl gern ein Spielzeug wären,
Weiß ich – doch die Mechanik ist kaputt,
Auf Kanonenschussweite sich Ihnen nähern
Ohne Gedicht! hat keiner je den Mut.

1911

Ich hab Armut schon immer geliebt,
Wie der Künstler die Einsamkeit braucht!
Um Kaffee zu kochen auf dem Sprit,
Hab ich mir einen leichten Dreifuß gekauft.

1912

ANTHOLOGIE DES ANTIKEN BLÖDSINNS

Lesbia, wo warst du bloß? – Ich lag in Morpheus' Armen.
– Frau, wie du lügst: In denen doch ruhte ich selbst!

»Liebste!« – zum tausendsten Mal seufzte ein lauter Liebhaber.
Zum tausend und ersten Mal sagt er dann »Liebste« noch mal!

Zwei Verliebte verwunderte nächtens ein riesiger Stern –
Morgens kapierten sie dann: Es war bloß der Mond.

1912/1922

DAS SPORT–SONETT

Der rotbackige Skipper, schwere Bälle bergend –
Der Menge war's ein lautes Klatschen wert.
Dickhäutig ist der Fußball, seine Erben:
Krocket auf Eis und Polo hoch zu Pferd.

Unter den Jungen jetzt, von alter Zeit belehrt,
Blüht auf der Sprung, der Schwung des Diskuswerfens,
Im leichten Leinenkleid, wenn flussnah unbeschwert
Oxford und Cambridge sich um ihren Preis bewerben.

Doch wirklich Sportsmann ist, wer sich befreit
Vom trüben Leben, Schmerz und Leid:
Er kennt die Welt, die Freude atmend hell ist …

Des Kinder-Krockets kleine Hämmerchen,
Das Knüttelspiel, das man in unsern Ländern kennt,
Und ein Geschenk der Götter namens Tennis!

1913

FUSSBALL

Der Leibwächter, er war vergiftet.
Ungleicher Kampf! So ein Komplott.
Entstellt, entehrt, in trübem Lichte:
Der Fußball – dickhäutiger Gott.

Die leichte Hand des Schwergewichtlers,
Die Boxerhand hat losgekracht:
Der Vorhang, oh! war ungesichert –
Das ganze Zelt lag unbewacht!

Genauso drängelnd stand die Menge,
Als da – sein Kelch blieb ungeleert –
Der Kopf so qualvoll noch lebendig
Hinkullert, an die Füße fährt.

Und tippt nicht Judiths Zehenspitze
Gleich unbegreiflich heuchlerisch
An Holofernes' Leiche, diese
Verhöhnte Leiche, warm noch, frisch?

1913

Für Igor Sewerjanin

Eine Kuh frisst ruhig ihr Heu,
Die Herzogin aber Gelee –
Und gerade etwa um halb zwei
Schnappt der Graf über im Chalet!

1913

GASEL

Was bläst du bloß ins Horn so arg, junger Mann?
Du lägst wohl besser gleich im Sarg, junger Mann.

1920

Ich wurde gesäugt mit der Milch der klassischen Pallas
Und brauche nichts außer Milch – das ist schon alles.

Winter 1920/1921

Ins Album der Spekulantin Rosa

Und wenn du trauerst, dass ich elftausend Rubel dir schulde,
Denke, es könnten sehr wohl zwanzig und ein Tausend sein.

Winter 1920/1921

LIED EINES FREIEN KOSAKEN

Ich bin Lesbier unter den Männern,
Fremd, ein Fremder, ja, ein Fremder.
In Lesbos aufgewachsen restlos,
O Lesbos, Lesbos, Lesbos!

1923

Mandelstam Iossif schuf dieses und jenes Epigramm –
Kein anderer Joseph ist das als Ossip Mandelstam.

1925

Pomponytsch, wohl ein Bürger Roms,
Hatte genug von Überfluss und Laster,
Der Gründe waren viele, wohl bekomm's!
Gewiss auch die Gebresten seines Alters,
Lud einmal Gäste zu sich ein und schlitzt
Sich mit der Klinge in die Hader-Adern,
Worauf sein Geist so aberlabernd
    zum Boden seines Bades spritzt …

Mitte 20er Jahre

In unsern Zeiten sind so selten doch geworden
Die Liebhaber der Leut, die friedvoll ruhn in Gott.
Kam einer in die Gruft, wo still die Ahnen modern,
Legt den Sombrero ab, bekreuzigte sich flott
Vor dem Ikonenschrein. Die Pflicht des Nachfahrn tut
Er maßvoll, isst auch was – und muss sein Leben lassen.
Der Dieb, der ihn da traf, ließ ihm nicht mal den Hut.

O Leser, du sollst nie mit Unbekannten prassen!

1924

DIE GEBRÜDER GONCOURT

Ich sag es jetzt ganz kühl:
In Frankreich gibt's zwei Brüder, zwei Goncourt,
Edmond und Jules,
Wenn die zu zweit nicht schrieben und geboren wären,
Hielten sie die Franzosen nicht so hoch in Ehren.

Zwei Brüder sind's, doch einzig das Gehirn –
Zwei Röcke, klar, auch zwei Zylinder auf der Stirn …
Und schreibt er, Jules, an seinem Buch,
Isst Edmond nicht und atmet nicht – ein Fluch!
Schreibt sich unsterblich Jules, so fleißig wie die Biene,
Dreht Edmond eifrig an der Speiseeis-Maschine.

Und abends dann – auch wenn's aus Eimern gießt? – o ja!
Geht Jules mit Edmond in die Große Opéra.
Und unberührt davon, wer besser schreibt, wer schlimmer,
Reichen sie höflich sich ihre Galoschen immer.

Wo diese Brüder sind, ist ein Salon, ein Kohlbeet, 'ne Premiere …
– Ich speiste neulich wieder mit Flaubert.
Nein, nein, sag was du willst – so hübsch wie nie
Gedeiht bei ihm die »Bovary«!

1925

DER KUTSCHER UND DANTE

Ein Kutscher sprach einmal zu Dante
Mit seiner volkshaft schlichten Energie –
Worüber denn? Freie Berufe, was denn sie,
Die beiden, wohl vereine wie Verwandte:
– Auch ich lieb ja die Orgel, komm!
Von allen Kneipen mag am liebsten ich das »Rom«.
Bin ich auch nicht grad Florentiner,
So doch kein Dieb und kein Schlawiner;
Und hier mein Pferdchen, dass ich's auch erwähne,
Ist wohl schon acht, oder vielleicht schon zehne –
So lang warst du doch deiner Beatrice hinterher;
Was Schlechtes sag ich nicht einmal betrunken über Dante,
Ich ehr in dir den Vater und den Kommandanten –
Befiehl, man soll im Herbst
     die Brücken unten lassen, bitte sehr!

1925

Hut, gekauft vor wohl zehn Jahren
Im Staatlichen Gesamt-Kaufhaus,
Unter dir, muss ich erfahren,
Seh ich alt wie'n Bischof aus.

1932

Wermel war bei Kant beschlagen,
Heißt, er war nicht, nein, er brannte
Ganz verkantet sozusagen,
Er kannte Kant wie seine Tante.
Im schwarzen Gehrock ging, nein, rannte
Der Philosoph – so schnell sein Lauf!
Wermel fraß den Hund an Kanten,
Und Kant, der Hund, fraß ihn auch auf!

1932

Für Anna Achmatowa

An den Imker stets gewöhnen sich die Bienen,
Dieses ist nun mal der Bienen Art.
Doch die Stiche der Achmatowa – an ihnen
Leid ich nun schon das dreiundzwanzigste Jahr.

1934

SEBASTIAN UND BACH

Irgendein Bürger, na, der war wohl nicht grad blau,
Doch wohl auch gänzlich nüchtern war er nicht,
Wollte bei sich zu Haus 'ne Orgel haben, au!
Das Instrument erdröhnt. Die Mieter ärgert's schlicht.
Den Hausverwalter holt man – der läuft wutrot an
Und ruft sogleich den Pförtner Sebastian:
Bums! Krach! Die Orgel liegt ganz flach,
    der Schurke kriegt eins über.

Doch nicht mal da liegt ja das Übel:
Wär der Sebastian nur so ein Grobian,
Schlimm ist, dass der Bums-Krach
Zu grob war für den Bach!

Frühjahr 1934

Ein Schneider, hoch!
Mit einem guten Kopf
    Wurde verurteilt mal zum Höchstmaß, hört!
    Und was? – wie sich's für Schneider-Art gehört,
Nahm er gleich an sich selber Maß –
So lebt er heute noch.

1. Juni 1934

BESCHLUSS

Sollt ich mal 'ne Ägypterin heiraten
Als dem Gesetz der Pyramiden treuer Sohn,
Kauf ich für meine Frau aus fremden Landen,
Für meine Donna kaufte ich Pyramidon –
    Ich geh mit ihr zum Tempel, auch im Nil mal baden
    Und speiste sommers in der Pyramide zu Abend:
    Für meine Pyramiden-Donna nur – Pyramidon.

März 1937

EIN DICHTER ÜBER SICH SELBST

Gut fühle ich mich in meinem Altmännerpelz, es ist, als ob man sein Haus auf sich trüge. – Man fragt dich, ob es heute kalt sei draußen, und du weißt nicht, was du antworten sollst; vielleicht ist es ja kalt, doch woher soll ich das wissen.

In solchen Pelzen sind Popen und alte Händler einhergegangen, ruhige Leute, gelassen, besonnen – fremdes Gut nimmt er nicht, eigenes gibt er nicht her, ein Pelz wie ein Priestergewand, der Kragen steht als Wand empor, feines Tuch, nicht gewendet, ohne bestimmtes Alter, ein sauberer Pelz, geräumig, lässt sich tragen, auch wenn er von einer fremden Schulter kommt, doch ich kann mich nicht daran gewöhnen: Er riecht irgendwie unangenehm, nach Truhe, Weihrauch, Vermächtnis.

Gekauft habe ich ihn in Rostow, auf der Straße, nie hätte ich gedacht, dass ich einen Pelz kaufen würde. Wir Petersburger, lebhaftes Windvolk, von europäischem Zuschnitt, gingen alle in etwas leichten winterlichen Halbwärmern, wattegepolstert, von Mandel, mit einem Kinderkräglein, wenn's hochkommt aus Persianer, weder Fisch noch Fleisch. Verführt hat mich Rostow mit seinem Pelzhandel, die teure Stadt, alles ist unerschwinglich, doch Pelze sind billiger als eine gedämpfte Rübe.

In Rostow tragen die Zwischenhändler ihre Pelzware auf die Straße hinaus. Sie verkaufen ohne Eile, mit Eigensinn, mit Charakter. Verlangen keine Millionen dafür. Vor großen Zahlen ekeln sie sich. Verlangen acht, geben ihn für drei her. An der breitesten Straße gehört ihnen die Sonnenseite. Dort gehen sie von den Morgenstunden bis zwei Uhr nachmittags auf und ab, die Pelze auf die Schulter geworfen, über ihr Bauernpelzchen oder ein schäbiges Mäntelchen. Sich selbst ziehen sie das Unansehnlichste, Durchlässigste über, um die Ware von der besten Seite zu zeigen, um die Verbrämung verführerischer spielen zu lassen.

Wenn man schon einen Pelz kauft, dann in Rostow. Die alte russische Pelz- und Metropolitenstadt. Hier gehen glatte Popenpelze spazieren, ohne Taschen: Was soll ein Pope mit Taschen, schlag unbekümmert die Schöße übereinander, das Geld kann nicht davonlaufen.

Er lässt mir keine Ruhe, mein Pelz, zieht mich auf Reisen, nach Moskau, nach Kiew – wäre ja schade, den Winter verstreichen zu lassen, die Neuanschaffung verkäme nutzlos. Auf den Kiewer Krestschatik möchte ich, auf den Moskauer Arbat, auf die Pretschistenka. Auch nach Charkow möchte ich, auf die Sumskaja, und nach Petersburg, auf den Bolschoj-Prospekt, auf irgendeine Podresowa-Straße. Alle russischen Städte haben sich in meinem Gedächtnis vermischt und zu einer großen, unerhörten Stadt verleimt, mit einem nie endenden Traumweg, wo der Krestschatik in den Arbat mündet und die Sumskaja in den Bolschoj-Prospekt.

Ich liebe diese unerhörte Stadt mehr als die einzelnen wirklichen Städte, ich liebe sie, als wäre ich in ihr geboren worden und hätte sie nie verlassen.

Warum nur bin ich unruhig in meinem Pelz? Flößt er mir vielleicht Angst ein, dieser Gelegenheitskauf – ein Schicksal ist von einer fremden Schulter herab auf meine Schulter gesprungen und sitzt nun auf ihr, sagt nichts, hat sich vorläufig eingerichtet.

Ich erinnere mich an all die Male, da ich während der letzten vier Jahre in den verschiedenen Städten gefroren habe: auch an das Frieren in Petersburg, die Rückkehr in das Zimmer im Haus der Künste, die vereiste Lebensmittelration in Händen, das glühende Eisengeländer der Hintertreppe, ohne Handschuhe, an die kommt man nie heran, wie durch ein Wunder erreicht man sein Stockwerk, die kleine Küche, lässt die Lebensmittelration mit Gepolter auf das Tischchen fallen, hin zum alten Mütterchen, ein wenig auftauen, das Gefühl wiederfinden.

Wir lebten in der ärmlichen Pracht des Hauses der Künste, im Jelissejew-Haus, das auf die Morskaja, den Newskij und die Mojka geht. Wir – das waren Dichter, Maler, Wissenschaftler, eine seltsame Familie, ganz verrückt nach den Lebensmittelrationen, verwildert und verschlafen. Der Staat wusste nicht, wofür er uns ernähren sollte, und wir taten nichts.

Im Übrigen haben die Jungen den Mut nicht verloren, besonders Viktor Borissowitsch Schklowskij nicht, der hitzigste und talentierteste Literaturkritiker des neuen Petersburg, der Tschukowskij abgelöst hatte – ein richtiger literarischer Panzerwagen, ganz ungestüme Flamme, scharfer philologischer Scharfsinn und literarisches Temperament für zehn. Als richtiger Eroberer hatte er kraft der Revolutionsordnung im Jelissejew-Schlafzimmer Fuß gefasst, in jenem Zimmer mit dem Kamin, dem Doppelbett, dem Glasschrank für die Ikonen und den Fenstern, die auf den Newskij gehen.

Es war köstlich, ihm zuzuschauen, und das ehemalige Gesinde der Jelissejews verehrte und fürchtete ihn. Da kehrt er gerade mit einem riesigen Sack voll Pappe auf dem Rücken von einer Brennholzexpedition zurück. Unsere Zimmer waren ungenügend beheizt, dafür gab es gleich im Hause jungfräuliche Brennstoffvorkommen: ein aufgegebenes Kreditinstitut, um die vierzig leere Zimmer, wo kniehoch dicke Bankpappe aufgeschüttet lag. Mag hingehen, wer Lust dazu hat – wir konnten uns nicht entschließen, doch Schklowskij ging bisweilen los in diesen Wald und kehrte mit zahlloser Beute zurück. Der mit dem Raffholz aus der Schreibstube angeheizte Kamin fängt zu knistern an, und der Hausherr verstreut auf die glänzenden Lombertische der Jelissejews, und auf das Bett, und auf die Stühle, und womöglich noch auf den Fußboden, die Zettelchen mit Notizen aus dem Werk Rosanows und beginnt seine erstaunliche Theorie zusammenzukleistern, dass Rosanow an einem Roman geschrieben und dabei eine neue literarische Form begründet habe.

Auch Marietta Schaginjan kam zu uns, direkt aus Rostow, mit ihrer klösterlichen Taubheit – nicht von dieser Welt war sie, oder genauer: nicht von unserer Petersburger Welt. Sie wurde ausgelacht, wenn sie, als Einzige von der ganzen Bewohnerschaft des Hauses der Künste, zum Schneeschaufeln hinausging, zur bescheidenen Arbeitspflicht, die uns von der Sowjetmacht auferlegt worden war und der wir natürlich mit snobistischer Sabotage begegneten.

Ich erinnere mich an meinen Nachbarn im Kamtschatka der

ehemaligen möblierten Zimmer, wohin sie uns ob der Platznot in den Gemächern des Hauses der Künste abgewimmelt hatten: Es war der Dichter Wladislaw Chodassewitsch, der Autor des »Glücklichen Häuschens«, dessen verhaltene, greisenhafte Silberstimme uns in den zwanzig Jahren seiner dichterischen Arbeit nur einige wenige Gedichte geschenkt hat, bezaubernd wie das Schlagen der Nachtigall, überraschend und hell klingend wie das Mädchenlachen in einer Frostnacht.

Es war der raue und herrliche Winter des Jahres 1920/21. Der letzte Erntewinter Sowjetrusslands – und ich vermisse ihn, denke mit Zärtlichkeit an ihn zurück. Ich liebe den Newskij, wenn er leer und schwarz ist wie ein Fass, nur von den großäugigen Automobilen und den seltenen, seltenen Passanten belebt, die zum Inventar der nächtlichen Wüste gehören. Damals blieben Petersburg einzig Kopf und Nerven übrig.

Schwer ist mir in meinem Pelz, wie nun ganz Sowjetrussland das gelegentliche Sattsein schwer ist, die gelegentliche Wärme, die unbehagliche Wohltat, die von einer fremden Schulter kommt. Ich gehe in ihm so schnell wie möglich am Schaufenster eines Delikatessengeschäftes vorüber, beeile mich, meinen Bekannten zu erzählen, dass ich ihn ganz billig bekommen habe. Am meisten jedoch schäme ich mich für meinen Pelz vor dem alten Mütterchen, das in unserer Küche haust. Im vergangenen Herbst war sie nur in der Absicht nach Moskau gereist, die Sachen ihres verstorbenen Sohnes abzuholen; auf dem Rückweg rieten ihr gute Leute, ihre Sachen zum Gepäck zu geben, und stahlen daraus ihre ganzen kläglichen Habseligkeiten, alles, aber auch wirklich alles, was sie sich in ihrem Leben erarbeitet hatte.

1922

DER SOWJETSCHRIFTSTELLER
UND DIE OKTOBERREVOLUTION

Die Oktoberrevolution *musste* meine Arbeit beeinflussen, da sie mir die »Biographie« wegnahm, das Gefühl einer persönlichen Bedeutsamkeit. Ich bin ihr dankbar dafür, dass sie ein für alle Mal Schluss gemacht hat mit dem geistigen Versorgtsein und einem Leben auf Kulturrente ... Ich fühle mich als Schuldner der Revolution, bringe ihr jedoch Gaben dar, die sie vorläufig noch nicht benötigt.

Die Frage, wie der Schriftsteller zu sein habe, ist für mich vollkommen unverständlich: Sie zu beantworten käme dem Willen gleich, sich den Schriftsteller zu erfinden, und dies wiederum hieße, für ihn seine Werke zu schreiben.

Bei aller Bedingtheit und Abhängigkeit des Schriftstellers von den Wechselbeziehungen der gesellschaftlichen Kräfte bin ich außerdem fest davon überzeugt, dass die moderne Wissenschaft über keinerlei Mittel verfügt, das Erscheinen erwünschter Schriftsteller dieser oder jener Art hervorzurufen. Da sich die Eugenetik in einem rudimentären Stadium befindet, könnten kulturelle Kreuzungen und Pfropfungen jeglichen Typus die unerwartetsten Resultate ergeben. Die Bereitstellung von Lesern ist eher möglich; dafür gibt es auch ein direktes Mittel – die Schule.

1928

VIERTE PROSA

**

Es ist so weit gekommen, dass ich im literarischen Handwerk nur noch das wilde Fleisch schätze, nur den wahnsinnigen Auswuchs:

Und verwundet bis hinein ins Mark
War die Schlucht vom Schrei des Falken –

das ist es, was ich brauche.

Sämtliche Werke der Weltliteratur teile ich ein in genehmigte und solche, die ohne Genehmigung geschrieben wurden. Die Ersteren sind schmutziges Zeug, die Letzteren – gestohlene Luft. Den Schriftstellern, die im Voraus genehmigte Dinge schreiben, möchte ich ins Gesicht spucken, ihnen mit dem Stock eins überziehen und sie im Herzen-Haus an einen Tisch setzen, jedem ein Glas Polizei-stubentee hinstellen und eine Urinprobe von Gornfeld in die Hand geben.

Diesen Schriftstellern würde ich verbieten, Ehen einzugehen und Kinder zu haben. Wie können sie Kinder haben – Kinder müssten doch an unsrer Stelle weiterfahren, an unsrer Stelle das Aller-wesentlichste zum Ausdruck bringen: Und dies in einer Zeit, da die Väter für drei Generationen im Voraus an einen pockennarbigen Teufel verkauft sind.

So weit ein Seitchen Literatur.

★★

Ich habe keine Manuskripte, keine Notizbücher, keine Archive. Ich habe keine Handschrift, weil ich niemals schreibe. Ganz allein in Russland arbeite ich nach der Stimme, doch ringsum schreibt das dickfellige Pack. Was zum Teufel bin ich für ein Schriftsteller! Raus mit euch, ihr Dummköpfe!

Dafür habe ich viele Bleistifte, alle gestohlen und in bunten Farben. Zuspitzen kann man sie mit einem »Gillette«-Rasierer-chen.

Die kleine Gillette-Rasierklinge mit ihrem leicht schartigen und geneigten Rand ist mir immer als eines der vornehmsten Erzeug-nisse der Stahlindustrie erschienen. Die gute Gillette-Klinge schnei-det wie ein Riedgras, lässt sich biegen, doch bricht nicht in der Hand – ein wenig Visitenkarte eines Marsmenschen, ein wenig

Notizzettelchen eines gewissenhaften Teufels mit dem in der Mitte hineingebohrten Loch.

Die kleine Gillette-Rasierklinge ist das Erzeugnis eines Todes-Trusts, dem als Aktieninhaber ganze Rudel amerikanischer und schwedischer Wölfe angehören.

★★

Ich bin Chinese, niemand versteht mich. Holterdiepolter! Fahren wir nach Alma-Ata, wo Menschen mit Rosinenaugen wohnen, wo der Perser einhergeht mit seinen Augen wie Spiegeleier, wo der Sarte mit seinen Hammelaugen stolziert.

Holterdiepolter! Fahren wir nach Aserbeidschan! Ich hatte einen Schirmherrn, den Volkskommissar Mrawjan-Murawjan-Ameisen-mann, Volkskommissar der armenischen Erde, dieser jüngeren Schwester der judäischen. Er schickte mir ein Telegramm.

Gestorben ist er, mein Schirmherr – der Volkskommissar Mrawjan-Murawjan. Im Eriwaner Ameisenhaus gibt's den schwarzhaarigen Volkskommissar nicht mehr. Nun kommt er nicht mehr nach Moskau gefahren im internationalen Eisenbahnwaggon, naiv und neugierig wie ein Geistlicher aus einem türkischen Dorf.

Holterdiepolter! Fahren wir nach Aserbeidschan! Ich hatte einen Brief an den Volkskommissar Mrawjan. Brachte ihn den Sekretären in einer armenischen Villa an der saubersten Botschaftsstraße Moskaus. Beinahe wäre ich nach Eriwan gefahren, um im Auftrag des altertümlichen Volkskommissariates für Bildung und Erziehung rundköpfigen Jünglingen in der armen Klosteruniversität ein furcht-erregendes Seminar zu erteilen.

Führe ich nach Eriwan, würde ich während dreier Tage und Nächte an den Stationen aussteigen, in große Bahnhofsbüfetts treten und Brotscheiben mit schwarzem Kaviar essen.

Holterdiepolter!

Unterwegs würde ich das beste Buch von Sostschenko lesen und mich darüber freuen wie ein Tatar, der hundert Rubel gestohlen hat.

Holterdiepolter! Fahren wir nach Aserbeidschan!

Im gelben Strohkorb nähme ich den Mut mit mir, zusammen mit einem ganzen Haufen nach Lauge duftender Wäsche, und mein Pelz hinge an einem goldenen Nagel. Und im Bahnhof von Eriwan würde ich aussteigen mit dem Winterpelz in der einen Hand und dem Altmännerstock – meinem Hebräerstab – in der anderen.

**

Es gibt einen herrlichen russischen Vers, den zu wiederholen ich nicht müde werde in den Moskauer Hundenächten, einen Vers, durch dessen Beschwörungskraft gehörnte Höllengeister vertrieben werden. Ratet, meine Freunde, um welchen Vers es sich handelt – als Schlittenkufe schreibt er in den Schnee, als Schlüssel kreischt er im Schloss, als Frost schießt er ins Zimmer herein:

… Hab keine Unglücklichen erschossen in den Gefängnissen …

Dies ist ein Symbol der Zuversicht, dies ist der authentische Kanon eines wirklichen Schriftstellers, des Todfeindes der Literatur.

Im Herzen-Haus wacht ein gewisser Milchsuppenvegetarier, Philologe mit Chinesenköpfchen – kommt angetrippelt, chao-chao, schango-schango, wenn Köpfe abgehackt werden, von der Sorte derer, die auf Zehenspitzen über die blutige sowjetische Erde gehen, ein gewisser Mitka Blagoj, von den Bolschewiken zum Wohle der Wissenschaft zugelassenes Miststück aus dem Lyzeum. Der wacht also in einem Spezialmuseum über den Strick, mit dem sich Serjoscha Jessenin erhängt hat.

Ich jedoch sage: zu den Chinesen mit Blagoj, nach Schanghai mit ihm, zu den Chinesianern, wo er hingehört! Was war einst das Mütterchen Philologie, und was ist aus ihm geworden … War ganz Blut, ganz Unversöhnlichkeit, und ist Bastard, ist ergebenste Duldsamkeit geworden …

**

Nein, so gewährt mir doch meine Gerichtsverhandlung! Gestattet doch, dass die Dinge ins Protokoll aufgenommen werden ... Lasst mich mich selbst sozusagen der Akte einverleiben. Beraubt mich nicht, so bitte ich euch inständig, meines Prozesses ... Das Verfahren ist noch nicht abgeschlossen und, so wage ich euch zu versichern, wird niemals abgeschlossen sein. Was bisher geschah, war nur die Ouvertüre. Die Sängerin Bosio höchstpersönlich wird bei meinem Prozess singen. Bärtige Studenten in karierten Plaids, die sich unter die mit Pelerinen bekleideten Gendarmen gemischt haben, werden, angeführt von einem Ziegenbock und Chordirigenten, in ungestümer Begeisterung, als sei's ein Tanzlied, »Ewiges Andenken« singen und einen Polizeisarg mit den Überresten meiner Angelegenheit aus dem verqualmten Saal des Kreisgerichtes tragen.

Papa, Papa, Papachen,
Wo ist denn dein Mamachen?
Es packen dich die schwarzen Pocken
Des Klubs, wo Schreiberlinge hocken.
Und Mamas Augen – halb schon blind,
Den Todesfaden her geschwind ...

Alexander Iwanowitsch Herzen! Gestatten Sie, dass ich mich vorstelle ... Es scheint, dass da in Ihrem Hause ... Sie als Hausherr sind doch in einem gewissen Sinne verantwortlich ...

Sie haben geruht ins Ausland zu fahren? Hier ist in der Zwischenzeit eine unangenehme Sache vorgefallen ... Alexander Iwanowitsch! Werter Herr! Was soll ich nur tun?! Es gibt absolut keinen, an den ich mich wenden könnte!

∗∗

In einem bestimmten Jahr meines Lebens bekundeten erwachsene Männer von jenem Stamm, den ich mit allen Kräften meiner Seele hasse, dem ich nicht angehören will und niemals angehören werde, die Absicht, an mir kollektiv ein schändliches und widerliches

Ritual zu vollziehen. Der Name des Rituals – literarische Beschneidung oder Entehrung, die gemäß dem Brauch des Schreiberstammes und nach kalendarischen Erfordernissen vollzogen wird, wobei der Ältestenrat das Opfer auswählt.

Ich bestehe auf der Ansicht, dass das Schreibertum in der Art, wie es sich in Europa und insbesondere in Russland herausgebildet hat, unvereinbar ist mit dem ehrenvollen Titel eines Juden, auf den ich stolz bin. Mein Blut, schwer geworden vom Erbe der Schafzüchter, Patriarchen und Könige, rebelliert gegen die verschlagene Zigeunerbrut des Schreiberstammes. Noch als Kind hat mich eine krächzende Bande ungewaschener Romanis entführt und hat eine Anzahl Jahre auf ihren unflätigen Reiserouten in der vergeblichen Bemühung vertan, mir ihr einziges Handwerk, ihre einzige Kunst beizubringen – den Diebstahl.

Schreibertum ist eine Rasse mit widerwärtigem Hautgeruch und den schmutzigsten Methoden der Essenszubereitung. Es ist eine nomadisierende Rasse, die in ihrem eigenen Erbrochenen die Nacht zubringt, aus den Städten verbannt, in den Dörfern gejagt ist, doch allüberall der Macht nahesteht, die ihr wie den Prostituierten in den Abschaumvierteln einen Platz zuweist. Denn die Literatur erfüllt allüberall die eine Bestimmung: Sie hilft den Befehlshabern, die Soldaten bei Gehorsam zu halten, und den Richtern, die Verurteilten der Vollstreckung zuzuführen.

Der Schriftsteller ist ein Gemisch aus Papagei und Pope. Er ist ein Plapperchen im wahrsten Sinne des Wortes. Er spricht französisch, wenn sein Herr Franzose ist, wird er jedoch nach Persien verkauft, sagt er auf Persisch: »Plapperchen – Dummkopf« oder »Plapperchen will Zucker«. Der Papagei hat kein bestimmtes Alter und kennt weder Tag noch Nacht. Wird der Hausherr seiner überdrüssig, deckt man ihn zu mit einem schwarzen Tuch, und dies ist für die Literatur ein Surrogat der Nacht.

**

Es waren zwei Brüder Chénier – der verachtungswürdige jüngere gehört ganz der Literatur, der hingerichtete ältere hat diese seinerseits hingerichtet.

Gefängnisaufseher lieben Romanlektüre und benötigen die Literatur mehr als irgendwer.

In einem bestimmten Jahr meines Lebens erhoben erwachsene bärtige Männer in behörnten Fellmützen einen Feuersteindolch über mir zum Zwecke meiner Kastration. Allen Anzeichen nach mussten es die Priester ihres Stammes sein: Sie rochen nach Zwiebeln, Romanen und Ziegenfleisch.

Und alles war schrecklich, wie im Traum des Kleinkindes. *Nel mezzo del cammin di nostra vita* – in der Mitte des Lebensweges wurde ich im sowjetischen Waldesdickicht von Räubern angehalten, die sich als meine Richter bezeichneten. Es waren Greise mit sehnigen Hälsen und kleinen Gänseköpfen, die unwürdig waren, die Last ihrer Jahre zu tragen.

Das erste und einzige Mal in meinem Leben hätte ich die Literatur gebraucht, und sie machte sich daran, mich zu zerknüllen, zu brechen und zu erdrücken, und alles war schrecklich wie im Traum des Kleinkindes.

**

Ich trage die moralische Verantwortung dafür, dass der Verlag »Land und Fabrik« sich nicht mit den Übersetzern Gornfeld und Karjakin abgesprochen hat. Ich, ein Kürschner kostbarer Pelze, der beinah erstickt wäre unter der Pelzware Literatur, trage die moralische Verantwortung dafür, dass ich in einem Petersburger Schurken den Wunsch geweckt habe, in seiner Schmähanekdote den warmen Gogol'schen Pelz zu beschwören, der in der Nacht auf einem großen Platz dem allerältesten Komsomolzen, Gogols Akakij Akakijewitsch, von den Schultern gerissen wurde. Ich reiße selbst den Pelz der Literatur von meinen Schultern und zertrete ihn mit meinen Füßen. Nur mit der Joppe auf den Schultern werde ich bei dreißig Grad unter null dreimal alle Ringstraßen Moskaus ablaufen.

Ich werde aus dem gelben Krankenhaus unter den Komsomol-Arkaden weglaufen, der tödlichen Verkühlung entgegen, nur um die zwölf erleuchteten Judasfenster des unflätigen Hauses am Twerskoj-Boulevard nicht sehen zu müssen, nur um das Klirren der Silberlinge und das Abzählen der Druckbogen nicht hören zu müssen.

★★

Verehrte Zigeuner vom Twerskoj-Boulevard, wir haben zusammen einen Roman geschrieben, den ihr euch nicht einmal hättet träumen lassen. Ich liebe es, meinem Namen auf offiziellen Papieren zu begegnen, auf Vorladungen des Gerichtsvollziehers und anderen schroffen Dokumenten. Hier klingt der Name völlig objektiv: ein Klang, der neu ist für das Ohr und, das muss man zugeben, durchaus interessant. Manchmal wundere ich mich selbst darüber: dass ich alles so mache, wie es sich nicht gehört. Was ist das für ein Früchtchen, dieser Mandelstam, der seit soundso viel Jahren dies und das zu tun hätte und sich, so ein Schuft, immer wieder drückt? ... Wird der sich noch lange drücken können? Deshalb werden mir auch die Jahre nicht zum Vorteil: Andere sind mit jedem Tag achtbarer, ich jedoch nur das Gegenteil – gegen den Strom der Zeit.

Ich bin schuldig. Zweierlei Meinungen kann's da nicht geben. Ich schaffe es nicht, mich aus meiner Schuldigkeit wegzustehlen. Ich lebe in der Zahlungsunfähigkeit. Rette mich in die Drückebergerei. Werde ich mich noch lange drücken können?

Wenn dann die blecherne Vorladung kommt oder die in ihrer Einfachheit griechisch anmutende Ermahnung vonseiten einer gesellschaftlichen Organisation, die Forderung, die Namen meiner Komplizen herauszugeben, meine diebischen Aktivitäten einzustellen, darzutun, wo ich das Falschgeld hernehme, unterschriftlich zu versichern, dass ich die mir angewiesenen Grenzen nicht überschreiten werde – dann gebe ich für einen Augenblick meine Einwilligung, doch gleich darauf beginne ich, als ob nichts geschehen wäre, mich von neuem zu verdrücken und so weiter, ohne Ende.

Erstens bin ich weiß ich wo entlaufen, und man hat mich zurückzubringen, ausfindig zu machen, aufzuspüren und weiterzuleiten. Zweitens hält man mich für einen anderen. Zu einer Abklärung der Identität reicht es nicht mehr. In den Taschen allerlei Krimskrams: chiffrierte Notizen vom vorigen Jahr, Telefonnummern verstorbener Verwandter und irgendwelche Adressen. Drittens habe ich mit Beelzebub alias Staatsverlag einen grandiosen, unmöglich einzuhaltenden Vertrag auf Whatman-Papier unterzeichnet, das leicht mit Senf bestrichen und mit Schmirgelpulver gepfeffert war, einen Vertrag, in welchem ich mich verpflichtet habe, alles Bezogene verdoppelt zurückzuzahlen, alles widerrechtlich Einverleibte vervierfacht wieder auszuspucken und sechzehnmal hintereinander zunächst das Unmögliche zu tun, darauf das Unvorstellbare und dann das Allereinzige, was mich, wenn auch nur zu einem Teil, hätte rechtfertigen können.

Mit jedem Jahr werde ich durchtriebener. Wie mit der stählernen Lochzange des Schaffners bin ich gänzlich durchlöchert und abgestempelt von meinem eigenen Familiennamen. Wenn man mich höflich mit Vor- und Vatersnamen anspricht, zucke ich jedes Mal zusammen, kann mich überhaupt nicht daran gewöhnen – welch eine Ehre! Hätte irgendwer Iwan Mojssejitsch nur einmal im Leben so genannt! ... He da, Iwan, striegle die Hundefelle! Mandelstam, striegle die Hundefelle! Zum kleinen Franzosen – *cher Maître,* werter Meister, und zu mir: Mandelstam, striegle die Hundefelle! Jedem, was ihm zukommt.

Ich bin ein alternder Mensch, ein abgenagtes Stück Herz, und striegle die Herrenhunde – und es ist ihnen immer noch nicht genug, immer noch nicht genug ... Mit Hundezärtlichkeit schauen mich russische Schriftstelleraugen an und flehen: So krepier doch! Woher nur rührt diese Lakaienmissgunst, diese liebedienernde Verachtung meinem Namen gegenüber? Ein Zigeuner hatte nur ein Pferd, doch ich bin Zigeuner wie Pferd in einer Person ...

Blecherne Vorladungsbriefchen unters Kopfkissen ... Das sechsundvierzigste Verträglein anstelle eines Kranzes und hunderttausend glimmende Zigarettenstummel anstelle von Kerzen ...

**

Sosehr ich mich auch anstrengen mag und selbst wenn ich Pferde auf meinem Rücken tragen würde und Mühlsteine drehen machte, werde ich dennoch nie ein Werktätiger sein können. Meine Arbeit wird, wie immer sie sich äußern möge, als Ungezogenheit aufgenommen, als Gesetzlosigkeit, als etwas Zufälliges. Aber dies ist ja mein Wille, ich bin damit einverstanden. Ich unterschreibe mit beiden Händen.

Hier ein anderer Zugang: Für mich ist beim Kringel das Loch in der Mitte von Wert. Doch was ist dann mit dem Kringelteig? Den Kringel kann man wegknabbern, das Loch jedoch besteht weiter.

Wirkliche Arbeit ist eine Brüsseler Spitze – das Wichtigste an ihr ist das, worauf das Muster sich hält: Luft, Durchstiche, Atempausen.

Doch mir, ihr Brüderchen, bringt die Arbeit keinen Nutzen, sie wird mir als Dienstzeit nicht angerechnet.

Wir besitzen eine Bibel der Arbeit, wissen sie jedoch nicht zu schätzen. Es sind die Erzählungen Sostschenkos. Den einzigen Menschen, der uns den Werktätigen gezeigt hat, haben wir in den Schmutz gestoßen. Ich jedoch fordere Denkmäler für Sostschenko in allen Städten und Provinzflecken der Sowjetunion oder dann wenigstens eines im Sommergarten, wie für Großvater Krylow.

Das ist einer, bei dem jene Pausen frei atmen, einer, bei dem die Brüsseler Spitze wirklich lebt!

Nachts auf der Iljinka, wenn die staatlichen Kaufhäuser und Trusts schlafen und in ihrem vertrauten Chinesisch miteinander plaudern, nachts auf der Iljinka, da machen Anekdoten die Runde. Lenin und Trotzkij gehen da Arm in Arm, als ob nichts wäre. Der eine von beiden trägt ein Eimerchen sowie eine Angelrute aus Konstantinopel in der Hand. Zwei Juden gehen da, das unzertrennliche Paar – der eine ist der Frager, der andere antwortet, der eine fragt immerzu, fragt immerzu, und der andere schwindelt sich immer heraus, schwindelt sich immer heraus, und die beiden können sich einfach nicht trennen.

Da geht ein deutscher Leiermann mit einem Leierkasten wie bei Schubert, ein Unglücksvogel, ein Vagant … *ICH BIN ARM*. Ich bin arm.

Schlaf, du meine liebe … Moskauer Kon-su-men-ten-ver-ei-ni-gung …

Der Wij-Geist liest auf dem Roten Platz in einem Telefonbuch. Ziehen Sie mir die Augenlider hoch … Verbinden Sie mich mit dem Zentralkomitee …

Armenier aus der Stadt Eriwan gehen da mit grün gefärbten Heringen. *ICH BIN ARM* – ich bin arm.

Doch in Armawir steht auf dem Stadtwappen geschrieben: Der Hund bellt, der Wind trägt es weiter.

1929/1930

DIE REISE NACH ARMENIEN

Die Insel Sewan fällt auf durch zwei sehr würdige Architekturdenkmäler des 7. Jahrhunderts sowie durch die Erdhütten, die unlängst ausgestorbenen, verlausten Einsiedlern gehört haben und dicht von Brennnesseln und Disteln überwachsen, doch nicht furchteinflößender als verwilderte Landhauskeller sind. Ich lebte da einen Monat lang, genoss die viertausend Fuß betragende Höhe des Seewasserspiegels und erzog mich zur Betrachtung der zwanzig bis dreißig Grabmäler, die inmitten der von Erneuerungsarbeiten verjüngten Klostergebäude wie in einem Blumenbeet verstreut waren.

Jeden Tag, pünktlich zwischen vier und fünf Uhr, begann der forellenreiche See zu brodeln, als sei eine große Prise Soda hineingeworfen worden. Es war im vollen Wortsinn eine Mesmerische Séance des Wetterumschlags, geradeso, als hätte ein Medium auf das bis dahin ruhige Kalkwasser zuerst ein närrisches Kräuseln, dann ein Aufbrausen wie von Vögeln und schließlich die ungestüme Alberei des Ladoga-Sees losgelassen.

Dann konnte man sich das Vergnügen nicht versagen, auf dem schmalen Pfad des Strandes dreihundert Schritte abzumessen, dem finsteren Ufer von Areguni genau gegenüber.

Hier bildet der Goktscha-See eine Enge, die etwa fünfmal so breit ist wie die Newa. Ein herrlicher, salzfreier Wind drang pfeifend in die Lungen ein. Die Geschwindigkeit der Wolkenbewegung nahm mit jeder Minute zu, und die Brandung, als Begründerin des Buchdrucks, eilte sich, binnen einer halben Stunde unter dem schwer in Falten gelegten Himmel von eigener Hand eine fette Gutenbergbibel herauszugeben.

Die Kinder machten nicht weniger als siebzig Prozent der Inselbevölkerung aus. Wie wilde Tierchen kletterten sie über die Grabmäler der Mönche, bombardierten einmal einen friedlichen, im Wasser versunkenen Baumstumpf, da sie seine eisigen Krämpfe in der Tiefe für die Zuckungen einer Meeresschlange hielten, brachten dann aus feuchten Schlupfwinkeln bürgerliche Kröten und Nattern mit juwelenartigen, weiblichen Köpfchen hervor und jagten ein andermal einen verstörten Hammel hin und her, der überhaupt nicht verstand, wem sein armer Körper im Wege stehen könnte, und seinen auf der offenen Weide reichlich fett gewordenen Schwanz schüttelte.

Die hochgewachsenen Steppengräser auf einem windgeschützten Buckel der Insel Sewan waren so kräftig, saftvoll und selbstsicher, dass man sie mit einem eisernen Kamm hätte kämmen mögen.

Die ganze Insel war homerisch mit gelben Knochen besät – Überreste frommer Picknicks von Leuten der Umgebung.

Außerdem war sie buchstäblich mit feuerroten, namenlosen Grabplatten ausgepflastert, die schräg emporragten, wackelten und abbröckelten.

Gleich zu Beginn meines Aufenthaltes traf die Nachricht ein, dass Erdarbeiter, die auf der ausgedehnten und trostlosen Landzunge von Zamakaberd für das Fundament eines Leuchtturms eine Grube aushoben, auf ein Gefäßgrab des außerordentlich alten Volkes der Urartäer gestoßen seien. Schon früher hatte ich im Museum von Eriwan ein in sitzender Haltung zusammengekrümmtes Skelett gesehen, das in einer großen, tönernen Amphora untergebracht war und im Schädel ein kleines Loch aufwies, das man für den bösen Geist gebohrt hatte.

Frühmorgens wurde ich vom Rattern eines Motors geweckt. Der Laut trat auf der Stelle. Zwei Mechaniker wärmten das winzige Herz des epileptischen Motors auf, begossen es mit Masut. Doch der Zungenbrecher (etwas in der Art von »nicht getrunken – nicht gegessen, nicht getrunken – nicht gegessen«) war kaum in Gang gekommen, als er wieder erlosch und auf dem Wasser verhallte.

Professor Chatschaturjan, dessen Gesicht mit Adlerhaut bespannt war, unter der alle Muskeln und Bänder durchnummeriert und mit ihrem lateinischen Namen auftraten, ging in seinem langen schwarzen Gehrock von osmanischem Zuschnitt bereits auf dem Landungssteg auf und ab. Nicht nur Archäologe, sondern auch

Pädagoge aus Berufung, hatte er den größten Teil seines aktiven Lebens als Direktor des armenischen Gymnasiums in Kars verbracht. Als man ihm einen Lehrstuhl im sowjetischen Eriwan anbot, brachte er sowohl seine Treue zur indoeuropäischen Theorie als auch eine blinde Feindschaft gegenüber den japhetitischen Hirngespinsten Marrs mit hierher sowie eine verblüffende Unkenntnis der russischen Sprache wie Russlands überhaupt, wo er nie gewesen war.

Nachdem wir mit Mühe und Not auf Deutsch ins Gespräch gekommen waren, setzten wir uns mit Karinjan, dem ehemaligen Vorsitzenden des armenischen Zentralexekutivkomitees, in die Barkasse.

Dieser vollblütige und ehrgeizige Mann, der zur Untätigkeit, zum Zigarettenrauchen und zu einer so wenig heiteren Zeitverschwendung wie der Lektüre einer proletarischen Literaturzeitschrift verurteilt war, entwöhnte sich mit sichtlicher Mühe seiner offiziellen Verpflichtungen, und die Langeweile hatte auf seinen geröteten Wangen den Abdruck ihrer fettigen Küsse hinterlassen.

Der Motor murmelte »nicht getrunken – nicht gegessen«, als wollte er Karinjan Meldung erstatten, und das Inselchen lief schnell nach hinten weg und bog seinen Bärenrücken mit den achteckigen Klostertürmen gerade. Ein Schwarm von Kriebelmücken begleitete die Barkasse, und wir fuhren in ihm wie in einem Musselingewebe über den morgendlich gallertigen See.

In der Grube konnten wir tatsächlich sowohl Tonscherben als auch Menschenknochen feststellen und fanden darüber hinaus auch noch einen Messergriff mit dem Zeichen der alten russischen Firma N. N.

Übrigens habe ich mit Ehrfurcht ein poröses, verkalktes Kämmerchen von irgendeinem Schädelgehäuse in mein Taschentuch eingewickelt.

Das Leben auf jeder Insel – sei es Malta, Sankt Helena oder Madeira – fließt in vornehmer Erwartung dahin. Das hat seinen Reiz und seine Unannehmlichkeit. Jedenfalls sind alle unablässig beschäftigt, senken ganz leicht ihre Stimme und sind dem anderen gegenüber ein wenig aufmerksamer als auf dem großen Festland mit seinen breitschößigen Wegen und seiner verneinenden Freiheit.

Die Ohrmuschel verfeinert sich und erhält eine neue Windung.

Auf Sewan kam zu meinem Glück eine ganze Galerie kluger alter Männer von guter Rasse zusammen – der angesehene Landeskundler Iwan Jakowlewitsch Sagateljan, der bereits erwähnte Archäologe Chatschaturjan und schließlich der lebensfrohe Chemiker Gambarjan.

Ich zog ihre ruhige Gesellschaft und den dichten Kaffeegeschmack ihrer Reden den flachen Gesprächen der jungen Leute vor, die sich, wie überall auf der Welt, um Prüfungen und Sport drehten.

Gambarjan, der Chemiker, spricht Armenisch mit Moskauer Akzent. Heiter und leicht ist er Russe geworden. Er hat ein junges Herz und einen dürren, hageren Körper, ist von sehr angenehmer äußerer Erscheinung und gibt in den Spielrunden einen vortrefflichen Partner ab.

Er war mit einem bestimmten soldatischen Weihöl gesalbt, als sei er eben aus der Regimentskirche zurückgekehrt, was im Übrigen nichts beweist und manchmal auch bei hervorragenden sowjetischen Menschen vorkommt.

Frauen gegenüber ist er ein ritterlicher Mazeppa, der Maria mit Worten allein liebkost; in männlicher Gesellschaft – ein Feind der spöttischen Bemerkungen und der Eitelkeiten. Doch fällt er in ein Streitgespräch ein, ereifert er sich wie ein Fechter aus fränkischen Landen.

Die Bergluft hat ihn verjüngt. Er krempelte die Ärmel hoch, stürzte zum Fischernetz des Volleyball hin und arbeitete trocken mit seiner kleinen Hand.

Was ist über das Klima auf Sewan zu sagen?

– Goldwährung von Kognak im kleinen Geheimschrank der Bergsonne.

Das Glasstäbchen eines ländlichen Thermometers wurde behutsam von Hand zu Hand gereicht. Doktor Herzberg langweilte sich offensichtlich auf der Insel der armenischen Mütter. Er erschien mir wie der blasse Schatten eines Problems à la Ibsen oder wie ein Schauspieler des Moskauer Künstlertheaters in seinem Landhaus.

Die Kinder zeigten ihm ihre schmalen Zünglein, streckten sie für eine Sekunde heraus wie Scheibchen von Bärenfleisch ...

Und gegen den Schluss besuchte uns die Maulseuche, die in Milchkannen vom fernen Ufer von Sajnalu herbeigeschleppt worden war, wo in düsteren russischen Bauernhütten irgendwelche ehemalige Anhänger der Geißler-Sekte sich dem Schweigen hingaben, nachdem ihr Eifer längst erloschen war.

Übrigens griff die Seuche einzig die gottlosen Sewaner Kinder an, für die Sünden der Erwachsenen.

Rauflustige, rauhaarige Kinder neigten sich eines nach dem andern in reifem Fieber auf die Arme der Frauen, auf die Kissen.

Einmal kam Gambarjan auf den Gedanken, sich mit dem Komsomolzen Cha. zu messen und den ganzen Wanst der Insel Sewan zu umschwimmen. Das sechzigjährige Herz hielt nicht durch, und der ebenfalls entkräftete Cha. war gezwungen, den Partner zu verlassen, kehrte zum Start zurück und warf sich halbtot auf das Ufergeröll. Zeugen des Unglücks waren die vulkanischen Mauern des Insel-Kremls gewesen, die jeden Gedanken an eine Landung ausschlossen ...

War das eine Aufregung. Ein Rettungsboot gab es nicht auf Sewan, wenn auch ein entsprechender Antrag bereits schriftlich vorlag.

Die Menschen begannen auf der Insel hin und her zu laufen, stolz auf ihr Wissen von einem nicht wiedergutzumachenden Unglück. Die nicht zu Ende gelesene Zeitung begann in den Händen wie Blech zu dröhnen. Der Insel wurde übel wie einer schwangeren Frau.

Wir hatten weder ein Telefon noch Brieftauben für die Verbindung zum Ufer. Die Barkasse war etwa zwei Stunden zuvor nach

Jelenowka abgefahren, und wie man auch das Ohr anstrengen mochte – nicht einmal ihr Rattern war auf dem Wasser zu hören.

Als die von Karinjan geleitete Expedition, die eine Decke, eine Flasche Kognak und alles Nötige mitgenommen hatte, einen vor Kälte starren, jedoch lächelnden Gambarjan herbeiführte, der auf einem Fels liegend gefunden worden war, empfing man ihn mit Applaus. Es war die herrlichste Beifallsbezeugung, die ich in meinem Leben zu hören bekommen habe: Man bejubelte einen Menschen für die Tatsache, dass er noch kein Leichnam war.

Auf einem Ausflug, der glücklicherweise ohne Chorgesang auskam, führte man uns in den Fischereihafen von Noradus, wo mich die Barke eines vollkommen reisefertigen Lastschiffes verblüffte, die im Rohzustand auf den Wippgalgen der Werft gezogen war. Ihre Größe entsprach gut derjenigen des Trojanischen Pferdes, und die frischen musikalischen Proportionen erinnerten an den Klangkörper einer Bandura.

Ringsum kräuselten sich die Späne. Das Salz zerfraß die Erde, und die Schuppen der Fische blinzelten einem zu wie Quarzplättchen.

In der Kantine, die, wie alles in Noradus, aus Baumstämmen gefertigt war und an die Zeiten Peters des Großen denken ließ, schöpfte man einem nach dem andern die gemeinsame dicke Kohlsuppe mit Hammelfleisch.

Die Arbeiter merkten, dass wir keinen Wein bei uns hatten, und füllten, wie es sich für richtige Hausherren gehört, unsere Gläser.

Ich trank in meinem Geist auf die Gesundheit des jungen Armenien mit seinen Häusern von orangefarbenem Stein, auf die Volkskommissare mit den weiß leuchtenden Zähnen, auf den Schweiß der Pferde und das Getrappel der Menschenschlangen – und auf Armeniens gewaltige Sprache, die zu sprechen wir unwürdig sind und in der wir mit unserem Unvermögen nur beschwörend ausrufen können:

»dschur« – Wasser, auf Armenisch –

und »gjur« – Dorf.

Nie werde ich Arnoldi vergessen.

Er ging leicht hinkend, auf einer orthopädischen Sohle, doch so mutig, dass ihn alle um seinen Gang beneideten.

Die gelehrte Obrigkeit der Insel wohnte in Jelenowka, einem Ort der Milchesser-Sekte, an der Landstraße, wo im Halbdunkel des wissenschaftlichen Exekutivkomitees die in Spiritus eingelegten Gendarmsmäuler von Riesenforellen hellblau schimmerten.

Ach diese Gäste!

Eine amerikanische Jacht, schnell wie ein Telegramm, hatte mit der Lanzette das Wasser aufgeschnitten und sie nach Sewan gebracht. Und Arnoldi trat auf das Ufer – ein Gewitter an Wissenschaft, ein Tamerlan der Gutmütigkeit.

In mir entstand die Vorstellung, dass auf Sewan ein Schmied lebe, der ihn jeweils mit Hufeisen beschlage, und dass er nur deshalb auf der Insel lande, um sich mit diesem Schmied zu besprechen.

Nichts ist lehrreicher und bringt mehr Freude, als einzutauchen in die Gesellschaft von Menschen einer vollkommen anderen Rasse, die man hochachtet, mit der man fühlt, auf die man selbst als Außenstehender stolz ist. Die Lebensfülle der Armenier, ihre raue Zärtlichkeit, ein edler Arbeitseifer, ihre unerklärliche Abneigung gegen jede Metaphysik und die herrliche Vertrautheit mit der Welt der realen Dinge – all das sprach mir zu: Du bist hellwach, hab keine Angst vor deiner Zeit, verstell dich nicht.

Lag der Grund dafür nicht in der Tatsache, dass ich mich im Kreis eines Volkes befand, das für seine überschäumende Tätigkeit gepriesen wird und dennoch nicht nach der Bahnhofsuhr und nicht nach der Bürouhr, sondern nach der Sonnenuhr lebt, die ich auf den Ruinen von Swartnoz gesehen habe, in der Gestalt eines astronomischen Rades oder einer in den Stein eingeschriebenen Rose?

Da dehnte ich das Sehvermögen aus und tauchte das Auge ins weite Glas des Meeres ein, damit jegliches Staubkorn und jede Träne aus ihm heraustrete.

Ich dehnte das Sehvermögen wie einen Handschuh aus Glacéleder und spannte es auf einen Leisten – auf den blauen Kreis des Meeres …

Schnell und gierig, mit feudaler Unbändigkeit, musterte ich die Besitzungen meiner Sichtweite.

So versenkt man das Auge ins vollgegossene weite Glas, damit das Staubkorn heraustrete.

Und ich begann zu begreifen, was die Verpflichtung der Farbe ist – Erregtheit von hellblauen und orangefarbenen Sporttrikots – und dass die Farbe nichts anderes ist als das Gefühl des Starts, geschmückt durch die Distanz und eingeschlossen in den Umfang.

Die Zeit im Museum kreiste gemäß der Sanduhr. Der ziegelfarbene Rückstand zog sich zusammen, das Gläschen leerte sich, und dann aus dem oberen Schrein ins untere Fläschchen derselbe Strahl von goldenem Samum.

Grüß dich, Cézanne! Herrlicher Großvater! Großer, unermüdlicher Arbeiter. Beste Eichel der französischen Wälder.

Seine Malerei ist beim Dorfnotar auf dem Eichentisch beglaubigt worden. Er ist unerschütterlich wie ein Vermächtnis, das mit klarem Verstand und beharrlichem Erinnerungsvermögen aufgesetzt wurde.

Doch mich fesselte eine *Nature morte* des Alten. Rosen, die zweifellos am selben Morgen geschnitten worden waren; prall gefüllte, dicht gerollte, besonders junge Teerosen. Ganz genau wie Kugeln von gelbem Sahneeis.

Hingegen empfand ich eine Abneigung bei Matisse, dem Maler der Reichen. Die rote Farbe seiner Gemälde zischt wie Soda. Die Freude saftvoller Früchte ist ihm unbekannt. Sein mächtiger Pinsel heilt das Sehvermögen nicht, sondern verleiht ihm die Kraft eines Stieres, so dass das Blut in die Augen schießt.

Was soll ich mit diesen Schachbrett-Teppichen und Odalisken! Schah-Launen eines Pariser *Maître!*

Die billigen Gemüsefarben van Goghs wurden bei einer unglücklichen Gelegenheit für zwanzig Sous erstanden.

Van Gogh speit Blut, wie der Selbstmörder, der in möblierten Zimmern gewohnt hat. Die Bretter des Fußbodens im Nachtcafé sind gebogen und strömen wie eine Rinne in elektrischer Raserei. Und der enge Trog des Billardtisches erinnert an den Holzblock eines Sarges.

Noch nie habe ich solch ein bellendes Kolorit gesehen!

Und seine schaffnerhaften Gemüsegartenlandschaften! Von ihnen hat man soeben mit einem feuchten Lappen den Ruß der Vorortszüge abgewischt.

Seine Leinwände, auf denen die Eierspeise der Katastrophe zerrieben wurde, sind anschaulich wie visuelle Lernhilfen – die Karten der Berlitz-Schule.

Die Besucher rücken vor in winzigen Kirchenschrittchen.

Jedes Zimmer hat sein eigenes Klima. Im Zimmer Claude Monets herrscht Flussluft. Beim Betrachten von Renoirs Wasser fühlt man Blasen auf den Handflächen, als ob man sie beim Rudern wund gerieben hätte.

Signac hat eine Sonne aus Mais erfunden.

Eine Bilderklärerin führt Kultürler hinter sich her.

Man schaut hin und meint: Ein Magnet zieht eine Ente an.

Ozenfant hat – mit roter Kreide und weißem Griffel auf schwarzem Schieferhintergrund – etwas Erstaunliches hergestellt, indem er die Formen der Glasbläserkunst und der zerbrechlichen Laborgefäße modulierte.

Und auch der blaue Jude Picassos hat sich vor euch verneigt, und die trüb himbeerfarbenen Boulevards Pissarros, die dahinfließen wie die Räder einer riesigen Lotterie, mit den Droschkengehäusen, welche die Angelrutenpeitschen hochgerissen haben, und mit den Fetzen verspritzten Gehirns auf Kiosken und Kastanien.

Doch ist es nicht genug?

Schon langweilt sich dort auf der Schwelle die Verallgemeinerung.

All jenen, die von der harmlosen Pest des naiven Realismus genesen sind, würde ich das folgende Verfahren der Bildbetrachtung empfehlen:

Auf keinen Fall eintreten wie in eine Kapelle. Nicht außer sich geraten, nicht erstarren, nicht an den Gemälden kleben …

Im Promenadenschritt, wie auf dem Boulevard – hindurch!

Zerteilt die großen Temperaturwogen des Ölfarbenraumes.

Ruhig, ohne Heftigkeit – wie die Tatarenkinder in Aluschta ihre Pferde baden – taucht ihr das Auge in eine stofflich neue Umgebung ein. Und erinnert euch, dass das Auge ein edles, doch eigensinniges Tier ist.

Das Stehen vor einem Bild, dem sich die Körpertemperatur des Sehvermögens noch nicht angeglichen, für welches die Kristalllinse noch keine einzig würdige Anpassungsart gefunden hat, entspricht genau einer Serenade im Winterpelz vor einem Doppelfenster.

Wenn dieses Gleichgewicht erreicht ist – und nur dann –, beginnt die zweite Etappe der Wiederherstellung des Bildes, seine Waschung, das Abziehen der gebrechlichen Schale, der barbarischen äußersten und spätesten Schicht, welche das Bild, wie jedes Ding, mit einer sonnendurchfluteten und verdichteten Wirklichkeit verbindet.

Durch die feinsten Säurereaktionen wird das Auge – das Organ, das über die Akustik verfügt, das den Wert der Gestalt anwachsen lässt und seine Errungenschaften vervielfältigt mit Sinnesbeleidigungen, die es über den grünen Klee hätschelt – das Bild zu sich heranheben, denn Malerei ist in weit größerem Maße eine Erscheinung der inneren Sekretion als der Apperzeption, d. h. einer äußerlichen Wahrnehmung.

Der Stoff der Malerei wird ohne Verlust angeordnet, und darin liegt ihr Unterschied zur Natur. Doch die Wahrscheinlichkeit einer Auslosung ist umgekehrt proportional zu ihrer Verwirklichung.

Und erst hier beginnt die dritte und letzte Etappe des Eintretens in ein Bild – die Konfrontation mit der Idee.

Und das reisende Auge überreicht dem Bewusstsein sein Beglaubigungsschreiben. Dann tritt zwischen dem Betrachter und dem Bild eine kühle Übereinkunft in Kraft, etwas in der Art eines diplomatischen Geheimnisses.

Von der Gesandtschaft der Malerei trat ich auf die Straße hinaus.

Unmittelbar nach den Franzosen erschien mir das Sonnenlicht als Phase einer abnehmenden Finsternis, und die Sonne – eingewickelt in Silberpapier.

Bei der Tür eines Genossenschaftsladens stand ein Mütterchen mit seinem Sohn. Der Sohn war schwindsüchtig, ehrfurchtsvoll. Beide in Trauer. Die Frau steckte ein Büschel Radieschen in die Handtasche.

Das Ende der Straße ballte sich, wie durch ein Fernglas zerknüllt, zu einem blinzelnden Klümpchen; und all dies – weit entfernt und trügerisch – wurde in ein Maschennetz gestopft.

ASCHTARAK

Es ist mir gelungen, das Ritual der Wolken am Ararat zu beobachten.

Da gab es die sinkende und aufsteigende Bewegung der Sahne, wenn sie in ein Glas roten Tees einfällt und in lockigen Knollen zergeht.

Im Übrigen bereitet der Himmel über dem Land des Ararat Zebaoth wenig Freude: Er wurde von einer Meise erdacht, im Geiste eines uralten Atheismus.

Der Postkutscherberg, glitzernd vom Schnee, ein kurzes Feld, wie zum Spott mit steinernen Zähnen besät, nummerierte Baracken auf den Baustellen und eine mit Passagieren vollgestopfte Konservendose – da habt ihr die Umgebung von Eriwan.

Und plötzlich – eine Violine, ausgeplündert auf Gärten und

Häuser, zerteilt auf ein System von Regalen, mit Spreizhölzern, Umfassungen, Stangen und Stegen.

Das Dorf Aschtarak hing über dem Murmeln des Wassers wie über einem Drahtgerippe. Die steinernen Körbe seiner Gärten ergäben ein hervorragendes Geschenk für den Koloratursopran bei einem Wohltätigkeitsauftritt.

Das Nachtquartier fand sich in einem weitläufigen Haus mit vier Schlafräumen, das vor der Enteignung Großbauern gehört hatte. Der Kolchosevorstand hatte das Mobiliar hinausgeschüttet und ein Dorfgasthaus eingerichtet. Auf der Terrasse, die den ganzen Samen Abrahams hätte aufnehmen können, grämte sich ein Melkbecken.

Der Obstgarten ist eine Tanzschule für Bäume. Die schülerhafte Schüchternheit der Äpfel, die scharlachrote Schreib- und Lesekunst der Kirschen … So schaut euch ihre Quadrillen an, ihre Ritornelle und Rondos.

Ich hörte dem Zifferngemurmel der Kolchose zu. Ein Regenguss zog über die Berge, und die Stürze der Straßenbäche liefen rascher als gewohnt.

Das Wasser klingelte und schwoll an auf allen Etagen und Regalen Aschtaraks – und ließ ein Kamel durchs Nadelöhr gehen.

Ihren Brief auf achtzehn Blättern, vollgeschrieben in einer Handschrift, die hoch und aufrecht ist wie eine Pappelallee, habe ich erhalten und beantworte ihn hier:

Der erste Aufprall der Sinne auf den Stoff der altarmenischen Architektur.

Das Auge sucht eine Form, eine Idee, erwartet sie – und stößt stattdessen auf das schimmlige Brot der Natur oder eine Pastete aus Stein.

Die Zähne des Sehvermögens zerbröckeln und brechen ab, wenn man zum ersten Mal armenische Kirchen anschaut.

Die armenische Sprache – nicht abzunutzen, Stiefel aus Stein. Ja, natürlich: das dickwandige Wort, Zwischenlagen von Luft in den Halbvokalen. Doch beruht etwa darauf ihr ganzer Zauber? Nein! Woher kommt denn diese Lockung? Wie lässt sie sich erklären und mit Sinn füllen?

Ich habe die Freude erfahren, die es bedeutet, Laute auszusprechen, die für einen russischen Mund verboten sind, geheimnisvolle, verfemte und in einer bestimmten Tiefe vielleicht sogar beschämende.

Herrliches Wasser siedet in einem blechernen Teekessel – und plötzlich wirft man eine Prise wunderbaren schwarzen Tees hinein.

So habe ich die armenische Sprache erlebt.

Ich habe in mir einen sechsten Sinn, den Ararat-Sinn, herangebildet: den Sinn für die Anziehungskraft des Berges.

Wohin es mich jetzt auch verschlägt, er ist bereits auf Erkundung aus und wird es bleiben.

Die kleine Kirche von Aschtarak ist die allergewöhnlichste und für Armenien allersanfteste. Also: Ein Kirchlein mit sechseckiger Scheitelkappe, einem Seilornament entlang dem Dachkarnies und ebensolchen schnurartigen Augenbrauen über dem kargen Mund der rissigen Fenster.

Die Tür ist stiller als Wasser, niedriger als Gras. Ich stellte mich auf die Zehenspitzen und warf einen Blick hinein. Aber da ist ja eine Kuppel, eine Kuppel!

Eine richtige! Wie in Rom, im Petersdom, unter dessen Kuppel vieltausendköpfige Menschenmengen stehen, und Palmen, und ein Meer von Kerzen, und Tragbahren.

Wie Muscheln singen da die vertieften Sphären der Apsiden. Vier Brotbäcker – der Norden, der Westen, der Süden und der Osten – stoßen mit ausgestochenen Augen in die trichterförmigen Nischen hinein, durchwühlen die Herdstellen und Zwischenräume und finden keinen Ort.

Wer kam auf die Idee, den Raum in diesen kläglichen Reisekoffer einzusperren, in dieses ärmliche Verlies – um ihm dort auf eine Weise Ehren zukommen zu lassen, die des Psalmensängers würdig ist?

Wenn der Müller nicht schlafen kann, geht er ohne Mütze ins Gebälk und betrachtet den Mühlstein. Manchmal erwache ich nachts und wiederhole die Konjugationen aus Marrs Grammatik leise vor mich hin.

Der Lehrer Aschot ist eingemauert in sein flachwandiges Haus – wie die unglückliche Gestalt in einem Roman von Victor Hugo.

Er klopfte mit seinem Finger gegen das Gehäuse eines Kapitäns-barometers, ging in den Hof zum Wasserbehälter und zeichnete eine Niederschlagskurve auf ein kariertes Blatt.

Er bearbeitete ein wenig ergiebiges Stück Obstgarten von einem Bruchteil eines Hektars, ein winziges Gärtchen, eingebacken in die Stein- und Weintraubenpastete Aschtarak, und war als überflüssiger Esser von der Kolchose ausgeschlossen.

In der Höhlung einer Kommode wurde ein Universitätsdiplom aufbewahrt, ein Reifezeugnis und eine wässerige Mappe von Aquarellen – unschuldige Charakter- und Talentprobe.

In ihm war das Dröhnen einer unvollendeten Vergangenheit.

Unermüdlicher Arbeiter im schwarzen Hemd, mit einem schweren Feuer in den Augen und einem enthüllten, theatralischen Hals – so entfernte er sich in die Perspektive der Historienmalerei: hin zu den schottischen Märtyrern, hin zu den Stuarts.

Sie ist noch ungeschrieben, die Geschichte von der Tragödie der Halbbildung. Mir scheint, die Biographie des Dorfschullehrers könnte in unserer Zeit zu einem so unentbehrlichen Buch werden, wie es einst der »Werther« war.

Aschtarak ist eine reiche Siedlung, gut eingenistet, älter als viele europäische Städte. Sie ist berühmt für ihre Erntefeste und die Lieder der Aschugen. Menschen, die in der Nähe von Weinreben aufwachsen, haben eine Schwäche für Frauen, sind gesellig, spottlustig, leicht beleidigt und neigen zum Nichtstun. Die Aschtaraker bilden da keine Ausnahme.

Drei Äpfel fielen vom Himmel: Der erste für den, der erzählt, der zweite für den, der zugehört, der dritte für den, der verstanden hat. So schließen die meisten armenischen Märchen. Viele von ihnen sind in Aschtarak aufgezeichnet worden. Diese Gegend ist der Folklorespeicher Armeniens.

DER ALAGÖS

In welcher Zeit möchtest du leben?

– Ich möchte im imperativen Partizip der Zukunft, in der passiven Handlungsart leben – im »Zu-Werden-Haben«.

So kann ich atmen. So will es mir gefallen. Da ist das Ehrgefühl des Reiters, banditisch, aufgesessen. Deshalb gefällt mir ja auch das prächtige lateinische »Gerundivum« – dieses Verb auf einem Pferderücken.

Ja, der lateinische Genius schuf, als er jung und gierig war, eine Form der imperativen Zugkraft des Verbs als das Urbild unserer ganzen Kultur – und es ist nicht nur die »Zu-Werden-Habende«, sondern auch die »Gelobt-zu-Werden-Habende« (laudanda est), die mir gefällt ...

Diese Rede hielt ich mir selbst, als ich im Sattel natürliche Grenzen, Nomadenplätze und gigantische Weidegebiete des Alagös durchquerte.

In Eriwan ragte der Alagös vor meinen Augen empor wie ein »Hallo« oder »Leb wohl«. Ich sah, wie mit jedem Tag ein wenig von seinem Schneekamm wegschmolz, hörte, wie bei gutem Wetter, besonders morgens, seine eingefärbten Steilhänge knirschten wie trockene Röstbrotscheiben.

Und ich wurde zu ihm hingezogen, über Maulbeerbäume und Lehmdächer hinweg.

Ein Stück Alagös lebte dort mit mir im Gasthaus. Auf dem Fensterbrett lag aus irgendeinem Grund ein gewichtiges Muster des schwarzen vulkanischen Glases: Obsidian. Eine zwanzig Kilo schwere Visitenkarte, die von irgendeiner geologischen Expedition vergessen worden war.

Die Zugänge zum Alagös sind nicht beschwerlich, und es kostet keine Mühe, ihn zu Pferd zu nehmen – trotz seiner 14 000 Fuß. Die Lava ist in Erdgeschwulste eingeschlossen, über die man wie über Butter hinweggleitet.

In Eriwan, vom Fenster meines Zimmers aus, das im vierten Stock lag, hatte ich mir vom Alagös eine völlig falsche Vorstellung gemacht. Er war mir als monolithischer Bergrücken erschienen. In Wirklichkeit ist er ein faltiges System, das sich allmählich auflöst – mit fortschreitendem Aufstieg wand sich die Drehorgel des Dioritgesteins los wie ein alpiner Walzer.

War das ein weiträumiger Tag, der mir da zufiel!

Noch jetzt, da ich mich erinnere, klopft mein Herz. Ich habe mich in ihm verloren wie in einem langen Hemd, das aus den Truhen von Urvater Jakob stammt.

Das Dorf Bjurakan ist für seine Kükenjagd denkwürdig geworden. Wie gelbe Bällchen rollten sie über den Boden, unserem menschenfresserischen Appetit als Opfer preisgegeben.

Im Schulhaus gesellte sich ein reisender Zimmermann zu uns – ein erfahrener und geschickter Mann. Schlürfte seinen Kognak und erzählte, dass er nichts hören wolle von Kollektiven und Gewerkschaften. Er habe goldene Hände, und überall gewähre man ihm Platz und Achtung. Ohne jeden festen Standort finde er seinen Auftraggeber – mit Gehör und Witterung errate er, wo man seine Arbeit benötige.

Er war anscheinend gebürtiger Tscheche – und dem Rattenfänger mit der Flöte wie aus dem Gesicht geschnitten.

In Bjurakan kaufte ich ein großes tönernes Salzgefäß, das mir nachher viel Spektakel gebracht hat.

Stellt euch eine grobe Osterkuchenform vor – eine Frauensperson im Fischbeinrock oder in der Schleppenrobe, mit einem katzenhaften Köpfchen und – mitten in der Robe – einem großen runden Mund, in den eine Hand frei hätte eindringen können.

Ein glücklicher Fund aus einer im Übrigen reichen Familie von ähnlichen Gegenständen. Doch seine Symbolkraft, die eine urtümliche Phantasie in ihn hineingelegt hatte, entging nicht einmal der oberflächlichen Aufmerksamkeit der Städter.

Überall Bauersfrauen mit weinenden Gesichtern, schleppenden Bewegungen, roten Augenlidern und gesprungenen Lippen. Unschön ist ihr Gang, als litten sie an Wassersucht oder Krampfadern. Sie bewegen sich wie Berge von müdem, zerrissenem Zeug und wirbeln Staub auf mit ihren Säumen.

Fliegen essen an den Kindern, kriechen zu ganzen Trauben ins Augenwinkelchen.

Das Lächeln einer alten armenischen Bauersfrau ist unbegreiflich schön – so viel Adel liegt in ihm, gepeinigte Würde und eine bestimmte feierliche Anmut der verheirateten Frau.

Die Pferde gehen über Diwane, treten auf Kissen, durchstampfen Schlummerrollen. Man reitet und fühlt bei sich in der Tasche eine Einladung zu Tamerlan.

Ich sah das Grab eines kurdischen Riesen von märchenhaften Ausmaßen und nahm es an als Schuldigkeit.

Das Pferd vor mir prägte mit seinen Hufen Rubelmünzen, und seine Freigebigkeit kannte keine Grenzen.

An meinem Sattelbogen baumelte ein noch ungerupftes Huhn, das am Morgen in Bjurakan geschlachtet worden war.

Hie und da beugte sich das Pferd zum Gras hinab, und sein Hals drückte Gehorsam gegenüber den Eigensinnigen aus, gegenüber einem Volk, das älter ist als die Römer.

Eine milchige Beruhigung trat ein. Wie Molke gerann die Stille. Quarkglöckchen und Moosbeerschellen verschiedenen Kalibers murrten und klirrten. Vor jedem Rundgehege war ein Meeting von Karakulschafen im Gange. Es sah aus, als hätten Dutzende von kleinen Zirkusbesitzern ihre Zelte und Schaubuden auf der verlausten Höhe aufgeschlagen und schwirrten nun, nicht vorbereitet auf einen solchen Rohgewinn, ganz plötzlich von ihm überrumpelt, in den Lagern umher, klingelten mit dem Melkgeschirr und stopften die Lämmer in die Liegestellen, eilten sich, sie für die ganze Nacht in ihr Reich einzuschließen, verteilten die arg mitgenommenen, dampfenden, feuchten Viehhäupter auf eine Stadt des Gebells.

Armenische und kurdische Nomadenlager unterscheiden sich kaum in ihrer Ausstattung. Es sind feste Orte der Viehzüchter auf den Terrassen des Alagös, Standlager in der Art der Landhaussiedlungen, auf liebgewonnenen Plätzen errichtet.

Steinerne Borten bezeichnen den Grundriss der Zeltbehausung und des anliegenden Hofs mit seiner aus Dung geformten Umfriedung. Verlassene oder unbesetzte Lager liegen da wie Brandstätten.

Die in Bjurakan angeheuerten Führer freuten sich auf die Übernachtung in Kamarlu: Sie hatten dort Angehörige.

Ein kinderloses Greisenpaar nahm uns für die Nacht in den Schoß seines Zeltes auf.

Die Alte bewegte sich und arbeitete mit weinenden, verhaltenen und segnenden Bewegungen, bereitete ein rauchiges Abendessen und Bettlager aus Filz:

»Da hast du den Filz! Da, nimm die Decke ... Und erzähl was von Moskau.«

Unsere Gastgeber machten sich zum Schlafen bereit. Ein Öllämpchen erleuchtete das hohe, irgendwie an die Eisenbahn erin-

nernde Zelt. Die Frau zog ein sauberes Soldatenhemd aus Nessel-
stoff hervor und bekleidete damit ihren Gatten.

Ich war befangen wie in einem Palast.

1. Der Körper Arschaks ist ungewaschen, und sein Bart verwildert.
2. Die Nägel des Königs sind abgebrochen, und über sein Gesicht
    kriechen Asseln.
3. Die Stille hat seine Ohren verdummt, die einst griechische Mu-
    sik gehört haben.
4. Seine Zunge ist räudig geworden von der Kost der Kerkermeis-
    ter, doch es gab eine Zeit, wo sie Weintrauben gegen den Gau-
    men presste und flink war wie die Zungenspitze eines Flöten-
    spielers.
5. Der Samen Arschaks ist in seinen Hoden verkümmert, und
    seine Stimme ist dünn wie das Blöken des Schafes.
6. König Schapur, so denkt Arschak, hat mich bezwungen und
    – noch schlimmer – hat sich meine Atemluft genommen.
7. Der Assyrer hält mein Herz fest.
8. Er ist Herr über meine Haare und meine Nägel. Er lässt meinen
    Bart sprießen und schluckt meinen Speichel – so sehr hat er sich
    an den Gedanken gewöhnt, dass ich hier bin, in der Festung
    Anusch.
9. Das Volk der Kuschana erhob sich gegen Schapur.
10. An einem ungeschützten Ort durchbrachen sie die Grenze, als
    sei sie eine Seidenschnur.
11. Der Angriff der Kuschana stach und störte den König Schapur
    wie eine Wimper, die ins Auge gelangt ist.
12. Beide Seiten (die Feinde) kniffen die Augen zusammen, um sich
    nicht zu sehen.
13. Ein gewisser Drastamat, der gebildetste und liebenswürdigste
    von den Eunuchen, war mitten unter den Streitkräften Scha-
    purs, ermutigte den Befehlshaber der Reiterei, schmeichelte
    sich beim Herrscher ein, führte ihn wie eine Schachfigur aus
    der Gefahr heraus und hielt sich immer in seinem Blickfeld auf.
14. Er war zu einer Zeit Gouverneur der Provinz Andech gewesen,
    als Arschak mit samtener Stimme Befehle gab.

15. Gestern König, heute in den Graben gestürzt, hat sich zusammengekrümmt wie ein Embryo im Mutterleib, wärmt sich mit den Läusen auf und ergötzt sich an der Krätze.

16. Als man zu den Belohnungen kam, legte Drastamat in die spitzen Ohren des Assyrers eine Bitte, die kitzelnd war wie eine Feder:

17. Gib mir Durchlass in die Festung Anusch. Ich will, dass Arschak einen einzigen zusätzlichen Tag verlebt, einen Tag voller Klänge, Speisen und Düfte, wie es früher war, als er sich auf der Jagd vergnügte und junge Bäume pflanzte.

Leicht ist der Schlaf auf den Nomadenweiden. Der Körper, erschöpft vom Raum, wird warm, biegt sich gerade, erinnert die Länge des Weges. Gratpfade laufen wie Ameisen über die Wirbelsäule. Samtene Wiesen beschweren und kitzeln die Augenlider. Die Schluchten, wund gelegene Stellen, lahmen sich in deine Seiten aus. Der Schlaf mauert dich, vermauert dich. Letzter Gedanke: irgendeine Hügelkette umreiten müssen.

1931 / 1933

NOTIZBUCH ZUR REISE NACH ARMENIEN

Nachdem ich mir ein paar Papierchen besorgt hatte, die ich offen gesagt nur als Fälschungen betrachten konnte, reiste ich mit einem Strohkorb im Mai 1930 nach Eriwan, in das fremde Land, um mit meinen Augen seine Städte und Grabmäler zu betasten, die Laute seiner Sprache in mich aufzunehmen und die schwierigste und vornehmste Luft seiner Geschichte einzuatmen.

Überall, wohin ich auch gelangte, traf ich auf den festen Willen und die Hand der Bolschewikenpartei. Der sozialistische Aufbau wird Armenien gleichsam zur zweiten Natur.

Doch mein Auge, versessen auf alles Seltsame, Flüchtige und schnell Verfließende, hat auf der Reise nur das Licht bringende Zittern der Zufälligkeiten, das Pflanzenornament der Wirklichkeit eingefangen …

Bin ich vielleicht wie der Schlingel, der ein Taschenspiegelchen in seinen Händen dreht und die Lichtflecken überall dorthin lenkt, wo es sich nicht gehört?

**

Man darf den Leser nicht ausschließlich mit Trüffeln füttern! Letztlich wird er sich noch ärgern und dich zum Teufel schicken! Noch weniger jedoch ist er mit dem Holzkäse unserer gutgemeinten Kegelbahnliteratur zufriedenzustellen.

Meiner Ansicht nach ist selbst der leere Kokon einer Seidenraupe weit besser als Holzkäse … Lasst uns spüren, dass die Dinge keine Kegelbahnen sind!

**

Im Januar schlug mein vierzigster Geburtstag. Ich bin eingetreten ins Alter des Sprichworts »Grauer Bart, Teufel im Leib«. Ständige Suche nach einem Zufluchtsort und ungestillt der Hunger des Denkens.

**

Dort, in Suchumi, vernahm ich im April die ozeanische Nachricht vom Tod Majakowskijs. Als würde ein Wasserberg das Rückgrat peitschen, verschlug sie mir den Atem und hinterließ einen salzigen Geschmack im Mund …

Der Mensch ist wie ein Blitzableiter gebaut. Für solche Neuigkeiten erden wir uns – und sind nur deshalb fähig, sie auszuhalten …

Die in Suchumi versammelte Gesellschaft nahm die Nachricht vom Tod des urgewaltigen Dichters mit schändlicher Gleichgültigkeit auf … Am gleichen Abend tanzten sie einen Kasatschok und sangen im Haufen ums Klavier wirblige Studentenlieder.

**

In *guten* Gedichten wird hörbar, wie die Schädelnähte sich steppen, wie der Mund an Macht und sinnlicher Bitterkeit zunimmt und die Stirnhöhlen Luft aufnehmen, wie die Aorten abgetragen werden und unser Blut waltet mit dem Salz des Ozeans.

**

Zurück! Das Auge verlangt ein Bad. Es hat große Lust darauf. Es ist ein Badegast. Sollen die frischen Farben der Île-de-France es noch einmal erquicken …

… Prachtvolle, pralle Fliedersträuche der Île-de-France, aus lauter Sternchen zu einem porigen, gleichsam kalkigen Schwamm geplättet, verdichtet zu einer bedrohlichen Blütenblättermasse; wundervolle Bienenflieder, die aus dem Weltbürgerrecht alle Empfindungen, alles auf der Welt ausgeschlossen hatten außer den dunklen Wahrnehmungen einer Hummel, brannten auf der Wand als ein Dornbusch von eigenem Atem und waren sinnlicher, durchtriebener und gefährlicher als feurige Frauen …

**

Im dunklen Vestibül des zoologischen Museums an der Nikitskaja-Straße liegt unbeaufsichtigt ein Walfischkiefer, der an einen riesigen Hakenpflug erinnert. Wenn ich meine gelehrten Freunde an der Nikitskaja besuchen gehe, betrachte ich mit Vergnügen dieses Wunderding.

Und wenn Lamarck, Buffon und Linné meine reifen Jahre farbiger gemacht haben, so danke ich dem Walfisch, dass er in mir ein kindliches Staunen vor der Wissenschaft geweckt hat.

**

Das Buch in Arbeit, auf dem Lesepult festgemacht, wird der Leinwand gleich, die auf den Spannrahmen gezogen ist.

Es ist noch kein Ergebnis der Leseenergie, doch bereits ein Bruch in der Biographie des Lesers; noch nicht Fund, doch bereits Beute. Ein Stück Flussspat …

Unser Gedächtnis, unsere Erfahrung und ihre Einsturzstellen, die Tropen und Metaphern unserer Sinnesassoziationen fallen dem Buch zu, seiner unkontrollierten und raubgierigen Besitznahme.

Und wie vielfältig sind seine taktischen Finten und die Listigkeiten seines Schaltens und Waltens.

★★

Wir lesen ein Buch, um bewahrend zu erinnern, doch gerade da liegt ja das Problem: dass man ein Buch nur lesen kann, indem man heraufbringend erinnert.

Wenn wir *völlig* von der Tätigkeit des Lesens umschlossen sind, genießen wir mehr als alles andere unsere *Gattungs*eigenheiten. Wir erfahren gleichsam die Ekstase einer Klassifikation unserer Wachstumsstufen.

★★

Die Wirklichkeit hat kompakten Charakter. Die ihr entsprechende Prosa, wie klar und detailliert, wie sachlich und zuverlässig sie auch gefügt sein mag, bildet immer eine unterbrochene Reihe.

Nur jene Prosa aber ist wirklich gut, die mit ihrem ganzen System in das Kompakte eingedrungen ist, auch wenn dieses sich durch keinerlei Kräfte und Mittel vorzeigen lässt.

So ist das Erzählen in Prosa nichts anderes als ein unterbrochenes Zeichen für das Ununterbrochene.

Die kompakte Fülle der Wirklichkeit ist stets das einzige Thema der Prosa. Die Imitation dieser Kompaktheit aber würde die Arbeit des Prosaisten in eine tödliche Sackgasse führen, weil sie einzig mit Intervallen zu tun hat, Ununterbrochenheit und Kompaktheit immer wieder neue, sie bestimmende Anstöße benötigen. Wir brauchen Kennzeichen des Ununterbrochenen und Kompakten, keineswegs die nachgebildete Materie selbst.

Eine Charakterisierung ohne Intervalle ist unmöglich …

Die ideale Beschreibung liefe auf einen einzigen All-Satz hinaus, in dem alles Sein gesagt wäre.

**

Ich will meinen Knochenbau begreifen, meine Lava, meinen Grabesgrund, wie unter ihm mit Magnesium und Phosphor das Leben aufspielen wird, wie es mir zulächeln wird: gliederflügelig, schäumend, sirrend. Hinausgehen zum Ararat, an seinen krächzenden, bröckelnden, speienden Rand. Mich mit allen Grenzen, Fasern meines Wesens der Unmöglichkeit der Wahl, dem Fehlen jeglicher Freiheit widersetzen. Freiwillig mich lossagen vom hellen Wahn des Willens und des Verstandes. Wenn ich sie annehmen kann als etwas Verdientes und Gegebenes: Klangumhülltsein, Steinbluthaftigkeit und Hartsteinigkeit, dann bin ich nicht umsonst in Armenien gewesen.

Wenn ich sie annehmen kann als etwas Verdientes, den Schatten der Eiche wie den Schatten des Grabes und die Hartsteinigkeit artikulierter Sprache – mit welchem Gefühl werde ich dann der Gegenwart begegnen?

Was ist sie für mich? Ein Bündel von Ausrufen und Interjektionen! Und für sie lebe ich …

Gerade darum habe ich mich dem Studium der altarmenischen Sprache zugewandt …

**

Eine tamerlansche, Eroberern angemessene Weite verwischt alle gewohnten Begriffe von Nähe und Ferne. Der Horizont steht in der Form des Gerundivums. Man reitet und fühlt bei sich in der Tasche eine Einladung zu Tamerlan.

**

Mein Buch spricht davon, dass das Auge ein Instrument des Denkens ist, dass das Licht eine Kraft und dass das Ornament Gedanke ist. Es handelt von Freundschaft, von Wissenschaft, von intellektueller Leidenschaft und nicht von »Dingen«.

Man muss immer reisen und nicht nur nach Armenien und Tadschikistan. Die größte Auszeichnung eines Künstlers ist es, jene zur Tätigkeit zu veranlassen, die anders denken und fühlen als er.

1931/1932

MITTERNACHT IN MOSKAU

Die Angst ist bei uns, mit im Bund,
Gefährtin du – mit breitem Mund!

Ach, wie bröcklig der Tabak,
Du Freundchen, Narr und Nüsschenknack!

Wir könnten lebenslang wie Stare pfeifen
Und Torten essen, Nüsse greifen …

Unmöglich, geht nicht, weggepackt.

30. Oktober 1930

ARMENIEN

I

Die Rose des Hafis bewegst du,
Umhegst deine Wildlings-Kinderschar
Und achteckschultrig atmend lebst du
In Stierhauptkirchen, unzähmbar.

Doch voll von heiseren Ockertönen
Liegst du schon hinterm Berg verirrt,
Und mir bleibt nur, zum Abgewöhnen:
Ein Abziehbild, im Teegeschirr.

III

Ach ich seh nichts mehr, das arme Ohr liegt nun
                    taub und vertrocknet,
Von all den Farben dort blieb mir nur
                    Mennigrot, heiserer Ocker.

Ich hab geträumt vom armenischen Morgen –
                    und ich wollte reisen,
Einmal noch sehn, wie sie leben dort,
                    Eriwans Meisen.

Mit seinem Brot spielt ein Bäcker Verstecken
                    und kommt außer Atem,
Zaubert vom Ofen ins Tageslicht her
                    seine feuchtfrischen Fladen …

Eriwan, Eriwan! Hat dich ein Vogel so hübsch da gezeichnet?
Hat dich ein Löwe mit Kinderbuntstiften so farbig gekleidet?

Eriwan, Eriwan! Stadt du, nein: röstfrische Nuss!
Breitmäulig Straßen, die wirresten Babylons –
                              mir ein Genuss!

Kopfloses Leben, verwetzt und zerlesen wie
                              Mullahs Koran,
Meine Zeit liegt auf Eis, doch mein Blut, wie
                      es brennt – es ist noch nicht vertan.

Eriwan, Eriwan! Nichts mehr! Ich werd nichts
                              mehr brauchen,
Will nichts mehr, Eriwan, nicht deine
                              eisigen Trauben!

IV

Den Mund verhüllt, eine taufeuchte Rose,
In Händen die achteckigen Waben,
Morgenlang aufrecht am Rande der Welt
Standest du und schlucktest die Tränen.

Und wandtest dich ab vor Scham und vor Trauer
Von den bärtigen Städten des Ostens;
Nun ruhst du da auf muskatenem Lager
Und sie nehmen dir die Totenmaske ab.

VI

Du Staat des schreienden Gesteins –
Armenien, Armenien!
Rufst zu den Waffen die heiseren Berge –
Armenien, Armenien!

Ewig zu Asiens Silberposaunen hinfliegendes
Armenien, Armenien!
Persisches Sonnengeld freigebig herschenkendes
Armenien, Armenien!

XI

Ich werde dich nie wieder sehen,
Du kurzsichtiger Himmel Armeniens –
Keinen blinzelnden Blick mehr hinüber
Zum Reisezelt, dem Ararat …
Und nie mehr in der Bibliothek
Jener Töpfer-Autoren werd ich es öffnen:
Dieser herrlichen Erde hohlleibiges Buch,
Lehrbuch der ersten und ältesten Menschen.

XII

Azur und Lehme, Lehme und Azur.
Was willst du mehr? Führ blinzelnd deine Augen nur
Wie ein kurzsichtiger Schah zum Türkisring – sofort
Zum Buch des klingenden Lehms,
                          zur buchgewordenen Erde,
Zum Eiter-Buch, dem Lehm, dem immerzu begehrten,
Der uns so quält, als wäre er – Musik und Wort.

16. Oktober – 5. November 1930

Dornige Sprache des Ararat-Tals,
Wildkatze bist du, armenisches Wort,
Räuber-Idiom jener lehmernen Städte,
Sprache von hungernden Ziegeln!

Ein kurzsichtiger Schah, dieser Himmel,
Blindgeborener Türkis –
Wird's niemals lesen, das hohlleibige Buch
Schwarzblutig krustigen Lehms.

Oktober 1930

Ich liebe sein mühvolles Leben,
Gebären und Rufen, weither:
Ein Volk, auf die Erde geknebelt –
Und ein einziges Jahr ist ihm
                    hundertfach mehr …

Dein Ohr, es horcht immer zur Grenze,
All die Klänge, sie klingen ihm gut –
Und Gelbheit nur, Gelbfieber brennt es,
Verflucht diese weite und senfgelbe Glut!

Oktober 1930

Wildkatze ist sie, Armeniens Sprache,
Quält mich beständig, zerkratzt mir mein Ohr –
Hin nur aufs bucklige Bett und dann schlafe,
Du Fieberbrand, wütender Plagenrumor!

Leuchtkäfer fallen herab von der Decke,
Krabbelnde Fliegen auf speckigem Tuch,
Über die gelbliche Ebene schrecken
Truppen von Vögeln, stelzbeiniger Fluch.

Der Funktionär – eine schreckliche Fratze,
Kläglicher gibt's ihn nicht, keiner so dumm!
Fährt auf Befehl hin – wie kann man so platt sein! –
Ohne ein Ziel in den Steppen herum.

Ich hör da sagen: Genug jetzt, verschwinde
Spurlos, für immer, nur eines – hau ab!
Raffer von Scheinchen, Beamter und Schinder,
Alter Gardist, der sich anpasst und trabt.

Dröhnt von der Tür her das alte Gelärme –
Du bist es, Freundchen, schon wieder? Ein Hohn!
Sammeln wir weiter nun Särge um Särge,
Wie eine Bauernmagd Pilze einholt?

Menschen, das waren wir, nun sind wir – Pack!
In unsern Herzen – warum, wer erlaubt es? –
Stechender Schmerz, uns auf immer vermacht
Wie einem Weinstock Erzerums die Traube!

November 1930

LENINGRAD

Meine Stadt find ich wieder, mir zum Weinen vertraut
Wie ein kindliches Fieber, wie ein Äderchen, Haut.

Leningrad siehst du wieder – so schluck schon den Tran!
Der den Uferlaternen entströmt wie ein Wahn …

Und erkenn ihn, den Tag, wie dezembrig er ist,
Wo dem düsteren Teer sich ein Eigelb beimischt.

Petersburg! Nein, ich will noch nicht sterben, noch nicht!
Denn du hast meine Nummern, Telefone, Nachricht.

Petersburg! Denn ich hab noch Adressen auf mir,
Wo ich Tote noch finde, ihr Stimmengewirr.

Und im Hinterhaus wohn ich, an die Schläfe mir springt
Eine Klingel, zerrissen, vom Fleisch noch umringt –

Ganze Nächte lang wart ich auf Gäste bei mir,
Zerr die eisernen Ketten da weg von der Tür.

Dezember 1930

Der Welt der Mächtigen war ich nur kindlich verbunden,
Austern, die fürchtete ich, dem Gardistenmann
       hab ich misstraut –
Kein Körnchen gemeinsamer Seele hab ich dort gefunden,
Fremd war das Vorbild, es quälte mich, hat nichts getaugt.

Dummstolz, mit finsteren Brauen und Biberpelzmitra
Stand ich nie unter ägyptischen Bankhallen-Säulen,
Auf dem Newa-Fluss, zitronengelb,
      zum Hundertrubelgeknittre
Ließ ich noch nie die Zigeunrin mir tanzen und heulen.

Die kommenden Hinrichtungen hab ich geahnt.
        Vorm Gedröhne
Floh ich zu den Nereiden, hin zum Schwarzen Meer …
Damals, die Frauen Europas, die zärtlichen Schönen –
Wie viel Verwirrung und Schmerz haben sie mich gelehrt!

Warum vermag diese Stadt wie nach uralten Rechten
Meinen Gedanken noch immer – wie einst – zu genügen?
Von ihren Bränden und Frösten ist sie nur noch frecher,
Selbstsüchtig, hohl und verflucht, und sich
        jünger noch lügend!

Könnte es sein, weil ich damals auf Kinderbuchseiten
Lady Godiva sah mit offner Mähne von rötlichem Licht?
Spreche ich heimlich für mich, was mich leise begleitet:
Lady Godiva, leb wohl! Ich erinnre mich nicht …

Januar 1931

In der Küche setzen wir uns hin –
Süß riecht hier das weiße Kerosin.

Scharfes Messer, ein Laib Brot …
Mach dass der Primuskocher loht!

Sonst such Stricke in der Nacht,
Unsern Korb dann zugemacht –

Fort zum Bahnhof das Gespann,
Wo uns keiner finden kann …

Januar 1931

Hilf mir, Herr, nur durch diese Nacht:
Meine Angst – ums Leben,
                    wie um deinen Knecht.
Petersburg: ein Sarg.
                    In Särgen lebt man schlecht.

Januar 1931

Mitternacht – dann wird das Herz neu zum Räuber,
Stiehlt sich die Stille, bei Tag unerreichlich,
Lebt still dahin oder rast dann, betäubend,
Ob du nun liebst oder nicht: unvergleichlich.

Liebst – oder nicht, du verstehst – nicht begreifend …
Warum nur zitterst du so, wie ein Findelkind kraus?
Mitternacht – feiert das Herz neu ausschweifend,
Nimmt auf die Zähne die silberne Maus.

März 1931

Dir nur sag ich hier inständig
Offenheit:
Alles Unsinn, Cherry Brandy,
O Engel mein!

Griechen fanden dort die Schönheit,
Strahlenspur,
Hier für mich – aus schwarzen Höhlen
Qualen nur.

Fuhren Helena weit über
Wellenland,
Wo ich meinem Mund nur trüben
Salzschaum fand.

Meinen Mund bestreicht nun einzig
Leeres Nichts,
Armut zeigt mir höhnisch-reizend
Ihr Gesicht.

Hoppla, weiter, auch mich lockt es –
Alles eins.
Engel Mary, trink die Cocktails,
Kipp den Wein!

Dir nur sag ich hier inständig
Offenheit:
Alles Unsinn, Cherry Brandy,
O Engel mein!

März 1931

[*]   »Meine schrille und falsche Stimme …«

Für den pochenden Mut einer künftigen Zeit,
Für die Menschen von freierem Stamm –
Blieb mein Becher beim Gastmahl
                    der Väter verwaist,
Und das Frohsein, die Ehre: entrann.

Und das Wolfshund-Jahrhundert,
                    es springt auf mich los,
Doch ich bin nicht von wölfischem Blut,
Stopf mich Mütze hinein in den Ärmel getrost,
In den Pelz der sibirischen Glut –

Nicht die Feigheit zu sehn,
                  nicht den elenden Schlamm,
Nicht die blutigen Knochen im Rad:
Nein der blaue Polarfuchs soll strahlen, nachtlang –
Und so ursprünglich-schön wie ich's mag.

Hin zum Fluss Jenissej führ mich weg, in die Nacht,
Wo die Kiefer zum Stern reicht so stumm –
Denn ich bin nicht von wölfischem Blut,
                    und das macht:
Wer mir gleichkommt, nur der bringt mich um.

17.–28. März 1931

Mein Alexander Gerzowitsch
War Jude, Musikant –
Spielt Schuberts Werk mir her, wo blitzt!
Ein reiner Diamant.

Vom Morgen bis zum Abendstern
Ja bis zum hellen Rausch,
Spielt die Sonate er so gern,
Die ewig eine, lausch!

Was, Alexander Gerzowitsch,
Dich schmerzt die Dunkelheit?
Lass, Alexander HERZowitsch,
Was nützt es! Einerlei …

Soll nur ein Italienermädchen
Solang er knirscht, der Schnee,
Auf Schlittenkufen, schmalen Pfädchen
Zu Schubert fliegen, geh!

Mit der Musik, dem Täubchenflügel, weit,
Ist uns vorm Sterben nicht mehr bang,
Doch dort – nur als ein Rabenkleid
Auf Kleiderbügeln ruhn, für lang …

Ist alles, du mein Gerzowitsch,
Seit langem alter Brei …
Lass, Alexander SCHERZOwitsch,
Was nützt es! Einerlei!

27. März 1931

Wimpernhaar, stechend. Im Innern –
              die Träne, verkocht.
Angstlos erahn ich: Gewitter zieht auf, noch und noch.
Seltsam, ein Jemand da drängt mich:
              vergiss! und er droht.
Erstickend, und doch will ich leben – bis auf den Tod.

Richtet sich auf von der Pritsche beim frühesten Laut,
Schläfrig und wirr ist sein Blick,
              wie er um sich nun schaut –
So singt der Häftling zu der Zeit sein heiseres Lied,
Wenn überm Lager ein Streifen von Röte einzieht.

März 1931

Nein ich find kein Versteck
                 vor der großen Stumpfheit
Hinterm Moskauer Fuhrkutscher-Leib –
Ich: der Kirschkern in der Tram
                   einer schrecklichen Zeit,
Und ich weiß nicht, wozu ich noch bleib.

Du und ich fahren Trambahn, die »B« und die »A«,
Werden sehen, wer eher noch stirbt.
Moskau ballt sich zusammen,
                     steht sperlingsklein da,
Oder wächst dann: ein Luftkuchen, wirr …

Aus der Höhlung da droht es uns, hastig und hart,
Wenn du willst, so geh hin – doch mir graut,
Hab zu kalt unterm Handschuh,
                   zu kalt für die Fahrt
Um die Stadt, um die Hure Moskau.

April 1931

Ich trink auf soldatische Astern, auf alles,
                    für was man mich rügt:
Den prächtigen Pelz und mein Asthma,
                auf Petersburg, gallig-vergnügt,

Musik von savoyischen Kiefern, Benzin
                  auf den Champs-Élysées,
Auf Rosen im Rolls-Royce, aufs Öl
                 der Pariser Gemälde-Allee.

Ich trink auf die Wellen, Biskaya, auf Sahne
                  aus Krügen, alpin,
Auf Hochmut von englischen Mädchen
                und koloniales Chinin,

Ich trinke, doch bin ich nicht schlüssig,
                was ich wohl lieber noch hab:
Den fröhlichen Asti Spumante oder –
                Châteauneuf-du-Pape …

11. April 1931

Für Anna Achmatowa

Nun bewahr es, auf immer, mein Wort –
        für die Spuren von Unglück und Rauch,
Für das Harz einer Freundesgeduld, für den Teer
        des Gewissens, der Mühe …
In den Schächten von Nowgorod: schwarz steht
        das Wasser, gesüßt, ohne Laut,
Dass der Stern in der heiligen Nacht dort sein Bild
        auf die Schwärze hin trüge.

Ich verspreche dafür, du mein Vater, mein Freund und
        mein rauer Gehilfe,
Dass einst, abtrünnig, ich, nur ein Bruder, vom
        Volksstamm verkannt,
Der tatarischen Horde Gerüste erbaue, so dunkle und tiefe,
Dass sie mich und die Fürsten im Kessel hinabstürzen kann.

Dieser uralte, eisige Richtblock –
        ach könnt er mich lieben!
Wie sie Stöcke dort schleudern im Garten: und lenken
        sie tödlich ins Ziel –
Ja für dies nun geh ich nur im eisernen Hemd
        durch das Leben,
Werd sie finden, die Axt dort im Wald – für den letzten,
        den köpfenden Hieb.

3. Mai 1931

Genug gemurrt jetzt! In den Tisch mit den Papieren!
Ein toller Dämon hat mich heut gepackt, haha!
Als würd mir wurzeltief die Kopfhaut shampoonieren
Mein guter Herr Friseur, genannt François.

Ich wette, dass ich noch nicht tot bin,
Und wie ein Jockey geb ich meinen Kopf,
Dass ich so manchen hier wohl noch in Not bring
Auf unsrer Rennbahn beim Galopp!

Ich sage mir, dass nun das wunderneue
Jahr einunddreißig voller Faulbeerbäume blüht,
Dass auch die Regenwürmer wohl gedeihen
Und dass ganz Moskau sich in Ruderbötchen übt.

Nicht aufgeregt sein. Ungeduld – ist nur vertan,
Ganz leise werd ich Schnelligkeit entfalten
Und kühlen Schrittes zieh ich meine Bahn,
Meine Distanz – ich kann sie halten.

7. Juni 1931

FRAGMENTE AUS VERNICHTETEN GEDICHTEN

I

Im Jahre einunddreißig des Jahrhunderts
War ich zurückgekehrt, nein – lies: gewaltsam
Ins buddhahafte Moskau überführt.
Zuvor jedoch hab ich es noch gesehen,
Das Tischtuch, biblisch, meines reichen Ararat –
Zweihundert Tage war ich in dem Sabbatland,
Das man wohl auch Armenien nennt.
Und wenn du durstig bist – gibt's eine Quelle,
Das Wasser aus dem kurdischen Arsni:
Ein gutes, prickelndes und trocknes,
Das ehrlichste und wahrste Wasser.

II

Schon lieb ich Moskau, das Gesetz von neuem,
Kein Fernweh nach dem Wasser,
                    das nun an mir nagt –
In Moskau gibt es Telefone, Faulbeerbäume
Durch Hinrichtung berühmt ist jeder Tag.

III

Und wenn du leben willst, so schaust du lächelnd
Auf die buddhistisch träge blaue Milch,
Begleitest mit dem Blick die Türkentrommel,
Die im Galopp auf rotem Leichenwagen
An dir vorbei zurückkehrt vom Begräbnis –
Du siehst das Fuhrwerk mit der Fracht von Kissen
Und möchtest rufen: Gänse, heimwärts, marsch!

Mach keinen Unterschied und knips nur, liebe Kodak,
Solang das Auge Linse, Mundschenk, Vogel ist,
Und nicht ein Stückchen Glas. Mehr Hell-und-Dunkel,
Und mehr noch, mehr! –

                   Die Netzhaut: sie ist hungrig …

   IV

Ich bin kein Kind mehr.

                   Du, mein Grab, du brauchst
Den Buckligen noch nicht zu lehren – schweig!
Ich spreche für alle noch mit solcher Kraft,
Dass dieser Gaumen Raum und Himmel werde
Und meine Lippen springen – wie ein rosa Lehm.

DER KUTSCHER

Passweg, hohe Bergkolosse –
Orientalisch war der Raum,
Und der Tod: mein Festgenosse,
Schrecklich war es wie im Traum.

Dann der Kutscher unsrer Karre:
Ausgedörrt, rosinengleich,
Teufels Tagelöhner war er,
Finster, wortkarg, unerreicht.

Mal arabisch Kehllaut-Stöße,
Dann ein Ruf, der sinnlos zischt,
Wie eine Rose oder Kröte
Hütete er sein Gesicht.

Seine Schreckensmaske deckend:
Ledermaske voller Hohn,
Jagt er hin seine Kalesche
Bis zum letzten Röchelton.

Nichts als Stöße und Gereiße,
Und kein Weg vom Berg herab –
Kutschen drehten sich im Kreise,
Herbergshütten, wie gehabt.

Ich kam zu mir: halt da, Freund!
Und begriff, du Teufelswirt:
Dieser Pesthauch-Präsident
Hat sich sicher längst verirrt.

Lenkt, sich selbst zum Seelenzauber,
Nasenlosen Überdruss,
Dass die Erde, süß und sauer,
Karussellgleich drehen muss.

Hoch der Berg, verlassen hängt sie,
Heißt Schuschá die Räuberstadt,
Da nun litt ich alle Ängste,
Die die Seele in sich hat.

Tote Fenster, vierzigtausend
Schaun dich an, du bist gehetzt –
Tatkraft: Kokon, ausgehauchter,
Wird im Berg da beigesetzt.

Häuser stehn so schamlos rosig,
Stehn entblößt, als kahles Nest,
Drauf der Himmel, der wie tot ist:
Eine finster blaue Pest.

Juni 1931

Mir fehlt noch etliches zum Patriarchen,
Mein Alter ist erst halbwegs achtenswert,
Noch schimpft man hinter meinem Rücken nur
Im Idiom der Trambahnzänkereien,
In denen doch kein Sinn wohnt, nicht die Spur:
»So einer ist der!« Gut, ich sag: Entschuldigung,
Und wandle mich doch niemals um …

Und denkst du nach, was an die Welt dich bindet,
Du glaubst dir selber nicht: nur kleiner Kram.
Ein Mitternachts-Schlüsselchen zu fremder Tür,
Für zehn Kopeken Silber in der Tasche,
Ein Fotofilm, lichtscheues Zelluloid …

Und wie ein junger Hund stürz ich zum Telefon
Auf jeden Klingellaut, hysterisch toll,
Hör einmal polnisch »Danke, Herr« und Radebrechen,
Aus einer andern Stadt nur Vorwurf, liebevoll,
Und dann – ein nie gehaltenes Versprechen.

So denkst du oft: woran soll man Gefallen finden
Inmitten dieses bunten Feuerwerks?
Du brodelst über, dort jedoch, da bleibt,
Ja schau nur hin – Verwirrung, Arbeitslosigkeit.
Versuch's doch mal bei denen: Habt ihr Feuer?

Bald scherzhaft lächelnd, bald voll scheuer Würde
Geh ich mit meinem weißen Stock hinaus.
Und in den Gassen lausch ich auf Sonaten,
Bei jedem Straßenkrämer leck ich mir die Lippen,
Blättre in Büchern in den tiefen Toreingängen –
Es ist kein Leben mehr, und dennoch ist es eins.

Ich geh zu Spatzen und Reportern hin
Und dann auch noch zu Straßenfotografen –
Nur fünf Minuten, da bekomm ich schon
Aus einem Eimerchen mein Konterfei:
Vor einem lila Berg im Perserreich.

Dann streif ich wohl auf meinen Botengängen
Durch stickig dampferfüllte Kellerräume,
Wo redlich-reinliche Chinesen hausen,
Teigbällchen mit dem Stäbchenpaar ergreifen,
Mit schlanken, leicht gezinkten Karten spielen
Und Wodka schlürfen wie die
                                    Schwälbchen vom Jang-Tse.

Ich mag sie, krächzend, knarrend – Trambahnwagen,
Den Astrachan-Kaviar, will sagen: den Asphalt,
Auf dem die strohgeflochtenen Matten liegen
Wie um den Asti-Wein ein Korbgeflecht,
Die Straußenfedern jener Baugerüste
Um Leninhäuser, wenn kein Stein noch steht.

Ich trete in wunderliche Grotten: die Museen,
Wo Zaubergeister, Rembrandts blähig schimmern
Mit ihrem Glanz von Leder wie aus Córdoba;
Steh staunend vor gehörnten Mitren Tizians
Und staun den bunten Tintoretto an –
Für seine tausend schreierischen Papageien …

Wie sehr möcht ich das Spiel noch weiter spielen,
Mich im Gespräch verlieren, nur die Wahrheit reden,
Und alle Schwermut nun zum Teufel schicken,
Um irgendwessen Hand zu greifen: Sei mir Freund,
Wir gehen noch zusammen ein Stück Weg …

21. August – 19. Oktober 1931

LAMARCK

Alt der Mann, und schüchtern wie ein Knabe,
Unbeholfner, scheuer Patriarch …
Doch wer könnte glühender gefochten haben
Zu Ehren der Natur als er, Lamarck?

Wenn alles Lebende nur Korrektur ist
Für den einen, kurzen Sterbetag,
So besetz ich nun die letzte Stufe
Auf der losen Leiter von Lamarck.

Zu den Ringelwürmern steig ich nieder,
Hab mit Echsen, Schlangen schon gezischt,
Und auf Stegen, federnd über Tiefen
Schrumpf ich klein, ein Proteus, schon entwischt …

Hornumhüllt, gepanzert zieh ich weiter,
Da sag ich mich los vom warmen Blut,
Saugerüssel wachsen, und ich gleite
Kreisend in den Schaum, die Meeresflut.

Dann durchquerten wir die Klassen der Insekten –
Ein Likörgläschen als Augenball.
Er sagt: Die Natur liebt Unterbrechung,
Aus das Augenlicht! Du siehst zum letzten Mal.

Dann sagt er: Genug der vollen Klänge,
Mozart hast du ganz umsonst geliebt,
Spinnentaubheit wird dich nun bedrängen,
Dieser Sturz ist uns der stärkste Hieb!

Die Natur hat sich von uns zurückgezogen,
So, als ob sie uns nun nicht mehr braucht,
Hat wie ins Scheidendunkel einen Degen
Ein Fadenhirn in uns getaucht.

Einen Brückensteg vergaß sie uns zu lassen,
Brach damit den letzten Rückweg ab
Für all jene mit dem weichen Lachen,
Roten Atem, grünen Grab.

7.–9. Mai 1932

AN DIE DEUTSCHE SPRACHE

Mir zum Ruin, mir selber widersprechend,
Wie eine Motte in die Flamme schwankt,
Will ich aus unsrer Sprache fort! Aufbrechen –
Nur dem zuliebe, was ich ihr verdank.

Denn zwischen uns herrscht Lob, ohne zu schmeicheln,
Die Freundschaft lebt auch ohne Heuchelei –
So lernen wir denn Ernst und Ehre leichter
Im Westen dort, in fremder Kumpanei.

Du Poesie! Du brauchst Gewittertoben!
Erinnre mich an einen deutschen Offizier:
Um seinen Degengriff rankten sich Rosen,
Sein Mund – der Göttin Ceres nie verliert …

In Frankfurt damals, als die Väter gähnten,
Von einem Goethe war da noch kein Wort,
Ersann man Hymnen, hüpften Pferdemähnen
Und tänzelten, wie Lettern, stets am Ort.

Ihr Freunde, waren wir schon in Walhalla,
Wo man zusammen seine Nüsse knackt?
Und welche Freiheit gab es da, für alle?
Auch Wege, die ihr mir gewiesen habt?

Und geradewegs aus schönen Almanachen,
Aus ihrer Neuheit, grandios und fein,
Stiegen wir ohne Angst in unsern letzten Nachen,
Wie in den Keller, um einen Krug von Moselwein.

Die fremde Sprache wird mir einst zur Hülle,
Und lang bevor ich's wagte: das Geborensein;
Da war ich Letter, war ich Traubenzeilen-Fülle,
Ich war das Buch, das euch im Schlaf erscheint.

Als ich noch schlief, gesichtslos, unentwickelt,
Da weckte mich die Freundschaft wie ein Schuss.
Gott-Nachtigall, gib mir Pylades' Schicksal,
Sonst nimm mir meine Zunge – kein Verlust.

Gott-Nachtigall, sie wollen mich wieder mischen
Zu neuer Pest und sieben Jahren Blut.
Der Laut hat sich verengt, die Worte zischen,
Du aber lebst, und ich – der in dir ruht.

8.–12. August 1932

Versuch sie nicht, die fremden Sprachen,
                    bemüh dich, lass sie doch, vergiss –
Die Zähne werden dir nichts nützen,
                    was hilft im harten Glas ihr Biss!

Für ihn, den Leib, und ihn, den andren:
                    unsterblichen und klugen Mund,
Beim letzten Mal, grad vor der Trennung –
                    kann ein fremder Name nichts mehr tun.

Wie wird sie qualvoll, diese Achtung
                    für einen fremden Vogelschrei –
Für Rausch von jenseits des Gesetzes
                    steht unheilvoll der Lohn bereit.

Was ist, wenn Ariost und Tasso,
                    die uns bezaubern und verwirrn,
Nur Ungeheuer sind aus Schuppen
                    und feuchten Augen, blauem Hirn!

Und zur Vergeltung für den Hochmut,
                    du unrettbarer Freund des Klangs,
Erhalten die Verräterlippen
                    zur Stillung nur den Essigschwamm.

Mai 1933 / August 1935

Die Wohnung: papierene Stille,
Wie hohl, ohne jegliche Zier –
Nur hörbar, wie's gluckert, verrinnend
Im Innern, im Röhrengewirr.

Die Habe geordnet, in Schachteln,
Erstarrt dieser Frosch: Telefon,
Die weit schon gewanderten Sachen –
Sie wollen nur raus und davon!

Wie dünn die verfluchten, die Wände,
Kein Ausweg mehr, nirgendwo hin –
Und spielen muss ich ohne Hände
Für wen ich ein Kasper nur bin …

Noch frecher als Komsomol-Banden,
Noch gröbres Getön als die Herrn,
Die Schulbänke drücken im Lande,
Um Henker das Zwitschern zu lehrn.

Ich lese nur Zeug, mir zuwider,
Wie hänfen das Reden hier rinnt,
Und schreckliche Wiegenlieder
Sing ich für das Kulakenkind.

Nur irgendein biederer Wischer,
Ein Hechler von Kolchosen-Flachs,
Ein Tinten- und Blutspurvermischer
Wär würdig des missratnen Dachs.

Nur irgendein reiner Verräter,
So saubergekocht wie das Salz,
Ein Ehefrau- und Kindervertreter
Schlägt Motten wie die, und bezahlt's …

Und wie viel qualvolles Anprangern
Der winzigste Wink in sich trägt,
Als wär's der Nekrassow'sche Hammer,
Der hier alle Nägel einschlägt.

Komm lass uns, schon fast auf dem Richtblock,
Mit siebzig noch handeln, voran!
Wird Zeit, dass du Alter und Nichtsnutz
Mit Stiefeln auftrittst wie ein Mann.

Denn statt Hippukrene, die Quelle,
Bricht ein bald der Strom alter Angst,
Herein in die Wände, Gestelle
Der Moskauer Wohnung des Zwangs.

November 1933

EPIGRAMM GEGEN STALIN

Und wir leben, doch die Füße,
                    sie spüren keinen Grund,
Auf zehn Schritt nicht mehr hörbar,
                    was er spricht, unser Mund,

Doch wenn's reicht für ein Wörtchen, ein kleines –
Jenen Bergmenschen im Kreml, ihn meint es.

Nur zu hören vom Bergmenschen im Kreml,
                    dem Knechter,
Vom Verderber der Seelen und Bauernschlächter.

Seine Finger wie Maden so fett und so grau,
Seine Worte wie Zentnergewichte genau.

Lacht sein Schnauzbart dann – wie Küchenschaben,
Und sein Stiefelschaft glänzt hocherhaben.

Um ihn her – seine Führer, die schmalhalsige Brut,
Mit den Diensten von Halbmenschen
                    spielt er, mit Blut.

Einer pfeift, der miaut, jener jammert,
Doch nur er gibt den Ton – mit dem Hammer.

Und er schmiedet, der Hufschmied,
                    Befehl um Befehl –
In den Leib, in die Stirn, dem ins Auge fidel.

Jede Hinrichtung schmeckt ihm – wie Beeren,
Diesem Breitbrust-Osseten zu Ehren.

November 1933

ACHTZEILER

I

Ich seh das Gewebe erscheinen,
Wie schön, kommt nach zwei oder drei
Erstickensmomenten der Luftstrom,
Er richtet mich auf, biegt mich frei –
Mit Bögen von Segelregatten
Skizziert offne Formen im Wind
Der spielende Raum, halb im Schlaf schon:
Die Wiege nicht kennendes Kind.

IV

O Schmetterling, o Muselmanin,
Zerschnitten dein Leichentuchkleid –
Wie übergroß stehst du und leuchtest,
Du Lebeding, sterbensbereit!
Mit Fühlerantennen, den langen,
Getaucht in den Burnus, die Haut,
O Flagge, weiße Totenhülle –
Du falte die Flügel: mir graut!

V

Und Schubert auf dem Wasser, Mozart in Vogelstimmen
Und Goethe pfeifend auf dem wirren Pfad durchs Kraut,
Und Hamlet denkend in beklommen bangen Schritten –
Hörten den Puls der Menge, haben ihr vertraut.
Vielleicht ist dieses Flüstern älter als die Lippen
Und Blätter trieben, als kein Baum noch stand,
Und jene, denen wir Erfahrung widmen –
Sie haben ihre Prägung längst erlangt.

VI

Nun sag mir, du Wüstenskizzierer,
Geometer des rieselnden Sands,
Sind sie, diese unzahmen Linien,
Noch stärker als Wind, seine Hand?
Was kümmert es mich, sein Gezittre
Das judäische Sorge nur bringt:
Er der Leben hervorlockt aus Lallen
Und Lallen dem Leben entnimmt.

X

In nadelverseuchten Pokalen
Trinken wir den Ursachen-Wahn,
Berühren die kleinsten der Größen,
Und ein leichter Tod haucht uns an.
Doch dort, wo die Stäbchen sich fügen,
Bewahrt sich sein Schweigen das Kind –
Das Weltall, es schläft in der Wiege,
Wo Ewigkeit, klein noch, beginnt.

XI

Ich trete hinaus aus dem Raum nun,
Hinein in die Größen: verwilderter Park,
Zerreiße das scheinbare Stete
Der Ursachen, widrig erstarkt.
Dein Lehrbuch, Unendlichkeit, les ich,
Und ohne Gefährten, allein –
Du blattloses, wildes Arzneibuch
Gewaltiger Wurzeln im Keim.

November 1933

Dem Andenken Andrej Belyjs

Blaue Augen, das Stirnbein darüber,
                das brennend da ruht –
Ja dich lockte, verlockte die Welt als:
                verjüngende Wut.

Und für sie, deine magische Macht
                (sie war dir zuerkannt),
Sprach man dir nie das Urteil,
                warst du niemals verdammt.

Als Tiara die Mütze des Toren,
                die man dir einst bot,
Du türkisblauer Lehrer, du Quäler,
                Erwähler, Idiot.

Wie ein Schneefall auf Moskau, so brachte
                Klein-Gogol Wirrwarr,
Unverständlich-verständlich, verworren,
                so leicht und so klar.

Du Versammler des Raumes, du Zögling,
                nun endlich am Ziel,
Du Erfinderkopf, Stieglitz, Studentchen,
                Student, Schellenspiel …

Schlittschuhläufer, du Erster,
                epochengetriebener Sohn
Unterm Eisstaub von neuem
                erfundener Deklination.

Oft geschrieben wird: Mord, doch man
                    liest es als: Lied,
Ist die Einfachheit – Krankheit, versehrt schon
                    vom tödlichen Hieb?

Die Geradheit des Denkens – keine
                    Kinderrevolver-Halbheit:
Nicht ein Bogen Papier, nein die Botschaft,
                    die Menschen befreit.

Wie Libellen das Wasser vermissen,
                    gehen nieder aufs Schilf,
So befielen die Bleistifte ihn,
                    dem nun keiner mehr hilft.

Für die herrlichen Nachkommen
                    hielten sie sorgsam das Blatt –
Und sie schrieben, erbaten Vergebung,
                    von Zweifeln geplagt.

Zwischen dir und dem Land hier
                    entsteht nun ein eisiges Band –
Nun so lieg denn, werd jünger,
                    unendlich geradegespannt.

Und sie sollen dich nie fragen, die Jungen,
                    ihr Zukunftsverein:
Wie's dir geht dort im Leeren, in Ehren,
                    so rein und – allein!

10. Januar 1934

Meisterin der schuldbewussten Blicke,
Bewohnerin der schmalen Schultern, liebenswert:
Aller Männerstarrsinn – zahmgeknickter,
Ertrunknes Mädchen: Sprache, spricht nicht mehr.

Fische ziehn, mit schimmernd roten Flossen,
Kiemen blähn sich leise. Los, nun greif
Sie, die lautlos nur den »O«-Laut kosten,
Füttre sie mit Brot, mit deinem Leib!

Wir sind keine rot-und-goldnen Schwimmer,
Unser Schwesternbrauch, er lautet so:
Magre Rippen da im warmen Körperzimmer,
Feuchter Glanz der Augen – nutzlos-froh.

Schwung der Brauen: Weg voller Gefahren …
Lippenwinzling, fliegend rot betont –
Warum ist, wie einem Janitscharen,
Mir so köstlich dieser halbe Mond?

Türkenmädchen, liebes, sei nicht böse,
Nähe mich mit dir ins blinde Tuch,
Deine dunklen Worte schluck ich, lösche
Meinen Durst an diesem Wasserfluch.

Du, Maria – Sterbenden die hilfreich helle.
Greif dem Tod voraus, schlaf ein!
Ich steh an der unbeugsamen Schwelle.
Geh doch. Geh schon! Bleib …

Februar 1934

GESPRÄCH ÜBER DANTE

GESPRÄCH ÜBER DANTE
(Kernsätze)

Denn dort, wo ein Text mit seiner Nacherzählung vergleichbar wird, sind die Laken nicht angerührt, da hat die Poesie nicht genächtigt.

⋆⋆

Dante ist ein Instrumentenmeister der Poesie und kein Verfertiger von Bildern. Er ist ein Stratege der Verwandlungen und Kreuzungen und alles andere als ein Dichter in der »gesamteuropäischen« und oberflächlich kulturellen Bedeutung des Wortes.

⋆⋆

In der Poesie ist nur das ausführende Verstehen wichtig und nicht das passive, reproduzierende, nacherzählende. Semantische Befriedigung gleicht dem Gefühl eines ausgeführten Befehls.

⋆⋆

Die Qualität der Poesie liegt in der Schnelligkeit und Entschlossenheit, mit der sie ihre Vorhaben und Befehle in die nicht-instrumentale, lexikalische, rein quantitative Natur der Wortbildung hineintreibt. Man muss springend einen Fluss in seiner ganzen Breite überqueren, der voll ist von beweglichen und in verschiedene Richtungen strebenden chinesischen Dschunken – so entsteht der Sinn poetischer Sprache. Seine Marschroute lässt sich nicht durch Befragen der Schiffer rekonstruieren: Sie können uns nicht sagen, wie und warum wir von der einen Dschunke auf die andere gesprungen sind.

⋆⋆

Poetische Sprache ist ein Teppichgewebe aus einer Vielzahl von Fäden, die sich nur im Farbton der Ausführung voneinander unterscheiden, nur in der Partitur des sich ständig verändernden Befehls der instrumentalen Signalgebung.

Sie ist ein aus Wasser gewebter, äußerst dauerhafter Teppich, ein Teppich, in dem sich die Strömungen des Ganges, als textiles Thema verstanden, nie mit denen von Nil und Euphrat vermischen, sondern verschiedenfarbig bleiben in diesen Geflechten, Figuren und Ornamenten, nicht jedoch Mustern, denn das Muster entspricht genau der Nacherzählung. Das Ornament ist gerade deshalb schön, weil es die Spuren seiner Herkunft bewahrt – als ein *spielend inszeniertes* Stück Natur. Sei es Tier- oder Pflanzenornament, steppennomadisch, skythisch, ägyptisch, einheimisch oder barbarisch – es ist immer sprechend, sehend, wirkend.

**

Großartig ist der Vershunger der alten Italiener, ihr raubtierhafter, jugendlicher Appetit auf Harmonie, ihr sinnliches Verlangen nach dem Reim – *il disio!*

Der Mund arbeitet, ein Lächeln bewegt den Vers, klug und fröhlich röten sich die Lippen, und die Zunge schmiegt sich zutraulich an den Gaumen.

Das innere Bild des Verses ist nicht zu trennen vom unendlichen Mienenspiel, das über das Gesicht des sprechenden und erregten Rezitators huscht.

Die Kunst des Sprechens nämlich verzerrt unser Gesicht, sprengt seine Ruhe, zerstört seine Maske …

**

Als ich anfing, Italienisch zu lernen, und allmählich seine Phonetik und Prosodie kennenlernte, begriff ich plötzlich, dass sich der Schwerpunkt der Sprecharbeit verlagert hatte: näher zu den Lippen hin, zum äußeren Mund. Plötzlich kam die Zungenspitze zu Ehren.

Der Laut stürzte zum Riegel der Zähne. Was mich ebenfalls verblüfft hat, ist die Infantilität der italienischen Phonetik, ihre wunderbare Kindlichkeit, die Nähe zum Kleinkinderlallen, ein bestimmter uralter Dadaismus.

Wunderbar ist da der Reichtum sich vermählender Endungen. Das italienische Verb steigert sich zum Ende hin und lebt ganz in der Endung. Jedes Wort hat es eilig, zu explodieren, von den Lippen zu fliegen, wegzugehen, den anderen den Platz freizumachen.

**

Als der Kreis einer Zeit zu umreißen war, für die ein Jahrtausend weniger ist als ein Wimpernschlag, führt Dante eine kindliche Lautsprache ein in seinen astronomischen, konzertanten, zutiefst öffentlichen Verkünderwortschatz.

Dantes Werk bedeutet vor allem das Hinaustreten der damaligen italienischen Sprache als Ganzes, als System, in die Weltarena.

Die dadaistischste aller romanischen Sprachen rückt auf den weltweit ersten Platz.

**

Die Lektüre Dantes ist vor allem eine nie endende Arbeit, die uns, je mehr wir fortschreiten, umso weiter vom Ziel entfernt. Bringt eine erste Lektüre nur Atemnot und eine gesunde Müdigkeit, so besorge man sich für die folgenden ein Paar unverwüstliche Schweizer Nagelschuhe. Ich frage mich allen Ernstes, wie viele Sohlen, wie viel Rindsleder, wie viele Sandalen Alighieri während seiner dichterischen Arbeit auf den Ziegenpfaden Italiens durchgelaufen hat.

**

Bei Dante sind Philosophie und Poesie immer im Gehen begriffen, immer auf den Beinen. Selbst das Innehalten ist eine Spielart konzentrierter Bewegung: Der Raum für ein Gespräch wird durch alpinistische Anstrengungen geschaffen. Der Versfuß – Einatmen und Ausatmen – ist ein Schritt. Ein schlussfolgernder, wacher, schlüssiger Schritt.

⋆⋆

Das Zitat ist keine Abschrift. Zitate sind Zikaden. Sie haben die Eigenheit, nicht mehr verstummen zu können. Klammern sich in die Luft und lassen sie nicht mehr los. Gelehrsamkeit ist bei weitem nicht dasselbe wie die Anspielungsklaviatur, die das eigentliche Wesen der Bildung ausmacht.

⋆⋆

Würden wir Dante hören, so würden wir unverhofft in einen Kraftstrom eintauchen, der als Ganzes Komposition heißt, in seinem Teilaspekt aber Metapher, in seiner ausweichenden Art schließlich Vergleich, ein Kraftstrom, der die Formulierungen deshalb hervorbringt, damit sie in ihn zurückkehren, ihn in ihrem Hinschmelzen reicher machen und, kaum dass sie der ersten Freude des Werdens für würdig befunden wurden, ihr Erstgeburtsrecht sofort wieder verlieren, indem sie sich der Materie anschließen, die zwischen den Bedeutungen strömt und sie umspült.

⋆⋆

Dante lässt sich nie auf einen Zweikampf mit der Materie ein, ohne ein Organ zu ihrer Wahrnehmung vorbereitet zu haben, ohne ein Messgerät zu haben für die Berechnung der konkreten, tropfenden oder tauenden Zeit. In der Poesie, wo alles Maß ist, alles vom Maß ausgeht, alles um das Maß kreist und sich um seinetwillen bewegt, sind Messgeräte Instrumente besonderer Art, erfüllen eine besonders aktive Funktion. Hier *fügt* sich eine zitternde Kompassnadel nicht nur dem Magnetsturm, sondern erzeugt ihn auch selbst.

⋆⋆

Dante ist ein Habenichts. Ein innerer Rasnotschinez, ein besitzloser Intellektueller von altem römischem Blut. Liebenswürdigkeit ist ihm absolut nicht eigen, eher das Gegenteil. Man muss ein blinder Maulwurf sein, um nicht zu bemerken, dass sich Dante in der ganzen *Divina Commedia* überhaupt nicht zu benehmen versteht, dass er nicht weiß, wie er auftreten soll, was er zu sagen hat, wie er sich verbeugen muss. Das erfinde ich hier nicht etwa, sondern entnehme es den zahlreichen, über die ganze *Divina Commedia* verstreuten Eingeständnissen Alighieris selbst.

⋆⋆

Wäre Dante allein auf den Weg geschickt worden, ohne den *dolce padre*, ohne Vergil, so wäre der Skandal unabwendbar schon gleich zu Beginn losgebrochen, und wir hätten keine Wanderung durch die Qualen und Merkwürdigkeiten vor uns, sondern eine groteske Posse.

Die von Vergil gerade noch rechtzeitig abgewendeten Ungeschicklichkeiten korrigieren und lenken systematisch den Verlauf des Poems. Die *Divina Commedia* führt uns hinein in das seelische Laboratorium Dantes. Was sich uns als untadelige Kapuze und als das sogenannte Adlerprofil präsentiert, war im Innern eine immer wieder qualvoll überwundene Ungeschicktheit, ein geradezu Puschkin'scher, kammerjunkerhafter Kampf um soziale Würde und gesellschaftliche Anerkennung des Dichters. Der Kinder und alte Frauen ängstigende Schatten hatte selbst Angst, und Alighieri warf es abwechselnd in Fieber und Frost: in absonderliche Anfälle von Eigendünkel und das Bewusstsein völliger Nichtigkeit.

⋆⋆

Sich Dantes Poem als eine lineare Erzählung oder nur als eine Stimme vorzustellen ist völlig verfehlt. Lange vor Bach und in einer Zeit, als man noch keine monumentalen Orgeln baute, sondern nur sehr bescheidene, embryonale Prototypen des künftigen Monstrums, als das vorherrschende Instrument noch die stimmbegleitende Zither war, baute Alighieri im Raum der Sprache eine unendlich mächtige Orgel, genoss bereits alle nur denkbaren Register, ließ die Bälge sich blähen, dröhnte und girrte mit allen Orgelpfeifen.

**

Die *Divina Commedia* raubt dem Leser seine Zeit nicht, sondern lässt sie vielmehr anwachsen, wie es ein Musikstück tut, wenn es gespielt wird.

Mit zunehmender Länge entfernt sich das Poem von seinem Ende, und das Ende selbst kommt unerwartet und klingt wie ein Anfang.

**

Dantes Verse sind geologisch formiert und gefärbt. Ihre Materialstruktur ist unendlich wichtiger als ihr vielsagter Skulpturcharakter. Stellen Sie sich ein Monument aus Granit oder Marmor vor, dessen symbolische Absicht nicht die Darstellung von Pferd oder Reiter ist, sondern die Offenbarung der inneren Struktur des Marmors oder Granits selbst. Mit anderen Worten: Stellen Sie sich ein Denkmal aus Granit vor, das zu Ehren des Granits und gleichsam zur Offenbarung seiner Idee errichtet wurde – so erhalten Sie eine recht klare Vorstellung davon, wie bei Dante Form und Inhalt zusammenhängen.

**

Jedes Wort ist ein Strahlenbündel: Der Sinn bricht in verschiedene Richtungen aus ihm hervor und eilt nicht auf den einen, offiziellen

Punkt zu. Wenn wir »Sonne« sagen, machen wir eine gewaltige Reise, an die wir uns so sehr gewöhnt haben, dass wir sie im Schlaf absolvieren. Poesie unterscheidet sich gerade dadurch von einer automatischen Rede, dass sie uns weckt und aufrüttelt in der Mitte des Wortes. Dann erweist dieses sich als weitaus länger, als wir gedacht haben, und wir erinnern uns, dass Sprechen bedeutet – immer unterwegs zu sein.

**

Wenn ich nach besten Kräften in die Struktur der *Divina Commedia* einzudringen versuche, komme ich zu dem Schluss, dass das ganze Poem eine einzige, einheitliche und unteilbare Strophe darstellt. Genauer gesagt: nicht eine Strophe, sondern eine kristalline Figur, einen Körper. Ein unaufhaltsamer Drang nach Formwerdung geht durch das ganze Poem. Es ist ein streng stereometrischer Körper, durchgehende Entfaltung eines kristallographischen Themas. Völlig undenkbar, dieses in seiner Richtigkeit ungeheuerliche dreizehntausendflächige Gebilde mit bloßem Auge zu erfassen oder anschaulich sich vorzustellen. Das Fehlen präziser Kenntnisse in Kristallographie, meine Unwissenheit auf diesem wie auch auf vielen anderen Gebieten, wie sie in meinem Kreis überhaupt üblich ist, beraubt mich des Genusses, die wahre Struktur der *Divina Commedia* zu erkennen, doch Dantes erstaunliche stimulierende Kraft ist so groß, dass er in mir ein konkretes Interesse für Kristallographie geweckt hat, und als sein dankbarer Leser – *lettore* – möchte ich ihn zufrieden stellen.

**

Man muss sich vorstellen, am Bau dieses dreizehntausendflächigen Gebildes hätten Bienen gearbeitet, die mit einem genialen stereometrischen Instinkt begabt waren und je nach Bedarf immer neue und neue Bienen beigezogen hätten. Die Arbeit dieser Bienen – die immer das Ganze im Auge behält – ist in den einzelnen Phasen des

Prozesses von unterschiedlichem Schwierigkeitsgrad. Ihre Zusammenarbeit erweitert und kompliziert sich im Ausmaß der Wabenbildung, durch die der Raum gleichsam aus sich selbst heraustritt.

**

Dantes bildliches Denken realisiert sich, wie in jeder wirklichen Poesie, mit Hilfe jener Eigenschaft der poetischen Materie, die ich Wandlungsfähigkeit oder Umkehrbarkeit nennen möchte. Die Entwicklung eines Bildes kann nur sehr bedingt eine Entwicklung genannt werden. In der Tat, stellen Sie sich – von der technischen Unmöglichkeit einmal absehend – ein Flugzeug vor, das in vollem Flug eine zweite Maschine konstruiert und losfliegen lässt. Auch wenn sie völlig mit dem eigenen Flug beschäftigt ist, schafft es diese Flugmaschine auf genau gleiche Weise, eine dritte hervorzubringen und losfliegen zu lassen. Zur Präzisierung meines als Versuch und Behelf gedachten Vergleichs möchte ich hinzufügen, dass das Hervorbringen und Losfliegenlassen dieser während des Fluges ausgestoßenen, technisch unmöglichen neuen Maschinen nicht etwa eine Zusatz- und Nebenfunktion des fliegenden Flugzeuges darstellt, sondern unabdingbare Komponente des Fluges selbst ist und dessen Realisierbarkeit und Sicherheit nicht weniger gewährleistet als die Funktionstüchtigkeit des Steuers oder das störungsfreie Arbeiten des Motors.

**

Dante ist seiner Natur nach der Dichter, der den Sinn des Bildes ins Wanken und dessen Ganzheitlichkeit zum Einsturz gebracht hat. Die Komposition seiner Gesänge erinnert an den Plan eines Luftverkehrsnetzes oder den unermüdlichen Umlauf der Brieftauben.

**

Das Altertum ist in Dantes Verständnis allem zuvor Panorama-blick, höchste Gesamtschau, Weltumspannung. Im Odysseus-Ge-sang ist die Welt bereits rund.

Es ist ein Gesang über die Zusammensetzung des menschlichen Blutes, in dem das Salz des Ozeans enthalten ist. Das Prinzip der Reise liegt im System der Blutgefäße begründet. Das Blut ist plane-tarisch, solar, salzig ...

★★

Undenkbar, Dantes Gesänge zu lesen, ohne sie auf die Gegenwart zu beziehen. Dazu sind sie geschaffen. Sie sind Gerät zum Einfan-gen der Zukunft. Sie verlangen einen Kommentar im Futurum.

Die Zeit ist für Dante der Inhalt der Geschichte, die er als einen einzigen synchronistischen Akt versteht, und umgekehrt: Der Inhalt der Geschichte ist das mit seinen Gefährten, Mitsuchern, Mitent-deckern gemeinsam gehaltene Gut der Zeit.

Dante ist ein Anti-Modernist. Seine Gegenwart ist unerschöpf-lich, unermesslich, unversiegbar.

★★

Dante besaß das Sehvermögen eines Raubvogels, das nicht für die Orientierung im Nahbereich geschaffen ist: Zu groß war sein Jagd-revier.

★★

Für die tastende Hand, die sich auf den Hals eines erwärmten Kru-ges legt, bekommt dieser seine Form dadurch, dass er warm ist. Wärme geht in diesem Fall der Form voraus, gerade sie leistet die skulpturierende Funktion. Im Zustand der Kälte, gewaltsam ihrem Glühen entrissen, taugt Dantes »Komödie« nur gerade zu einer Zerlegung mittels mechanistischer Zängelchen, nicht aber zum Lesen, zur ausführenden Lektüre.

★★

Stadtliebe, Stadtleidenschaft, Hass auf die Stadt – das ist die Materie des *Inferno*. Die Höllenkreise sind nichts anderes als die Saturnringe des Exils. Dem Verbannten ist seine einzige, verbotene und unwiederbringlich verlorene Stadt ein Überall – er ist von ihr eingekreist. Ich möchte damit sagen, dass das *Inferno* eingekreist ist von Florenz.

★★

Poetische Sprache erschafft ihre Instrumente im Gehen, und im Gehen vernichtet sie sie auch.

Von all unseren Künsten ist einzig die Malerei, besonders die neuere französische, noch imstande, Dante zu hören. Eine Malerei, die die Körper der Pferde in die Länge dehnt, wenn sie sich auf der Rennbahn der Ziellinie nähern.

Jedes Mal, wenn eine Metapher die pflanzlichen Farben des Seins zum artikulierten Ausbruch steigert, erinnere ich mich dankbar an Dante.

★★

Er ist durchdrungen vom Gefühl unsagbarer Dankbarkeit für den blendenden Reichtum, der ihm in die Hände fällt. Seine Sorge ist nicht eben klein: Er muss Raum schaffen für das Anströmende, das erstarrte Sehen vom Star befreien, sich darum bekümmern, dass die großzügig hervorströmende poetische Materie nicht zwischen den Fingern zerrinnt, nicht ein leeres Sieb hinterlässt.

★★

Das Unvereinbare vereinend, veränderte Dante die Struktur der Zeit, und vielleicht auch umgekehrt: Er war gerade deshalb gezwungen, den Weg der Glossolalie der Fakten, den Weg des

Synchronismus durch Jahrhunderte getrennter Ereignisse, Namen und Überlieferungen zu beschreiten, weil er die Obertöne der Zeit hörte.

**

Die poetische Materie hat keine Stimme. Sie malt nicht mit Farben und drückt sich nicht mit Worten aus. Sie hat keine Form und keinen Inhalt, aus dem einfachen Grund, weil sie einzig im Vollzug existiert. Der fertige Text ist nichts anderes als ein kalligraphisches Produkt, das unvermeidlich nach dem vollzogenen Ausbruch übrig bleibt. Wird die Feder wieder ins Tintenfass getaucht, ist der fixierte, festgehaltene Text nichts anderes als eine Ansammlung von Buchstaben, die völlig den gleichen Status hat wie das Tintenfass.

**

Entgegen allem eingebürgerten Denken ist die poetische Sprache unendlich roher, unendlich unbehauener als die sogenannte »Umgangssprache«. Mit der Rezitations- und Aufführungskultur steht sie gerade über diesen Rohstoffcharakter in enger Berührung.

Ich werde dies am Beispiel Dantes zu zeigen versuchen und schicke dem schon hier voraus, dass es in der ganzen Dante'schen »Komödie« keinen Moment gibt, der nicht direkt oder indirekt die rohstoffhafte Eigenständigkeit der poetischen Sprache bestätigen würde.

**

In Puschkins Verständnis, das er von den großen Italienern als freies Erbe übernommen hat, ist die Poesie ein Luxus, doch ein Luxus, der so lebensnotwendig ist wie Brot und manchmal genauso bitter.

**

Dante betrachtet die menschliche Sprache nie als abgesonderte Vernunftinsel. Seine Wortschatzkreise sind zutiefst barbarisiert. Damit die Sprache gesund bleibt, fügt er ihr stets ein barbarisches Beimengsel zu. Ein gewisser Überschuss an phonetischer Energie zeichnet ihn vor den anderen italienischen und anderssprachigen Dichtern aus, als ob er gleichsam nicht nur spreche, sondern auch esse und trinke und einmal die Haustiere nachahme, einmal das Piepsen und Zirpen der Insekten, einmal das blökende Gejammer der Alten, einmal das Schreien der auf der Folterbank Gefolterten, dann wieder die Stimme eines zweijährigen Kindes.

**

Die Aufmerksamkeit ist die eigentliche kühne Leistung des lyrischen Dichters, Zerzaustheit und Zerstreutheit sind nur die Ausflüchte einer lyrischen Faulheit.

DIE WORONESCHER HEFTE

Deine Schultern so schmal, rotgepeitscht an der Wand,
Rotgepeitscht an der Wand, und vom Frostwind verbrannt.

Deine kindliche Hand, die das Plätteisen hebt,
Die das Plätteisen hebt, und die Stricke verwebt.

Deine Füße so zart, müssen nackt übers Glas,
Müssen nackt übers Glas, und den Sand blutig nass.

Als ein Kerzenlicht schwarz, muss ich brennen für dich,
Muss ich brennen für dich, und nicht beten darf ich.

1934

SCHWARZERDE

Ist überreich beschert, tritt überschwarz hervor,
Ist wachend, weiter Raum, ist Mähnenhaar der Pferde,
Verstreut sich weit, und formt sich, ist ein großer Chor –
In feuchten, leichten Schollen: meine Freiheitserde …

Zur Zeit des frühen Pflügens – Schwärze bis ins Blau,
In ihr, aus ihr ist, wehrlos, dieses Tun entstanden,
Ein Hügelreich: das Sprechen, aufgepflügt und rau –
Ein Kreis, der nicht umkreist wird, nicht umrandet.

Und dennoch ist sie – Irregehen, Hieb des Beils,
Ihr Bein: zerschlagen, unerbittlich steht sie, hält nicht inne,
Verwesend noch: als Flöte, die das Ohr zerfeilt,
Im Morgen furcht sie, Klarinette, meine Sinne …

Wie schön die fette Schicht, die auf der Pflugschar liegt,
Wie still die Steppe, der April vermischt die Wege …
Ich grüß dich, Schwarze Erde – Auge, du sei unbesiegt:
Ein schwarzberedtes Schweigen will sich regen.

April 1935

Ich muss nun leben, war schon zweifach tot,
Die Stadt ist außer sich, das Wasser tobt –
Wie ist sie hübsch, wie fröhlich, backenknochig,
Wie schön die fette Schicht, die auf der Pflugschar liegt –
Die Steppe schweigt im raschen Umschwung des April …
Der Himmel, Himmel ist – dein Buonarroti!

April 1935

Du lass mich frei, Woronesch, gib mich wieder –
Lässt du mich los oder verpasst mich lieber,
Du lässt mich fallen, nicht? Du Rabennest,
Woronesch – Netz, Woronesch – wahre Pest!

April 1935

Was ist das für eine Straße?
Die Mandelstam-Straße.
So ein Name, ein Teufelsding! –
Man kann ihn drehen, wie man mag,
Krumm klingt er, und nicht gerad.

Er passt sich wenig in die Linie ein,
Seine Art war wohl nicht lilienrein,
Und deshalb trägt der Straßendamm,
Nein, viel eher: Grube, Graben –
Diesen krummen Namen
Eben jenes Mandelstam.

April 1935

Ich liege in der Erde, rühre meine Lippen –
Ein jeder Schüler wird einst lernen, was ich sag:

Der Erdball ist am Roten Platz so rund geschnitten,
Sein Abhang härtet willig sich von Tag zu Tag,

Der Erdball steht am Roten Platz viel runder,
Sein Abhang ist's, der unversehens in die Weite strebt,

Er dehnt sich weiter, bis ins Reisfeldland hinunter –
Solang auf dieser Welt ein Letzter unfrei lebt.

Mai 1935

GESCHORENE KINDER

Wir sind erfüllt noch mit dem Höchstmaß Leben,
Noch gehn in allen Städten auf dem Ring
Chinesenkleiderchen; und Blusen schweben –
Aus Schwimmhautstoff und Schmetterling.

Noch sammeln Schneide-Scherchen eifrig beißend
Kastanienbraune Korruptionsgeschenke,
Und fallen auf Servietten, blütenweißen,
Die klugen Lockenprachten in die Senke.

Noch fliegen Mauersegler, Uferschwalben –
Noch kein Komet, der uns verseucht und schindet,
Noch schreibt sie sternenreich und schweifgestaltet:
Verständnisvolle violette Tinte.

24. Mai 1935

KAMA

I

Auf dem Kama-Fluss, dunkel dem Auge, da schien
Eine Stadt durch die Schatten, auf eichenen Knien.

Sind ein Spinnengewebe – und Bart gegen Bart
Rennen brennende Fichten, im Wasser gepaart.

Und auf hundertvier Ruder stemmt Wasser sich hin,
Trägt hinauf und hinab: nach Kasan, nach Tscherdyn.

Meinen Kopf hinterm Vorhang, befahr ich die Flut,
Ja den Kopf hinterm Vorhang, den Kopf in der Glut.

Und mit mir: meine Frau, und fünf Nächte kein Schlaf,
Ja fünf Nächte kein Schlaf, drei Bewacher uns nach.

II

Und ich schaute, schon weiter im Nadelbaum-Osten,
Wie die rasenden Wellen die Bojen begossen.

Und man möcht ihn abtragen, den Berg, Schicht um Schicht,
Neue Wälder zu pflanzen, reicht deine Zeit nicht.

Und gleich hier möcht man siedeln, im alten Ural,
Wo – versteh doch – auch Menschenvolk wohnt überall,

Und man möchte der wahnwitzig törichten Weite
Tief im Mantel umhüllend ein Lager bereiten.

Mai 1935

Genommen habt ihr mir: die Meere, Lauf und Flug,
Und gebt den Schritten Zwang der Erde, ihrer Lehme.
Und was habt ihr erreicht? Erfolg und Glanz genug:
Die Lippen rühren sich, ihr könnt sie mir nicht nehmen.

Mai 1935

Wie kann ich die Tote, die Frau nun noch loben?
Sie steht dort in Fremdheit, ist Macht …
Ins Grab, in ein warmes, gewaltsam gezogen
Von seltener Liebe und Kraft.

Gerundete Brauen, beharrlich: zwei Schwalben –
Die flogen vom Sarg her zu mir:
Zu lang schon hat man sie dort oben gehalten
Im kalten Stockholmer Quartier.

Die Geige der Väter: der Stolz deiner Sippe –
Ihr Hals gab sein Schönsein dir hin,
Du öffnetest lachend die zierlichen Lippen,
Italisches, russisches Kind.

Dein lastendes Bild will ich immer bewahren,
Du Bärenkind, Wildling, Mignon –
Doch Mühlen im Schnee werden Winter erfahren,
Vereist ist dein Horn, Postillion.

3. Juni 1935 – 14. Dezember 1936

Auf leblosen Wimpern da: Isaak erfror,
Das Blau zieht die Prunkstraßen weiter –
Das Fell von der Bärin und Leiermanns Tod
Und dort, im Kamin, stehn von Fremden die Scheiter.

Der Hundewart treibt ihn hinaus, diesen Brand,
Ein Rudel geworfener Zeilen –
Und Erdrund, möbliert ist's: ein rasendes Land,
Der Spiegel: verzerrt wird er Klugredner zeigen.

Die Treppen, die Stufen, wie Nebel und Schall,
Der Atem, der Atem, Gesang will sich regen –
Im Schulterpelz Schuberts: der Talisman – kalt,
Bewegen, Bewegen, Bewegen …

3. Juni 1935

Nicht als Mehl von einem weißen Falter
Bring ich die geliehene Asche bodenwärts.
Ich will, dass der denkende, der kluge Leib
Sich zur Straße, sich zur Landschaft umgestalte –
Dieser Wirbelleib, verkohltes Herz,
Dem sein eignes Maß kein Rätsel bleibt.

Schreie dunkelgrünen Nadelzweigs –
Diese tiefen, brunnentiefen Kränze –
Ziehn das Leben, die geliebte Zeit,
Auf Lafetten, die da tödlich glänzen,
Reifen rotbeflaggten Nadelzweigs –
Diese fibelleichten, runden Kränze.

Kameraden jenes letzten Aufgebots
Gingen hin zur Arbeit in den harten Himmeln,
Infanterie trug schweigend wortelos
Auf den Schultern der Gewehre Stimmen.

Tausendfach Geschütze, Luftabwehr –
Und Pupillen, braunes, blaues Sehen,
Ungeordnet Menschen, Menschen, immer mehr:
Wer wird einst in ihren Spuren gehen?

21. Juli 1935

Nein, nicht Migräne – und doch, reich ihn her,
den Mentholstift –
Weg sind sie: Kunst, ihre Blicke, der Raum, seine Farbe,
die froh ist …

Leben, sein Anfang: im Trog – als ein fremdes und
nasses Geflüster,
Dann ging es weiter, war Lampenruß, weich,
Kerosingeruch ist es.

Irgendwo draußen, im ledernen Baumgeflecht
sah ich es wieder:
Lodert es auf, kam ganz plötzlich – als riesiger,
brennender Flieder.

Nein, nicht Migräne – und doch, reich ihn her,
den Mentholstift –
Weg sind sie: Kunst, ihre Blicke, der Raum, seine Farbe,
die froh ist …

Weiter, durch farbige Gläser – mit Augen, verengten,
in Qualen:
Himmel – ist drohende Keule, und Erde – nur
rotbraune Kahlheit.

Weiter kann ich noch nicht sehen – als ob alles breche,
verstumme.
Nur die Gerüche: von Teer und von fauligem Tran
und von Kummer.

Nein, nicht Migräne – doch Kälte des Raumes,
geschlechtslos und hohl,
Rauschen: zerrissene Gaze, Gitarre von lautem Karbol …

23. April – Juli 1935

DIE GEBURT DES LÄCHELNS

Ein Kind beginnt zu lächeln, alles ist bereit,
Es teilt sich in ihm Bitterkeit und Süße,
Die Enden seines Lächelns reichen weit
Und werden (ohne Scherz) bis in die Meere fließen.

Ist mit dem Spiel der Lippenwinkel fein begabt,
Und nicht zu sagen ist die Freude: atmen können –
Schon steppt sich eine Regenbogennaht
Und will unendlich weiter diese Welt erkennen.

Und aus dem Wasser hob sich Land zuletzt –
Der Schneckenmund, sein Anstrom und sein Werden –
Und springt ins Auge her, atlantisch: Jetzt,
Die Dinge dieser Welt auf einer Wunder-Erde.

Der Raum geruchlos, fehlen ihm die Farben,
Das Festland hob sich: Rückgrat, Bögen, rund,
Ein Muscheltier kriecht aus, es strahlt ein Menschenmund,
Der Regenbogen bindet sie wie Garben –
Dann springt das Jetzt in beide Augen, ihren Grund.

8. Dezember 1936 – 11. Januar 1937

Ein wenig staunen noch, sei's nur für heute:
Über Kinder, Schnee und diese Welt –
Auf immer ungehorsam-ungebeugtes:
Dies Lächeln ist ein Pfad, den kauft kein Geld.

10.–13. Dezember 1936

Stieglitz, eins mit mir, den Kopf nach hinten
Schaust du auf die Welt, ganz neu:
Ob er dir ins Auge schlägt, der Winter,
Gleich wie mir, so stachlig wie die Spreu?

Bötchengleicher Schwanz, die Federn:
                              schwarz-und-gelbe,
Röte sich zum Schnabel gießt –
Weißt du denn, mein Stieglitz, du derselbe,
Wie sehr du Spiegel-Dandy bist?

Was für Luft da herrscht auf seinem Scheitel:
Schwarzer, roter, weißer Ort!
Wachsam schaut er aus nach beiden Seiten –
Schaut nur kurz. Flog fort.

10.–27. Dezember 1936

In mir nicht, und auch nicht in dir – in ihnen
Liegt sie, die volle Kraft der Wortausgänge:
Denn ihre Luft leiht Schilfrohr-Poren die Gesänge –
Und dankerfüllt die Muscheln: Lippenlinien,
Die ihrer Schwere, atmend, sich entgegendrängen.

Sie tragen keinen Namen. Ihre Knorpelschicht
Betrittst du, wirst der Erbe ihrer Königreiche.
Und nur für sie, die Menschenherzen, lebensweiche,
Irrst du in ihren Gängen, Längen, gibst Bericht
Von ihnen, allen ihren Freudenzeichen,
Und was sie quält – in Ebben, Fluten bricht.

9.–27. Dezember 1936

Im Innern seines Bergs liegt dieser Götze träg
In schonenden Gemächern, schützend uferlosen,
Vom Hals tropft ihm der Schmuck, es tropft sein Fett –
Die Ebben, Fluten seines Schlafs umkosend.

Einst hat, als er ein Knabe war, der Pfau mit ihm gespielt,
Sie speisten ihn – womit? – dem Regenbogen Indiens.
Mit Milch aus rosigen Lehmen hat man ihn gestillt
Und sparte nicht am Rot der Koschenille.

Der Knochen schläft, der Knoten, der sich um ihn schlingt,
Fast menschlich sind die Schultern, Knie, Finger –
Mit seinem breiten Mund lächelt er still,
Und nur sein Knochen denkt, es fühlt nur seine Stirn:
Sein menschliches Gesicht müht er sich zu erinnern.

10.–26. Dezember 1936

Mit einem Plättchen des »Gillette«
Ist's leicht, die Winterborsten wegzuschaben –
Komm, lass, erinnernd im Duett,
Uns einen Ukraine-Sommer haben.

Namhafte Wipfel, die da ragen,
Zerzauster Eichen Namenstage,
Genau wie auf dem Ruisdael-Bild –
Den einen Strauch, ohne zu fragen,
Mit Bernstein, roten Lehmen, wild!

Die Erde läuft nach oben. Schön –
Die saubren Schichten anzusehn,
Umfassend Herr zu sein, auf Zeit,
Von dieser Erde Einfachheit.

Die Hügel flogen hin zum Ziel
Wie leichtes Heu, als Haufenschar,
Ein Zeltstadtzug, den Schattenglut befiel,
Der Lauf des Steppenpfad-Boulevards!
Die Weide stürmt in ihren Brand,
Die Pappel hob sich eitlerweise!
Und überm gelben Stoppelland –
Der Rauch des Frosts in seinen Gleisen.

Der Don ist wie ein Halbblutpferd,
Er silbert fein, nicht unbeschwert,
Schöpft Eimer Wasser in die Kehle,
Verliert sich weit, wie meine Seele,
Als auf den rauen Bettgestellen
Die Last der Abendstunden lauschte –
Und weit über die Ufer quellend,
Die Bäume (Zechkumpane) rauschten.

15.–27. Dezember 1936

Wegzeichen für den fernen Tross
Durch das helle Fensterglas …
Von der Wärme und vom Frost
Scheint der Fluss mir jetzt so nah.
Und was für ein Wald dort – Fichten?

Nein, nicht Fichten, lila Lichter!
Und was für ein Birkenrosa –
Sag ich nicht sofort-sogleich:
Nur der luftigen Tinte Prosa
Steht unleserlich und leicht …

26. Dezember 1936

Wie ein verspätetes Geschenk
Ist mir der weiße Winter jetzt:
Ich lieb es, wenn er ungelenk
Zum allerersten Schwung ansetzt.

Schön an ihm der Schrecken. Sei's
Der Beginn furchtbarer Taten:
Vor dem waldlos kahlen Kreis
Wurde kleinlaut selbst der Rabe.

Doch am stärksten ist zerbrechlich
Aufgewölbtes blaues Weiß:
Schlaflos wiegen dich die Flüsschen
Und ihr rundes Schläfen-Eis …

29.–30. Dezember 1936

Hefe, kostbar, dieser Welt:
Klänge, Tränen, zähe Mühe –
Regenschlag, der auf uns fällt,
Unheilsbrodeln in der Frühe
Und Verlust an Klang-Entgelt –
Aus welchem Erz zurückzuführen?

Im Gedächtnis, bettlerhaft,
Fühlst du feuchte, frische Beulen,
Voll von Kupferwasser: Fracht,
Der du folgen wirst, bereuend,
In dir selber Fremde spürend:
Blinder und sein Blindenführer.

12.–18. Januar 1937

Ich bin nicht tot und nicht allein – für eine Weile,
Solang ich meine Bettlerfreundin seh,
Werd ich die große Ebene genießend teilen,
Und Nebeltreiben, Hunger, Schnee.

In Luxus-Armut, reichen Bettlerrechten
Leb ich allein – getröstet, in Geduld –
Gesegnet sind die Tage und die Nächte,
Süß ist der Klang der Arbeit: ohne Schuld.

Unglücklich der, den wie sein eigner Schatten
Ein Bellen schreckt und den der Windstoß mäht –
Und arm der halblebendig Niemalssatte,
Der dort beim Schatten um Almosen fleht.

15.–16. Januar 1937

Ich schau dem Frost allein nun ins Gesicht:
Er geht nirgendwohin, ich komm nirgendwoher –
Wie Wäsche weiter plättet sich
Die Ebene, atmendes Wunder, Wiederkehr.

Die Sonne blinzelt, steht in Armuts Stärkemehl,
Ihr Blinzeln: ruhig ist's, wie ohne Not …
Und tausendfache Wälder, gleiche, nie verfehlt …
Im Auge knirscht der Schnee, ist rein und schuldlos: Brot.

16. Januar 1937

Was tun mit ihr, der Ebene: Erschlagenheit,
Mit ihrem weitgedehnten, wunderlichen Hunger?
Was sich an Offenheit in ihr noch zeigt,
Das sehen wir im Augenschließen, im Verstummen –
Es wachsen Fragen: geht wohin? und kommt woher?
Und kriecht auf ihr beharrlich nicht auch Er,
Den unser Schrei im Schlaf uns nennt,
Den Zukunftsvölkern Judas-Element?

16. Januar 1937

Vergleiche nicht: das Lebende ist unvergleichlich.
Mit einem zärtlichen Entsetzen
Hab ich ihr zugestimmt, der Gleichheit dieser Weiten –
Und Himmelskreise wurden Leiden bis zum Letzten.

Ich wandte mich an meine Helferin: die Luft,
Erwartete von ihr die Nachricht, gute Dinge,
Und mach mich auf den Weg, durchsegle diese Bucht
Der Reisen, die im Nirgendwo und nie beginnen.

Wo's mehr noch Himmel gibt, da hätt' ich wandern mögen –
Und helle Sehnsucht geht mir nicht mehr aus dem Sinn
Von den noch jungen Woronescher Hügeln
Zu den toskanischen, die Habe aller Menschen sind.

18. Januar 1937

Kämpft sich's von Beigemisch, Beschlag erst frei,
Brennt weiblich zartes Silber neu und lichter,
Und stille Arbeit silbert, silbert fein
Den Eisenpflug, den Stimmenklang des Dichters.

Januar 1937

Ich stehe nun im lichten Spinngewebe
Von schwarzem Haar, von hellem Fell, seit je –
Das Volk braucht Licht und blaue Luft zum Leben,
Es braucht das Brot, und Elbrusschnee.

Mir heute Rat zu geben, hab ich keinen,
Ihn noch zu finden: eine Qual –
Solch glashell rein verweinte Steine
Gibt's weder auf der Krim noch im Ural.

Das Volk braucht Verse, unerklärlich und vertraut,
Um sich vom Schlaf für immer aufzuwecken –
In ihrer Welle, flachsen und kastanienbraun,
In ihrem Atem sich zu waschen, zu umdecken.

19. Januar 1937

In weite Ferne gehen Hügel: Menschenköpfe,
Mich wird man nicht mehr sehn, ich werd
                              verschwindend klein –
In Kinderspielen, Büchern, zärtlichen Geschöpfen
Sag ich einst auferstehend, dass die Sonne scheint.

Januar 1937

Der Januar … wo kann ich nun noch leben?
Die offene Stadt da hängt sich närrisch ein …
Verschlossne Türen – haben die mich ganz benebelt?
Vor Riegeln, Schlössern möcht man eines nur, den Schrei.

Sie stehen bellend offen: Gassenstrümpfe,
Verzerrte Straßen, Kammern, leergerafft –
Verstecken eilig sich in Winkeln und in Rümpfen
Die Schemen da, und springen weiter, geisterhaft.

Und in die Grube, warzenübersätes Dunkel,
Gleit ich hinab, auf ein vereistes Wasserrohr,
Und strauchelnd hab ich tote Luft getrunken,
Und Krähen fliegen kreischend auf – ein Fieberchor.

Ich ruf sie an – und gegen ihn da, dunkelschwarz,
Den hartgefrorenen Kasten, stoß ich bleiern schwer:
Nur einen Leser möcht ich! Einen Helfer! Arzt!
Auf Dornentreppen: ein Gespräch! was gäb ich her …

Ende Januar – 1. Februar 1937

Aufspringen runder Buchten, Kiessand, blauer Flügel,
Ein träges Segel, das in Wolken weiterzieht –
Ich war von euch getrennt, kaum hab ich euch geliebt:
Und orgelfugenlanges bittres Meerkraut trieb
Wie falsches Haar – und duftet noch nach langer Lüge.
Als ob die Eisenzärtlichkeit in einen Rausch hintrüge,
Und Rost benagt das Uferland mit Appetit …
Warum liegt unterm Kopf ein andrer Sand,
                              und andre Hügel?
Du, kehliger Ural, und Wolgastromgebiet
Von breiten Schultern, weites Land – in tiefen Zügen
Muss ich sie atmen hier, solang es mich noch gibt.

4. Februar 1937

Ich singe, karg die Seele, feucht die Kehle, kalt,
Der Blick maßvoll benetzt, der Geist will nichts verstellen.
Ist gut der Wein? Und dort, die Schläuche, gute Wahl?
Von Kolchis gut in deinem Blut die leise Welle?
Die Brust wird eng – kein Laut mehr, was da mahlt:
Nicht ich sing mehr, mein Atem singt an meiner Stelle –
Der Kopf ist taub, das Ohr: im Berg, im Futteral …

Das Lied, das selbstlos ist, ist selbst sein Lob, und strahlt –
Den Feinden: Teer, den Freunden: Trost, Erkennungsmal.

Das Lied hat nur ein Auge, wächst aus Moos empor,
Die Gabe eines Jäger-Lebens: eine Stimme,
Man singt's auf Pferden, auf den Höhen, singt's im Chor,
Der Atem hält sich frei und offen, strömt zum Himmel –
Nur eine Sorge, ehrvoll-unentwegte, immer:
Das Paar nach Brauch zur Hochzeit tragen, hin zum Tor.

8. Februar 1937

Mit Sehsinn leiser Wespen reich versehen
(Sie saugen an der Achse, Achse dieser Welt),
Erahn ich alles, was bereits geschehen,
Erinnre blindlings – nichts, was mich mehr hält.

Ich führe keines Bogens schwarze Stimme,
Ich zeichne nicht, ich singe nicht:
Ich saug das Leben in mich ein, auf immer
Der Neider wilder Wespen, ihrer Sicht.

O könnten die mich eines Tages zwingen,
Weit über Schlaf und Tod hinausgeschnellt:
Der Stachel Luft und Sommerglutenringe –
Sie zu belauschen: Achse, Achse dieser Welt …

8. Februar 1937

VERSE VOM UNBEKANNTEN SOLDATEN

I

Dieser Luftstrom, er soll es bezeugen,
Dieses Herz, und der weit reicht – sein Stoß:
In den Erdbunkern schlingt sie aufs Neue,
Jene See, ist ein Stoff, fensterlos.

Und die Sterne, sie wollen verleumden,
Wollen sichten – warum? – jedes Los:
Die Verdammung von Richter und Zeugen,
Und die See, einen Stoff, fensterlos.

Ist ein Manna ohne Namen, Bedeutung:
Sämann Regen erinnert sich schwer –
Wie sie Kreuze zu Wäldern verstreuten,
Diese See und die Keile vom Heer.

Reihen knochiger frierender Menschen
Stehn zum Hungern und Töten parat –
Und ins Grab, allbekannt ist das Ende,
Wird gelegt, anonym, ein Soldat.

So lehr du mich, entkräftete Schwalbe,
Die du lang nicht mehr fliegst und vergisst –
Wie nur kann ich im Luftgrab mich halten
Ohne Steuer und Flügel und List?

Und im Namen von Lermontow, Dichter,
Geb ich dir meinen strengen Bericht:
Wie die Grube den Buckligen richtet
Und das Grab in den Luftraum mich flicht.

6

Soll denn dafür der Schädel aufsteigen
Hoch zur Stirn, und von Schläfe zu Schläfe,
Dass die Heere ins Innere treiben,
Dass sie kostbaren Augenraum treffen?
Er wächst auf, wird gedrängt nur vom Leben
Hoch zur Stirn, und von Schläfe zu Schläfe –
Und er scherzt mit der Reinheit der Nähte,
Ist verstehende Kuppel, von Helle umgeben,
Schäumt von Gedanken, sich träumend erwartend –
Kelch der Kelche ist er, Land der Länder,
Und vom Sternsaum gesäumt seine Ränder:
Haube Glück – und von Shakespeare der Vater.

8

Von dem Blut schwellen an die Aorten
Und ein Flüstern klingt hin durch die Schar:
– Vierundneunzig, da bin ich geboren,
Und ich zweiundneunzig, in jenem Jahr …
Und dann press ich, zerreibe im Fäustepaar
Meine Jahrzahl, die zahllos geteilte,
Und ich flüstre mit blutleeren Lippen:
Bin geboren zur Nachtzeit vom zweiten zum dritten
Januar einundneunzig, im glücklosen Jahr –
Und wie Feuer umzingeln mich: Zeiten.

Februar - März 1937

DAS ABENDMAHL

In die Wand war der Himmel verliebt,
Stand verwundet, voll Narben und Lichter –
Er brach ein in sie, Helle geschieht,
Und war dann: jene dreizehn Gesichter.

Da kommt Er, in der Nacht nun, mein Himmel,
Und vor Ihm steh ich hier, wie ein Kind:
Kalter Rücken und Augenschmerz, Flimmern –
Fang ich sprengende Kraft: Firmament.

Von den Schlägen der Ramme geschunden
Stürzen augenlos Sterne zu Grund:
Dieses Abendmahls neuere Wunden –
Unvollendet die Freske, im Dunst.

9. März 1937

Hab verirrt mich am Himmel – was nun?
Wem er nah ist, der soll mir's erklären …
So viel leichter war klangreiches Tun
Euch neun Dante'schen Wurfscheiben-Sphären.

Bin dem Leben nie mehr zu entwöhnen,
Vom Erschlagen, Liebkosen nun träumt's –
Dass in Ohren und Augenraum-Höhlen
Florentinisches Sehnen aufschäumt.

Ich will nichts auf den Schläfen, will keinen
Stechend zärtlichen Lorbeerbehang –
Besser spaltet mein Herz, dieses meine,
Auf zu Scherben von tiefblauem Klang.

Wenn ich, ausgedient, bald schon hier sterbe:
Allen Lebenden lebenslang Freund –
Soll sich Widerhall himmlischer Erde
Hoch und weit in dem Körper zerstreun.

9.–19. März 1937

Doch vielleicht ist's die Spitze zum Irrsinn
Und vielleicht das Gewissen, ja deins:
Lebensknoten, in dem wir erst wir sind
Und gelöst – für den Lauf unsres Seins.

Kathedralen von großen Kristallen –
Wie gewissenhaft: Spinne des Lichts –
Auf die Rippen entfaltet sie alle
Und verbindet ins Bündel sie, dicht.

Reine Linien, in dankbaren Bündeln,
Stehn vom Strahl, fein und dünnem, verzwirnt –
Irgendwann werden sie sich neu finden:
Gleichsam Gäste mit freierer Stirn.

Nicht im Himmel – auf Erden, hier unten,
Einem Haus, reich erfüllt mit Musik.
Nur erschreck sie nicht, nur keine Wunde –
Noch zu leben, wie gut, wenn's uns glückt.

Was ich sage, verzeih mir's, verzeih's,
Und dann lies es mir, lies es mir leis.

15. März 1937

O ich möchte fliegen, sehr –
Dass keiner mehr mich sieht –
Dem Strahl jäh hinterher
Dorthin, wo's mich nicht gibt.

Doch du strahl hell im Kreis –
Ein andres Glück gibt's nicht –
Und lern beim Stern der weiß
Was es bedeutet: Licht.

Er ist nur darum Strahl,
Er ist nur darum Licht:
Vom Flüstern mächtig-prall,
Vom Lallen warm und dicht.

Ich will dir sagen nun
Dass flüsternd ich im Raum
Dem Strahl mit meinem Mund
Dich Kind hier anvertrau.

23. März 1937

Blaues Töpferreich, Insel der Kreter –
Ihre Gabe, die buken sie hier
In die klingende Erde. Und hörst du ihn treten,
Ihren Delphin-Flossenschlag tief unter dir?

Dieses Meer fließt so leicht ins Gedächtnis,
In den Lehm, den das Brennen erfreut:
Das Gefäß, seine kühlenden Mächte –
Auf das Meer und das Auge zerteilt.

Gib zurück mir mein Werk, du mein gutes
Blaues Kreta, das Flügel da trug –
Und die Brust einer Gottheit des Flutens
Tränke nun diesen brennenden Krug.

All dies war ein Gesang und war Bläue
Vor Odysseus – und lang vor der Pein,
Da man Speisen und Trank einen neuen,
Diesen Namen erfand: »mein« und »dein«.

Nun gesunde doch, strahl schon, und rufe –
Himmelsstern, du stehst ochsäugig da –
Und ein fliegender Fisch ist der Zufall,
Und das Wasser spricht *ein* Wort nur: Ja.

März 1937

An die Lippen hin führ ich das Grün,
Diesen leimigen Eid in den Zweigen,
Und die Erde hier, meineidig, kühn –
Große Mutter des Ahorns, der Eiche.

Nun schau her, ich erblinde, gewinne
In der Demut der Wurzeln die Kraft:
Wird das Auge nicht zu viel hier finden
In dem Park hier, an tobender Pracht?

Und die Stimmen der Frösche – vereint
Hin zum rollenden Quecksilber-Ball,
Und die Rute wird endlich zum Zweig,
Und der Dampf wird Erdachtes,
                    steht milchig im All.

30. April 1937

Die leere Erde unwillkürlich rührend
Mit ihrem lahmenden und feinen Gang
Geht sie, die flinke Freundin leise führend,
Dem wenig ältren Jüngling leicht voran.
Es zieht sie eine Freiheit, schmal und scheue,
Ihr Mangel, der ihr eine Seele gibt,
Es scheint, als wohne diesem Schritt
Verhalten eine klare Ahnung inne –
Dass dieses lichte Wetter, Frühlingsneue
Seit Urzeit Mutter ist – dem Grabgebäude:
Denn alles wird auf immer neu beginnen.

Es gibt sie: Frauen, feuchter Erde nah Verwandte,
Und ihre Schritte – Schluchzen, Widerhall.
Die Toten zu geleiten sind sie Abgesandte,
Als Erste grüßen sie die Auferstandenen all.
Von ihnen Zärtlichkeit zu wollen ist Verbrechen,
Von ihnen sich zu trennen – ist nicht unsre Kraft.
Sind heute Engel, morgen Wurm und Gräbernacht
Und übermorgen nur ein umrisshaftes Lächeln.
Wird unwegsam, was einmal Weg noch war,
Die Blumen sind unsterblich. Himmel – unteilbar.
Und das, was sein wird, ist nur ein Versprechen.

4. Mai 1937

BRIEFE AN NADESCHDA

Mein liebes Kind!

Es gibt fast keinerlei Hoffnung, dass dieser Brief ankommt. Morgen fährt Kolatschewskij »nach Kiew«, über Odessa. Ich bete zu Gott, dass Du hören könntest, was ich sage: mein Kindchen, ohne Dich kann ich und will ich nicht leben, Du bist meine ganze Freude, Du bist meine Liebste, das ist für mich so klar wie Gottes heller Tag. Du bist mir so vertraut geworden, dass ich die ganze Zeit mit Dir spreche, Dich rufe, Dir meinen Kummer klage. Nur mit Dir kann ich über alles, alles reden. Meine arme Freude! Für Deine Mama bist Du das »arme Vögelchen« und für mich genauso. Ich bin froh und danke Gott, dass er Dich mir gegeben hat. Mit Dir werde ich vor nichts Angst haben, nichts wird zu schwer sein ...

Dein kohleverschmiertes Kinderpfötchen, Dein blaues Kittelchen – an alles erinnere ich mich, nichts habe ich vergessen ...

Verzeih mir meine Schwäche und dass ich Dir nicht immer habe zeigen können, wie sehr ich Dich liebe.

Nadjuscha! Wenn Du jetzt hier erscheinen würdest – ich würde losweinen vor Freude. Mein wildes Tierchen, verzeih mir! Lass mich Dein Stirnchen küssen – Dein gewölbtes Kinderstirnchen! Mein Töchterchen, meine Schwester, ich lächle mit Deinem Lächeln und höre Deine Stimme in der Stille.

Gestern habe ich in Gedanken unwillkürlich »für Dich« gesprochen: »ich *muss* (weibliche Form) ihn finden«, d.h., Du sagtest es *durch* mich *hindurch* ...

Du und ich, wir sind wie Kinder – wir machen keine großen Worte, sondern reden, wie es gerade kommt.

Nadjuscha, wir werden unter allen Umständen zusammen sein, ich werde Dich finden und für Dich leben, weil Du mir das Leben gibst, ohne es zu ahnen – mein Täubchen –, »mit Deiner unsterblichen Zärtlichkeit« ...

Nadjenka! Ich habe vier Briefe aufs Mal bekommen, am selben Tag, erst heute ... Ich habe viele Male telegraphiert: Dich gerufen.

Jetzt ist von hier aus nur ein Weg offen: Odessa; schon näher bei

Kiew. Ich fahre in wenigen Tagen. Meine Adresse: Odesskij Listok, bei Motschulskij. Von Odessa aus kann ich mich vielleicht durchschlagen: irgendwie, irgendwie werde ich es schaffen …

Ich bin schon 5 Wochen in Feodossija. Schura ist die ganze Zeit bei mir. Panja war hier. Er ist nach Jewpatorija gefahren. Im »Astoria« wohnt Katjuscha Ginsburg. In der Stadt gibt es ein einziges Exemplar des »Krokodil«!! Mordkin und Froman sind auch hier. (Es ist kalt. Es ist dunkel. Die »Fontäne«. All die Spekulanten.) Ich kann mir nicht verzeihen, dass ich ohne Dich weggefahren bin. Auf Wiedersehen, mein Freund! Gott behüte Dich! Mein Kindchen! Auf Wiedersehen!

Dein O. M.: »Scheusal«.

Kolatschewskij fährt auch wieder zurück. Ich flehe ihn an, Dich bis Odessa mitzunehmen. Benutze die Gelegenheit!!

**

Leningrad, 11. November 1925

Liebstes Vögelchen!

Hier mein heutiger Tag: am Morgen spazierte ich 3 Stunden im Staatsverlag herum. Die Kasse war geschlossen. Man wartete auf einen Genossenschaftler von der Bank. Dann um 2 Uhr zum Telegraphenamt. Dann zurück zum Staatsverlag. Frühstück im »Gourmet«. Gorlin sagte heute, dass wir den Vertrag machen werden, sobald Angert den genehmigten Plan aus Moskau mitbringt. Dann fuhr ich zu »Sejatel«, zeigte ihnen Gorlins neue Bücher: Sie nehmen sie. Wenn ich ihn bitte, gibt Gorlin sie bestimmt her.

Nun, Kindchen, genug von den Geschäften. Ich weiß, wie Dich das aufregt – deshalb schreibe ich es zuerst. Nicht darüber, mein Schwälbchen, will ich mit Dir reden! Ich liebe Dich, mein wildes Tierchen – wie noch nie – kann nicht ohne Dich – will zu Dir … und werde bei Dir sein …

Herzliebste mein, Du bist Tausende von Wersten weg in einem großen leeren Zimmer mit Deinem Fieberthermometerchen!

Mein Leben: versteh doch, dass Du mein Leben bist! Wie ist Dein Tempratürchen? Bist Du auch fröhlich? Lachst Du? Ob Du's verstehst oder nicht, ich bin *nur* für Februar einverstanden, ohne Dich zu sein, und *keinen Tag* länger!

Anja, mein Kindchen, habe ich Schwein noch nicht gesehen. Ich war zu beschäftigt. Und sie *auch*. Wir telefonieren nur miteinander. Bei Wygodskijs und Bens war ich. David und Emma sind unerschütterliche Spanier. Die Bens klagen über das Kindlein: Es heißt Kirill (?). Hat böse gelbe Professorenäuglein. Lächelt nicht und kann sehr böse werden. Sie fühlen sich jetzt *beengt*. Und im Haus der Wygodskijs wird vielleicht eine kleine Wohnung für uns frei.

Vorläufig schlafe ich im Esszimmer, Kindchen. Sie legen für mich *unsere* Rosshaarmatratze aufs Sofa. Ich schlafe um 1 Uhr ein und bis 10 herrscht tiefe Stille. Es ist warm und schön.

Eben war ich bei Punins. *Dort wohnt das alte Frauchen;*[*] sie lag auf dem Sofa, fröhlich, aber erkältet. Erzählte mir »Klatsch«: 1) Georgij Iwanow schreibe in den Pariser Zeitungen »schreckliche Schmähschriften« über sie und über mich; 2) »Das Rauschen der Zeit« habe in der ausländischen Presse einen *Sturm* der Begeisterung und des Enthusiasmus hervorgerufen, wozu man uns nur beglückwünschen kann. Noch eine Kuriosität: Heute las ich in der Abendzeitung, dass ich »gestern zum Steueramt« gegangen sei, »um mich über die Steuern zu beklagen«. Ich hab nicht mal daran gedacht, hinzugehen! Das Blättchen lügt – aber das ist ganz hübsch: Ich schicke Dir den Ausschnitt und hebe das Blättchen für den Steuerinspektor auf!

Meine Allerzärtlichste! Ich habe noch keine Briefe von Dir bekommen. Weißt Du, wo ich schreibe? Auf dem Nikolajewskij-Bahnhof um 10 Uhr abends, nach den Punins …

Bis morgen, Kindelchen! Gott sei mit Dir, Liebste! Ich küsse Dich zärtlich, lange, viel … Deine Pfötchen und Härchen und Äugelchen …

---

[*] Anna Achmatowa (A. d. Ü.)

Ich stelle mich in die Schlange mit dem Brief. Schreib mir jeden Tag, Liebste.

Dein Njan.

Nadja! Verheimliche mir *nichts*. Hörst Du, Liebste!

**

Leningrad, 28. Februar 1926

Liebste,

ich habe Dich wahrscheinlich in Unruhe versetzt! Ich habe aus Dummheit, aus Wirrköpfigkeit nicht geschrieben. Ich wollte es mit einem Telegramm wiedergutmachen, aber dadurch ist es noch schlimmer geworden. Kindchen, glaub mir, es geht mir gut, d. h., soweit es mir gutgehen kann ohne Dich, d. h. schrecklich. Ich lebe ruhig, gemütlich. Alles ist in Ordnung bei mir. Ich bin gesund. Niemand ärgert mich, aber ich halte das nicht länger aus und werde bei der erstbesten Gelegenheit wie ein Verrückter ausreißen zu Dir. Kleine Nadinka, liebstes Krummchen, ich sehe immerzu Deine kleine Gestalt in der Sonne, mit blinzelnden Augen. Du bist so lustig, so wunderschön, wenn Du allein gehst ... Mein Kindchen, Du darfst nicht traurig sein, wir müssen noch ein-zwei Wochen Geduld haben – dann werden wir wieder zusammen sein. Wie habe ich es ohne Dich, Naditschka, einen ganzen Monat ausgehalten? Ich verstehe es selbst nicht. Und Du, Töchterlein? Also, was ich jetzt tue:

Ich gehe jetzt sogar zu Gorlin nur noch selten. Zweimal am Tag, um *10* und um *7*, krieche ich langsam hervor und gehe im Spaziergängertempo – tags zum Maschinenschreiber mit seiner großen Familie in der spießigen kleinen Wohnung an der 1. Linie, und abends in den riesigen Saal mit der guten Luft bei der Maschinenschreiberin an der *5. Linie*. Morgen werde ich Ben zu »Priboj« mitnehmen, um ihn dort vorzustellen, und abends werden wir ins Kino gehen. Geh auch Du einmal, Nadik, Deiner Njanja zuliebe, wann Du willst, ja? Die kleinen Arbeiten, die ich gerade an der Hand habe, werde ich in 10 Tagen abschließen. Dann bin ich frei.

Ich werde nichts Eiliges mehr annehmen. Nur zu Dir. Zu Dir. Wo bleibt Dein kleines Foto?

Meine Liebste Du, Liebste! Hör zu, mein Sanfter, mein Schäfchen, mein Stotterchen: Du glaubst es mir nicht, ich weiß, aber ich sag Dir: Ich bin nicht krank gewesen, und Übermüdung samt Folgen gab es auch nicht. Ich lebe rhythmisch, arbeite gern. Glaub mir. Es ist so. Aber was soll ich mit Dir machen!!

Bist Du weit nach dem Schneeglöckchen gelaufen?

Und das Bäuchlein tut nicht weh? Bist Du müde? Und die Tempratur?

Niemand ist zu Hause. Schenja ist weg. Großmama ist zu den Radlows gegangen. Tatka ist zu mir aufs Sofa geklettert, und ich habe ihr die »Luftballons« und anderes vorgelesen. Sie aber hat die »Küche«* gesungen. Und auch diverse Sentenzen gesprochen: »Die Erwachsenen haben von ihren Streichen nur Unannehmlichkeiten« usw. Großpapa geht umher und sucht Zigaretten, die es im Moment überhaupt nicht gibt. Heute kam ein Abgesandter aus Riga zu ihm, von »German«, irgendein Provisor – ein Freund aus seiner Kindheit, auch ein Mandelstam. Sie fordern Papa ernsthaft auf, nach Riga zu kommen. Visum und Fahrkarte sind jetzt ungewöhnlich leicht und billig zu haben. Wir haben beschlossen, ihn im Frühling unbedingt hinzuschicken … Im Frühling! Ach, mein Nadik, mein Fremdling unter den vielverzweigten Moosbeeren Jaltas! 10° Frost hältst Du für 10° Wärme. Hier bei uns ist am 1. März noch ganz und gar Winter: 5–6° minus! und nicht +. Überall Winter, mein Kindchen. Bis zum Frühling dauert es noch einen Monat. Freundchen, sag mir, warum berichtest Du nicht in jedem Brief von Deiner Temperatur? Nadik, warum tust Du so was?

Naditschka, wenn ich Deinen lieben Namen sage, werde ich fröhlich. Du bist meine. Ich liebe Dich wie am ersten – noch erster als am ersten – Tag. Ich atme leicht, wenn ich an Dich denke. Ich weiß es, Du hast mich atmen gelehrt. Wie werde ich den Berg hinauf zu Dir laufen! (Ich kann doch jetzt auch bergauf laufen.)

---

*   »Luftballons«, »Küche«: zwei 1926 erschienene Kinderbücher Mandelstams.

Am Dienstag werde ich die Sache mit dem Antithyroidin klären. Morgen schicke ich Dir die Übersetzung der 1002. Nacht. Die ist gut geworden. Angenehm zu lesen. Habe ich mit Anka gemacht. Eben ist Großpapa gekommen: Er lässt Dich grüßen.

Nadjuschok, sag bitte, sollen wir das Häuschen in Zarskoje mieten oder nicht? Ben sagt, dass man das im März machen muss. *Ich bin einverstanden für Zarskoje ab 15./20. Mai. Nicht früher.* Bekommst Du meine Zeitungsblättchen? Ich klebe sie komisch zu, nicht wahr?

Nadik, mein Täubchen, meine Liebe – auf Wiedersehen. Ich küsse Dich zur Nacht auf Dein Stirnchen und sage: Gott behüte meine Nadinka.

Dein Njan.

Nadik! Liebe mich. Nadik! Ich bin Deiner.

Njan.

**

Leningrad, 5. März 1926

Naditschka, mein Leben,

danke für Dein kleines Foto. Mein Kindchen: Was für ein liebes Gesichtchen, kränklich traurig, verloren. Woran dachtest Du, Nadik? Was ist mit Dir, meine sanfte kleine Freundin? Ich werde Dein Foto keinem zeigen. Niemand weiß, dass ich es habe. Als ich Dein trauriges Gesichtchen sah, bin ich zur Tür gestürzt – sofort zu Dir … Ich weiß, dass Du mir zulächeln würdest, aber das Foto kann das nicht. Danke, zärtlicher Nadik, ich küsse Dein hohes Stirnchen. Wie wunderschön Du bist, Liebste! Es gibt nicht noch einmal ein Gesichtchen wie Deins. »Eine Begegnung«? Du bist meine Begegnung, mein ganzes Leben. Ich warte auf die Begegnung mit Dir, ich lebe durch Dich. Versteh mich, mein trauriger Engel. Es ist lächerlich zu sagen, aber mich trennen von Dir 1 1/2 Bogen Übersetzung für »Priboj«. Danach bin ich in Moskau und bei Dir. Ich schleppe mich in der Stadt herum, Deine Briefchen in der Mappe an mich drückend. Hab keine Angst: Ich gebe sie nicht aus den Händen, werde sie nicht verlieren, gehe keinen Schritt weg von ihnen.

Meine Freude, Allerzärtlichste, ich liebe Dich. Um so zu lieben, lohnt sich das Leben, Nadik-Nadik!

Also, mein Freundchen, hör mir zu: In den letzten Tagen konnte ich Deinem Gesundheitszustand nicht folgen: weiß Dein Gewicht nicht, nicht die T°, nichts. Nur Allgemeinplätze. Ich flehe Dich an: Einzelheiten. Vielleicht ein Telegrämmchen.

Ich Dummkopf hab Dein Telegramm nicht verstanden. Das über die drei Tage ohne Brief. *Ich habe viel gearbeitet in der Zeit, war aber gesund.* Abends war ich schlicht erschöpft. Physisch war ich kräftig. *Die Herzbeschwerden sind spurlos vorübergegangen.* Keinerlei Anfälle. Ich laufe großartig. Also, was soll's! Wozu noch davon reden!

Die geschäftlichen Einzelheiten: im Staatsverlag zerbrechen sie sich den Kopf, wie sie mir Arbeit verschaffen können. Wolfson (der Politredakteur aus Moskau) schlägt mir vor, nächste Woche mit ihm nach Moskau zu fahren, und entschuldigt sich noch, dass er dritter Klasse fährt: »Wir werden uns für Sie etwas einfallen lassen.« Bei »Priboj« und bei »Sejatel« *habe ich sehr viele Chancen.* Auf jeden Fall sind wir bis zum 20. April bereits versorgt, meine Liebe und ich, zu zweit.

Großpapa ist völlig gesund. Er hat sich fotografieren lassen. Hat sich den »Fragebogen« besorgt. Er macht sich daran, nach Riga zu fahren. Marija Nikolajewna gefällt mir immer besser. Sie versteht alles. Eine richtige Großmama! Mein Nadik! Heute ist kein Brief von Dir gekommen? Bist Du böse auf mich? Nein? Liebste, schreib mir. Bald werden wir zusammen sein – also schreib, meine Zärtliche, solange ich weit fort bin, Deine Njanja.

Nanuscha, ein Buch von Waginow ist erschienen. Irgendwie hilflos. Ich werde es Dir schicken. Gedruckt ist es schlechter. Vieles ist komisch. Anna Andrejewna ist mit Punin nach Moskau gefahren. Ich werde die Gelegenheit nutzen und zu Schilejko gehen.

Meine Naditschka! Jetzt bin ich ein bisschen bei Dir gewesen. Das hat mich froh gemacht. Ja, mein Engel: wir werden zusammen sein, immer zusammen sein, und Gott wird uns nicht verlassen. Ich küsse Dich, mein Glück. Dein Stirnchen schaut mich an. Du hast Deine Härchen so zurückgeworfen – sie halten nicht bei Dir. Ich küsse Dich. Deiner, Liebste, Dein Njan.

Naditschka, wie ist es jetzt bei der Tarchowa? Wann wird es teurer? Gibt es einen Ort, wohin Du umziehen könntest? *Dein Gewicht? Deine T°?*

Nadik, wenn es Fröste gibt – heize *stark, stark.* Es soll Dir nicht leidtun ums Geld. *Heize jeden Tag.* Schreib mir Dein Tempraturchen für alle Tage auf. Telegraphiere das Allerwichtigste.

**

Leningrad, 9. März 1926

Liebste,

ich küsse Deine Granatäpfelchen. Nadik, was war das? Drei Tage lang bin ich fast wahnsinnig geworden. Von Samstag bis Dienstag habe ich auf ein Telegramm gewartet – nichts … Was ist mit Dir, mein Leben? Die Erkältung ist also vorüber. Und die Schmerzen? Und die Übelkeit? Mein Nadik, das ist mir alles zu wenig, alles zu wenig ausführlich. Ich warte auf einen Brief, einen Brief. Was bist Du für ein kluges Mädchen, dass Du in Jalta geblieben bist! *Du wartest nun auf mich – Deine Njanja!* Du weißt, dass ich morgen die Arbeit abschließe. »Priboj« schuldet mir 300 R. Ich werde es schon richtig anstellen, um alles auf einmal zu kriegen. Liebste, schon ist März. Wie leicht ist es jetzt für uns … Wenn Du wüsstest, wie ich mich in diesen Tagen gequält habe. Gestern habe ich nicht geschrieben – vor lauter Unruhe hatte ich keine Kraft dazu. Du verstehst das ja. Heute habe ich Mitja telegraphiert, dann wollte ich dringend die Tarchowa erreichen und telefonierte: Man hat mir Dein Morgentelegrämmchen vorgelesen. Hab ich Dich mit dem meinen nicht aufgeweckt? Alle im Haus schauen mich mit zärtlichem Mitleid an wie einen Irren … Großpapa hat mich erfolglos zu trösten versucht, Marija Nikolajewna hat auf mich eingewirkt usw. Mein Vögelchen, wenn ich nur wüsste, was mit Dir ist! Sicher, jetzt bin ich ja schon bald bei Dir … Aber Deine Briefe meiden das Thema Gesundheit. Wo ist Deine Temperatur*kurve*? Wie steht's mit der Verdauung? Du verschweigst mir aber auch alles. Das darfst Du nicht. Nur Bruchstückchen! Was sagt Zanow? Warum *kaufst* Du kein Brennholz und heizt tüchtig ein? Wer könnte es wagen, Dir das zu verbieten? Kauf Dir sofort einen guten Wollpullover! Falls Du nicht rausgehst, beauftrage Marja Michajlowna. Willst Du wissen, wie es um meine Abreise steht? Bis jetzt habe ich noch keine neue Arbeit. Aber Gorlin ist wie ein Verwandter: Er wird sie mir schicken, und dann wird mir vielleicht Moskau etwas geben oder hier sogar Angert und Wolfson. »Priboj« schlägt mir eine *ständige* Arbeit vor, aber bei denen widerstrebt mir das trotzdem sehr – die sind zwar zahm und respektvoll, aber irgendwie chaotisch. Wenn ich mit 400–500 R. komme, kann ich mit Dir vom 15./20. März bis zum 25. April leben und eine kleine Arbeit machen, ohne mich zu beeilen. Und wenn ich in Jalta überhaupt nicht arbeiten würde? Was wäre schlecht daran? Aber Njanja wird doch mit einer kleinen Arbeit kommen.

Gestern haben sie mich zu einer Sitzung ins Subow-Institut geschleppt. Tichonow las. Man behandelte mich wie Sologub, junge Leute überließen mir ihre Stühle, als ob ich Gott weiß wer wäre, dabei war ich nur ein orakelnder Säugling – ein Verrückter war ich und dachte an Dich, nur an Dich. Nadik, Allerzärtlichste! Trink ein Gläschen Portwein auf Deine Njanja. Ich küsse Deine Granatäpfelchen, die lieben, meinen, und Deinen neuen, schlechten, aber trotz allem Njanjas Pullover. Keine Macht kann mich jetzt davon abhalten, zu Dir zu fahren. Allerhöchstens bringe ich hier noch eine Woche klein (und dann ab nach Moskau!). Du bist meine Liebe, meine Wunderschöne mit dem hohen Stirnchen, mein Freund, mein Engel. Warte auf mich.

Gott, beschütze meine Nadinka! Deine Njanja ist bei Dir.

P. S. Ich bin *vollkommen* gesund und *war* die ganze Zeit gesund.

★★

Liebste Nadinka!

Ich bin ganz verloren. Mir ist so schwer. Nadik, ich müsste die ganze Zeit mit Dir zusammen sein. Du bist meine Starke, mein armes Mädchen, mein Vögelchen. Ich küsse Dich auf Dein Stirnchen, mein altes, mein junges Mädchen, meine Herzliebste. Du arbeitest, Du tust etwas, Du bist wunderbar. Kleiner Nadik! Ich will zu Dir nach Kiew. Ich kann mir nicht verzeihen, dass ich Dich im Februar allein gelassen habe. Dass ich nicht zu Dir gestürzt bin, auf Deine Stimme am Telefon nicht sofort zu Dir gefahren bin – und nicht geschrieben habe, die ganze Zeit fast nichts geschrieben habe. Wie Du in unserm Zimmer umhergehst, Liebster, alles Vertraute und Ewige ist bei Dir. Man muss sich an diesem Lieben, am Unsterblichen festhalten, festhalten bis zum letzten Atemzug. Es niemandem abtreten, um nichts auf der Welt. Liebste, mir ist so schwer, mir ist immer schwer, und jetzt finde ich keine Worte, es Dir zu erzählen. Sie haben mich irregemacht, halten mich wie im Gefängnis, Licht gibt es nicht. Immerzu möchte ich diese Lüge abschütteln – und kann nicht, möchte den Schmutz abwaschen – und es geht nicht.

Soll ich Dir sagen, was für ein Wahnsinn, was für ein abstruser trüber Traum alles, alles, alles ist.

Sie haben mich gequält mit der Affäre, 5 Mal haben sie mich vorgeladen. Drei verschiedene Leute. Lange hat es gedauert: 3–4 Stunden. Ich glaube ihnen nicht, auch wenn sie freundlich sind. Nur der Ruser in der FOSP-Sache glaube ich voll und ganz: Sie ist offen, ernsthaft und von großer menschlicher Wärme. Wozu brauchen sie mich? Wieder bin ich ein Spielzeug. Wieder habe ich nichts zu tun damit. Die letzte Vorladung zu irgendeinem Dozenten: Meine ganze Biographie sollte ich erzählen. Frage: ob ich nicht vielleicht für weiße Zeitungen gearbeitet hätte? Was habe ich in Feodossija gemacht? Ob es nicht vielleicht Kontakte zur weißen Propaganda-Agentur gegeben habe? Das ist doch Wahnsinn. Ich wies auf die Kommunisten in Feodossija hin. Trug ihm meine Verse über Kerenskij und andere vor, wies ihn selbst auf alle heiklen Stellen in den Gedichten hin. »Das Rauschen der Zeit« hatte er studiert. Maschinengeschriebene Zitate hatte er mitgebracht – zeigt sie mir, bittet um Erklärungen. Der Ton war freundlich. Er sagt, wir wissen alles über Ionow und die anderen. Wir müssen auch über Sie alles wissen. Spätestens in 10 Tagen wird eine Sitzung zur Bekanntgabe der Kommissionsergebnisse einberufen werden. Sie werden alle dazu einladen – »Land und Fabrik«, die FOSP usw. Man wird ihnen Gelegenheit geben, sich zu äußern: »Sollen sie ihren Platz vor dem allgemeinen Hintergrund zur Kenntnis nehmen und ihre Bemerkungen machen; wir sind nicht die Föderation; Polemik zwischen ihnen werden wir nicht zulassen.« Den Beschluss aber wird ein anderes Gremium fassen – das höchste –, und dann soll er gedruckt werden. Er verlangte, dass ich ihm alle meine Bücher schicke und einen chronologischen Abriss meiner Biographie. Zum Schluss – »wir verfügen über genügend Autorität, Ihre Vergangenheit (die schriftstellerische?) (oder etwas in der Art) wird Ihnen niemand vorwerfen. Pfeifen Sie auf die Fürstin Marja Alexejewna.« Über die Affäre selbst – kein Wort. Senkewitsch haben sie vorgeladen: über die Affäre kein Wort (»es ist auch so alles klar«). Nur eine allgemeine Charakterisierung und besonders die Periode bei den Weißen (geradezu ein Witz). Es sieht so aus, als wollten sie mit mir ins Reine kommen: wer ich bin, was ich will usw. Wenn es so wäre, dann wäre es gut. Aber eins weiß ich: Ich bin kein Arbeiter. Ich verwildere mit jedem Tag mehr. Ich habe Angst vor meiner Zeitung. Das sind keine Menschen, sondern schreckliche Fische. Für mich ist es dort unausstehlich skandalös, ich passe da nicht hin. Ich müsste weg, aber es ist längst zu spät. Ich möchte mich ausruhen. Morgen gehe ich ins Ambulatorium. Soll ich es mit einem Urlaub versuchen? Aber auch das ist es nicht. Ich müsste weg. Und zwar sofort. Aber wo soll ich hin? Ringsum – Leere. Schade um das unterbrochene Buch. Schade. Nur Apel geht mit mir. Für das Zimmer konnte ich am 1. nichts bezahlen. Was tun am 15.? Kantine – 20 R. Bleiben 100 R. Marija ‹?› Romanowna nimmt 10 R. = 90 R.

Nadik, Liebster! Ich muss mich entscheiden. In diesem Augenblick! (Heute bei der FOSP die Befragung Assejews. Sutyrin »schreibt« eine Resolution. Kanatschikow ist abgesetzt, warum?)

Ich bin allein. *Ich bin arm.* Nichts ist wiedergutzumachen. Der Bruch ist – Reichtum. Ich muss ihn bewahren. Darf ihn nicht vergeuden. Dein Schenja wird für länger festgehalten sein. Ich glaube es zumindest.

Du aber, mein lieber Freund, beeil Dich nicht mit Deinem Kommen, es *wird nichts ändern.* Pass auf Deine Mama auf. Schreib mir nur, was ich tun soll, hilf mir, eine feste Linie zu finden, hilf mir, von all der Lüge und dem Schmutz loszukommen. Ich brauche Menschen, Kameraden wie beim »Moskauer Komsomolzen«. Wir werden noch Freunde finden, wir werden Halt finden. Taschkent muss überhaupt nicht sein. Wir werden es in Moskau versuchen. Nehmen wir Mama zu uns. Entscheide Du – passt die Zeitungsarbeit zu mir? Wird sie nicht am Ende mein altes Gehirn austrocknen? Aber eine Arbeit ist nötig. Und – eine *einfache.* Ich will nicht »Mandelstam spielen«. Ich darf nicht! Ich muss nicht!

Liebste, Gott sei mit Dir! Die Liebe wird Dich nicht verlassen! Liebstchen! Erkennst Du mich? Hörst Du mich?

Dein Ossja.

Gruß von Apel!

**

Tambow, 26. Dezember 1935

Liebste Nadinka!

Verzeih mir das grobe, widerwärtige Gespräch am Telefon. Ich habe etwas von Dir verlangt. Bin hitzig geworden. Das ist der Grund dafür: Mir ist nur eins wichtig – wann werde ich Dich sehen? Sag mir gleich: Ich hoffe, dann und dann zu kommen. Wenn ich das nicht höre, bin ich gleich nicht mehr ich selbst.

Nadjuscha: bitte niemanden um irgendwas. *Niemanden.* Aber versuch zu erfahren, wie der Verband, d. h. das ZK der Partei, auf meine Gedichte, meinen Brief reagieren. Dafür genügt ein Gespräch mit Stscherbakow.

Mehr braucht es nicht. Ich will nicht, dass Du Dich zur Arbeitssucherin machst. Führt Dich der Kinder-Staatsverlag nicht an der Nase herum? Was ist aus Efros' Vorschlag geworden? Im äußersten Fall treffen wir uns in Woronesch gegen den 20. Januar. Für Woronesch können wir beruhigt sein. Aber schade! Hier zu zweit – ein Winterparadies, unbeschreibliche Schönheit. Hör, wie ich hierhergekommen bin: Du gingst zum Bahnhof, ich – ins Theater. Ich hielt eine vernünftige Rede »wie ein richtiger Regisseur«. Die Schauspieler haben allmählich Zutrauen zu mir. Die Regisseure stellten mir ernsthafte Fragen. 2–3 Tage hielt ich mich auf dem Posten. Dann war ich erschöpft. Es kam zum gewohnten alten »Starrkrampf« auf der Straße. Ein verdienter Komiker packte mich unter und brachte mich ins Theater. Wolf rief in meiner Anwesenheit Genkin an: »Bei uns arbeitet Soundso; seine Gesundheit macht *mir persönlich* ernsthafte Sorgen … Wir müssen« usw. Das ist eben Wolf … Ich lief weiter herum wie ein Schatten, aber ganz wohlbehalten. Beim Radiokomitee machte ich eine Beratung. Bekam 100 R. von Gorjatschow, und Wolf fügte noch 50 hinzu. Eine halbe Stunde vor dem Zug kam ein Auto mit dem Stellvertreter des Direktors und dem Leiter zu mir. Sie hatten beim NKWD ein Auto geholt, und der Chauffeur war ein Soldat. Sie setzten mich in den Waggon. Trugen meinen Koffer. Rührende Fürsorge. Im Waggon war es dreckig, d. h. widerlich. Ohne Platzkarten. Der Schaffner nahm mich mit in sein Abteil. In Mitschurinsk das Telegramm an Dich und sofort umsteigen. In Tambow war ich um 2 Uhr nachts. Klirrender Frost. Ein märchenhaft stiller Ort, dem Anschein nach eine Gouvernementsstadt. Man fährt mich endlos auf einem Bauernschlitten (das sind hier die Kutschen) irgendwohin und bringt mich zu einem Palazzo, der an die Villa der Kschesinskaja erinnert, nur zehnmal so groß und bewacht von einem Alten mit Gewehr und Bauernpelz. Auf einer Marmortreppe führt man mich in einen Keller und setzt mich in eine warme (etwas kühle) Badewanne. Eine Krankenwärterin nimmt mir meine Wäsche zum Waschen ab, man gibt mir Tee und legt mich in ein riesiges Kabinett. Hier wohnen Brigadeleiter und Traktoristen mit kaputtem Herzen, 2–3 Piloten und Lehrer. Im Ganzen – nicht schlecht. Jeden Tag ein Fichtenbad und 2 Arten von Elektrisierung täglich abwechselnd: »Franklin« und eine Elektrisierung der Wirbelsäule. Der Direktor erlaubt mir zu meckern (wegen der Unterbringung). Vorläufig sind wir zu zweit in einem leeren Krankenzimmer für 10 Leute. Das ist ein vorübergehendes Glück. Die komplette Anzahl wird furchtbar sein. 5 Leute sind schon ein Privileg (ohne Ventilation, aber mit Spiegelfenstern). (In meinem Zimmer kann man das Fenster öffnen.) Am nächsten Morgen habe ich ganz in der Nähe, eine halbe Minute zu Fuß, ein wunderbares Zimmer gemietet – mit einer Kuh, einem Sofa, Überzügen, Grammophontrichter und Kaktussen. Wir wohnen auf dem Steilufer des Zna-Flusses. Er ist oder scheint so breit wie die Wolga. Geht über in tintenblaue Wälder. Sanftheit und Harmonie des russischen Winters bereiten mir tiefen Genuss. Ein sehr echter Ort. Ins Zentrum – 10 Minuten mit dem kleinen Autobus. Wachttürme, verwilderte Klöster, dicke Frauen mit Schnurrbärten.

Ich hatte einen Brief von Gorjatschow an den Direktor des Musiktechnikums Rejentowitsch. Heute fuhr ich nach dem Frühstück in die Stadt. Zwei alte Leute (Geige und Flügel) spielten für mich eine scheußliche Sonate eines hiesigen Komponisten, die in Woronesch aufgeführt werden soll. Sie weinten und beklagten sich. Rejentowitsch ist »verdienter Künstler«. Auch ein Smetanin erschien – ein lebhafter Gebietskomponist. Er kennt mich. Wir haben uns für heute Abend verabredet. Ich fahre gleich zu ihm. Diesen Brief schreibe ich aus *meinem Zimmer*, in das ich noch nicht umgezogen bin.

Nadik, ich sehne mich wahnsinnig nach Dir. Mach irgendeine Dummheit und komm zu mir. Nadik, ich liebe Dich so, es ist nicht zu sagen. Ich habe kein Foto von Dir. Wo bist Du, Liebste? Komm schnell zu mir! Huhu, Kindchen?

Nadik, ich liebe Dich. Antworte mir.

Deine Njanja

Sag, kann ich Dich morgens um *8 Uhr 30* anrufen?
Adresse: Tambow, Nabereschnaja 9, Nervensanatorium. Tel.: 1–55.

**

Woronesch, 22. April 1937

Liebste Nadinka!

Das ist mein zweiter Brief. Ich bin natürlich ein Dummkopf – nicht wahr? –, aber ich verstehe nicht, was Du in Moskau erwartest. Na gut, dann versteh ich's eben nicht. Und wenn Du in Moskau sitzt, heißt das – es ist eben notwendig. Auch diesmal ist Deine Wegfahrt schwer für mich, aber ich ertrage sie ruhiger. Deine Mama hilft mir sehr – mit ihrem ganzen Wesen, bis hin zu Momenten der Gereiztheit. All das ernüchtert und hält einen am Leben. Wir streiten uns nicht. Ich bin sehr schweigsam und kann nichts dagegen tun, obwohl ich weiß, dass ihr das unangenehm ist. Ich bin viel an der frischen Luft. Ich gehe allein, nicht weit vom Haus. Meine Gedichte sind bestimmt viel schlechter als die vorigen. Verheimliche mir das nicht. Es ist kein großes Unglück. Wir werden über sie hinwegspringen. Wenn wir am Leben bleiben – wird es auch wieder Gedichte geben. Meine Gesundheit ist gut, wenn die Atemnot nicht wäre. Das aber ist so ernst, dass ich es *nur* mit Dir ertragen kann und wenn Du da bist. Die zweite Reise beunruhigt mich sehr. Wenn Du da bist, ist auch die Atemnot viel leichter. Im Übrigen bringt die frische Luft zweifellos Linderung. Lesen kann ich fast gar nicht. Jedes Buch ist mir unangenehm. Auch lesen kann ich nur, wenn Du da bist. Die Frage ist klar: Können wir zusammen sein? Alles Übrige ist meiner Meinung nach unwichtig. Niemand besucht uns. Auch Natascha war nur zweimal da.

Wieder ist mir alles gleichgültig außer Deiner Rückkehr. Lass Deine Krankheit abklären. So sorgfältig wie möglich. Die Woche kommt mir endlos lang vor. Keine Briefe von Dir. Deine Stimme klingt so, als könnten aus einer Woche zwei werden usw.

Halte meinen Brief nicht für niedergeschlagen. Du bist einfach weggefahren, und ich bin still geworden. Alles, was wir zusammen besprochen haben, ist richtig. Wir sind durchaus keine schwachen Menschen. In einem sehr schwierigen Moment werden wir tun können, was nötig ist. Verlass Dich nicht aufs Telefon. Moskau bekommt man fast nie. Jeder Anruf ist ein Zufall. Wenn etwas schiefgeht – telegraphier ein paar Worte. Sag Schura: dass er auf meinen Brief *nicht* geantwortet hat, ist nicht gutzumachen – es soll ihn nicht mehr beunruhigen. Sag ihm das unbedingt genau so.

Nun auf Wiedersehen, mein liebster Freund. Ich warte auf Dich und nur auf Dich.

Dein Ossja. Njanja.

**

Woronesch, 28. April 1937

Nadik, mein Kindchen!

Was wird dieser Brief Dir sagen? Bringt man ihn Dir morgens oder findest Du ihn abends? Also »Guten Morgen«, mein Engel, und »Gute Nacht«, und ich küsse Dich Schläfrige, Ermüdete oder Frischgewaschene, Tatenfrohe, die Du voller Inspiration gleich losrennst zu Deinen schlauen, klugen, guten Taten. Ich beneide jeden, der Dich sieht. Du bist mein Moskau und mein Rom und mein kleiner David. Ich kenne Dich auswendig, und immer bist Du neu, und immerzu höre ich Dich, meine Freude. Huhu? Nadinka!

Bei uns herrscht Ruhe und Frieden. Nur ich brodle leise vor mich hin. Ich bin froh. Ich warte auf Dich. Ich will nichts außer – Dich.

Ich werde Dir den schönen Kerl von Hahn zeigen, der 300 Mal loskräht von 4 bis 6 Uhr morgens. Und das Katerchen Puschok, das überall herumrennt. Und die kleinen grünen Weiden.

Die Schuhsohle löst sich schon wieder leicht ab an den Nägeln. Aber etwa 3 Tage werde ich damit noch gehen können. Schulden haben wir keine. Wir sind keine Verschwender. Nur das Telefon hat viel verschlungen. Wir halten durch bis zum 2. Mai. Gestern war ich mit Natascha im Park spazieren. Wir sind sehr weit gelaufen, weiter als bis zu jenem Pavillon. Deswegen ist die Schuhsohle abgegangen.

Ich habe auf der Straße »Onkel Lenja« gesehen, der auferstanden ist und keuchend herumläuft. Ich habe ihm medizinische Ratschläge gegeben, als Kollege in Sachen Krankheit.

Tatsächlich bin ich im Moment gesund wie selten zuvor und zum Leben bereit. Wir werden es anfangen, wohin uns das Schicksal auch verschlägt. Ich werde jetzt stärker sein als die Gedichte. Die haben uns genug tyrannisiert. Komm, wir meutern! Dann werden die Gedichte nach unserer Pfeife tanzen, und keiner soll sich unterstehen, sie zu loben. Ich küsse Deine klugen klaren Augen, Dein altes junges Stirnchen. Mama ist ab und zu geistreich. Ihr beginnt unser Leben zu gefallen. Wie schrecklich! Nadik, komm zu uns, und wir lassen Mama nicht wieder weg.

Ich küsse mein Kindchen und warte.

Njanja.

Du bist doch nicht beleidigt, dass ich »altes Stirnchen« gesagt habe?

⋆⋆

Woronesch, 2. Mai 1937

Liebste Nadinka!

Verzeih, dass ich auf der Rückseite Deiner Abschriften schreibe. Bewahr die Blätter auf und bringe sie hierher zurück. Um der allgemeineren Bedeutung willen musste ich Natascha einen älteren Bruder und eine Schwester andichten und den Charakter ihres zukünftigen Ehemanns postulieren. Aber dass ich ihr zurede, zu heiraten – das ist ganz und gar real.

Wie Du siehst, beschäftige ich mich mit Unsinn und bin weit entfernt von finstern Gedanken. Im Übrigen ist kein Tag wie der andere. Heute Morgen sind Mama und ich in der Siti-Straße (*Syty-Streat* – richtig?) Schuhe suchen gegangen. Ich habe fürchterliche blaue gekauft – 25 R. Dazu wollte ich grüne Socken kaufen (zur braunen Hose), aber Mama hat es nicht erlaubt. Dabei hat der alte Verkäufer mit mir über Musik gesprochen (ein Bekannter aus den Konzerten).

Haben sich wirklich Liebhaber für den »Soldaten«* gefunden? Ich möchte diesen guten Seelen persönlich danken. Bei uns ist der Stecker von der Maschine kaputtgegangen, und Adrian Fjodorowitsch hat ein kompliziertes Hängerchen angebracht, das auch kaputtgeht. Das Licht bleibt überhaupt öfter weg, und ich schreibe bei Lampen- und Kerzenlicht.

Liebste, verzeih mir, dass ich plaudere, während Du vor solchen Anstrengungen usw. stehst. Mir scheint, dass wir aufhören müssen zu *warten*. Diese Fähigkeit ist für uns erschöpft. Alles, was Du willst, nur keine Erwartung. Mit Dir habe ich vor nichts Angst. (Das Licht ist wieder angegangen). Wir sind für immer zusammen, und das wächst bis zu einem solchen Grade, wächst so bedrohlich und so klar, dass wir *nichts* zu fürchten brauchen. Ich küsse Dich, mein ewiger und heller Freund. Ich werde Dich bald wieder hören, Dich sehen und umarmen.

Dein Mann. Njanja.

**

Woronesch, 4. Mai 1937

Nadik Liebster!

Komm schnell zurück. Das Atmen fällt mir schwer ohne Dich. Der Frühling ist mir keine Freude. Komm schnell zurück. Heute kamen zwei Briefe von Dir vom 29. und 30. Du hast drei Gäste auf einmal. Fast wie zu Hause. War es, als sei ich auch da? Ja? Und als ob ich Emma ausschimpfe? Schimpf Du nicht mit mir: Ich verstehe alles – bin nur sehr dumm. Mein Kindchen, bleib keine Minute länger als nötig, schlimmstenfalls fährst Du noch mal (?). Nein, Du

---

* »Verse vom Unbekannten Soldaten« (Mandelstams Gedichtzyklus, Februar – März 1937)

fährst *nicht* mehr. *Im Ungewissen* herumsitzen sollst Du nicht. Wenn die Verhandlungen einen formlosen Charakter annehmen. Mir scheint: Das, was sie tun können und wollen – tun sie *sofort*.

Gestern Nacht bin ich Mama ausgerissen wie eine Spanierin ihrer alten Duenja. Um 12 Uhr klopften Natascha und ihr Boris ans Fenster. Mama schlief. Ich schlich mich heimlich hinaus, und wir gingen ins »Bristol«. Boris bestellte für uns drei ein Schweinskotelett, drei Apfelsinen und eine Flasche Bordeaux. Ich habe Mama eine Apfelsine mitgebracht und sie ihr unters Kopfkissen gelegt. Sie ist aufgewacht und hat gesagt: Ich bin kein kleines Mädchen mehr. Sie hatte *nicht bemerkt*, dass ich weggegangen war. Eben kam ein Brief von Rudakow. Ich habe ihn mit kolossaler Mühe entziffert. Er schreibt (anscheinend?), die Gedichte seien unterschiedlich und das lasse sich nur im Gespräch wiedergeben. Etwas Großes, Neues gehe von den Versen über die russische Poesie aus? Ja?

Gerade war ich im Buchladen – im großen. Dort gibt es die herrliche »Schmiedekunst der Sassaniden« aus der Eremitage – 50 R. Die gute Verkäuferin hat sie mir zurückgelegt. Wie Du siehst, bin ich ein verrückter Dummkopf. Aber diese Schälchen der Perser kaufen wir trotzdem. Solche Ungeheuer sind wir eben. Kindchen, komm schnell zurück – Njanja erstickt ohne Dich. Er kann nicht mehr herumlaufen und warten. Huhu? Nadik? Huhu? Beeil Dich.

Njanja.

Nadik, untersteh Dich, Dir Geld vom Mund abzusparen. Wir brauchen nur Groschen. Gerade bin ich auf die andere Straßenseite gegangen und habe Mamas Figürchen gesehen – sie ist rührend. Sie ist – ganz Deine. Sie ist ein winziger Dante als altes Frauchen.

**

AN ALEXANDER MANDELSTAM
UND NADESCHDA MANDELSTAM

Wladiwostok, 2./3. November 1938

Lieber Schura!

Ich befinde mich in Wladiwostok, Nord-Östliche Besserungs-
und Arbeitslager, Baracke 11. Ich habe 5 Jahre bekommen für konterrevolutionäre Tätigkeit, laut Beschluss eines Sondergerichts.
Aus Moskau, aus dem Butyrki-Gefängnis fuhr der Transport am
9. September ab, angekommen sind wir am 12. Oktober. Meine
Gesundheit ist sehr schwach. Bin äußerst erschöpft. Abgemagert,
fast nicht wiederzuerkennen. Aber Kleider zu schicken, Essen und
Geld – weiß nicht, ob es Sinn hat. Versucht es trotzdem. Ich friere
sehr ohne Kleider.

Liebste Nadinka, ich weiß nicht, ob Du noch lebst, mein Täubchen. Du, Schura, schreib mir sofort über Nadja. Hier ist ein Transitlager. Nach Kolyma hat man mich nicht genommen. Möglich,
dass ich hier überwintern muss.

Ihr meine Lieben, ich küsse Euch.

Ossja.

Schurotschka, ich schreibe noch etwas. Die letzten Tage bin ich
zur Arbeit gegangen, das hat die Stimmung gebessert.

Aus unserem Lager, einem Transitlager, schicken sie die Leute in
Dauerlager. Ich bin offenbar »ausgesiebt« worden und muss mich
aufs Überwintern gefasst machen.

Ich bitte Euch: schickt mir ein Radiogramm und Geld telegra-
phisch.

★★

NADESCHDA MANDELSTAM:
DER LETZTE BRIEF

Moskau, 22. Oktober 1938

Ossja, liebster, ferner Freund!

Mein Lieber, ich habe keine Worte für diesen Brief, den Du vielleicht nie lesen wirst. Ich schreibe ihn in den leeren Raum hinaus. Vielleicht kommst Du zurück, und ich werde nicht mehr da sein. Dann wäre dies das letzte Andenken.

Ossjuscha, was war mein kindliches Leben mit Dir für ein großes Glück. Unsere Streitgespräche, unsere Zänkereien, unsere Spiele und unsere Liebe. Jetzt schaue ich nicht einmal mehr zum Himmel hinauf. Wem sollte ich es denn zeigen, wenn ich eine Wolke sehe?

Erinnerst Du Dich, wie wir unsere kargen Festmähler in unsere armseligen Unterkünfte und Nomadenzelte schleppten? Weißt Du noch, wie gut das Brot war, wenn es wie ein Wunder vor uns lag und wir es zu zweit aßen? Und dann der letzte Winter in Woronesch. Unsere glückliche Armut und die Gedichte. Ich weiß noch, wie wir aus dem Badehaus kamen und Eier oder Würstchen gekauft hatten. Ein Heuwagen fuhr vorbei. Es war noch kalt, und ich fror in meiner Joppe (ein ganz anderer Frost steht uns also noch bevor: Ich weiß, wie Dir jetzt kalt ist). Und ich habe diesen Tag im Gedächtnis behalten: Mir war bis zum Schmerz klar, dass dieser Winter, diese Tage, diese Not das beste und letzte Glück war, das uns zufiel.

Jeder Gedanke gilt Dir. Jede Träne und jedes Lächeln auch. Ich preise jeden Tag und jede Stunde unseres bitteren Lebens, mein Freund, mein Gefährte, mein blinder Blindenführer …

Wir stießen einander an wie blinde junge Hunde und fühlten uns wohl dabei. Und Dein armer, fieberheißer Kopf und all der Wahnsinn, mit dem wir unsere Tage verbrannten. Was war das für ein Glück – und wie haben wir immer gewusst, dass gerade das unser Glück war.

Dieses Leben ist lang. Wie lang und mühsam, wenn einer ohne den anderen sterben muss. Ist uns beiden – den Unzertrennlichen – wirklich dieses Los beschieden? Haben wir zwei junge Hunde, wir Kinder – hast Du, der Engel, das verdient? Und alles geht weiter. Ich weiß nichts. Und doch weiß ich alles, und jeden Deiner Tage und jede Stunde sehe ich wie in einem Fiebertraum klar und deutlich vor mir.

Jede Nacht bist Du im Traum zu mir gekommen, und ich fragte Dich immer, was passiert sei, aber Du hast nicht geantwortet.

Und dann dieser letzte Traum: Ich kaufe an einem schmutzigen Büfett eines schmutzigen Hotels irgendetwas zu essen. Um mich herum – irgendwelche wildfremden Leute, und nachdem ich es gekauft habe, begreife ich, dass ich gar nicht weiß, wohin ich all das Gute bringen soll, denn ich weiß ja nicht, wo Du bist.

Als ich aufwachte, sagte ich zu Schura: Ossja ist gestorben. Ich weiß nicht, ob Du noch lebst, aber von dem Tag an verlor ich Deine Spur. Ich weiß nicht, wo Du bist. Ob Du mich hören kannst? Weißt Du, wie sehr ich Dich liebe? Ich habe es nicht geschafft, Dir zu sagen, wie sehr ich Dich liebe. Ich kann es auch jetzt nicht sagen. Ich sage nur immerzu: Du, Du … Du bist immer bei mir, und ich, die wilde und böse, die nie richtig weinen konnte – ich weine, ich weine.

Das bin ich – Nadja. Wo bist Du?

Leb wohl. Nadja.

ANHANG

EDITORISCHE NOTIZ

Sämtliche Texte stammen aus der Ausgabe:
Ossip Mandelstam, *Das Gesamtwerk in 10 Bänden*. Aus dem Russischen übertragen
und herausgegeben von Ralph Dutli. Ammann Verlag, Zürich 2001 (neu: S. Fischer
Verlag, Frankfurt am Main). Die Einzelbände erschienen in den Jahren 1985 bis
2000. In jeder Abteilung des vorliegenden Lesebuches handelt es sich um eine
Auswahl aus dem betreffenden Band.

DAS RAUSCHEN DER ZEIT

Aus: Ossip Mandelstam, *Das Rauschen der Zeit. Die ägyptische Briefmarke. Vierte
Prosa.* Gesammelte »autobiographische« Prosa der 20er Jahre. Ammann Verlag,
Zürich 1985.
Auswahl von sechs Kapiteln der vierzehn Kapitel umfassenden Erinnerungsprosa
»Das Rauschen der Zeit« (1925).

DER STEIN

Aus: Ossip Mandelstam, *Der Stein*. Frühe Gedichte 1908–1915. Ammann Verlag,
Zürich 1988.
Mandelstams Gedichtband »Der Stein« erschien in mehreren Ausgaben, in zu-
nehmend erweiterter Form in den Jahren 1913, 1916, 1923.

ÜBER DEN GESPRÄCHSPARTNER

Aus: Ossip Mandelstam, *Über den Gesprächspartner.* Gesammelte Essays 1913–1924.
Ammann Verlag, Zürich 1991.
Sechs Essays aus den Jahren 1913 bis 1923; drei davon waren in Mandelstams Essay-
band »Über Poesie« (1928) abgedruckt, die anderen – »Der Morgen des Akmeis-
mus«, »Menschenweizen«, »Humanismus und Gegenwart« – in Zeitschriften und
Zeitungen, die beiden Letzteren in exilrussischen Organen in Berlin.

TRISTIA

Aus: Ossip Mandelstam, *Tristia*. Gedichte 1916–1925. Ammann Verlag, Zürich 1993.
Gedichte aus den Bänden »Tristia« (Berlin 1922), »Das Zweite Buch« (Moskau
1923) und aus der Abteilung »Gedichte 1921–1925« der letzten zu Mandelstams
Lebzeiten gedruckten Sammlung »Gedichte« (1928).

DIE ÄGYPTISCHE BRIEFMARKE

Aus: Ossip Mandelstam, *Das Rauschen der Zeit. Die ägyptische Briefmarke. Vierte
Prosa.* Gesammelte »autobiographische« Prosa der 20er Jahre. Ammann Verlag,
Zürich 1985.
Mandelstams einzige fiktionale Prosa »Die ägyptische Briefmarke« erschien in
Buchform 1928.

MANDELSTAM LACHT

»Ich schreibe ein Szenario«. Aus: Ossip Mandelstam, *Gespräch über Dante*. Gesammelte Essays 1925–1935. Ammann Verlag, Zürich 1991.

»Scherzgedichte & Selbstporträts«. Aus: Ossip Mandelstam, *Die beiden Trams*. Kinder- und Scherzgedichte, Epigramme auf Zeitgenossen 1911–1937. Ammann Verlag, Zürich 2000.

EIN DICHTER ÜBER SICH SELBST

Aus: Ossip Mandelstam, *Das Rauschen der Zeit. Die ägyptische Briefmarke. Vierte Prosa*. Gesammelte »autobiographische« Prosa der 20er Jahre. Ammann Verlag, Zürich 1985.

»Der Pelz« (1922), »Ein Schriftsteller und die Oktoberrevolution« (1928), »Vierte Prosa« (1929/1930) – aus letzterem Werk eine Auswahl: Kapitel 5 bis 8, 11 bis 16.

DIE REISE NACH ARMENIEN

Aus: Ossip Mandelstam, *Armenien, Armenien!* Prosa, Notizbuch, Gedichte 1930–1933. Ammann Verlag, Zürich 1994.

Auswahl von vier Kapiteln des acht Kapitel umfassenden Prosawerkes »Die Reise nach Armenien« (1931/1933) sowie Kernsätze aus dem dazugehörigen Notizbuch.

MITTERNACHT IN MOSKAU

Aus: Ossip Mandelstam, *Mitternacht in Moskau*. Die Moskauer Hefte. Gedichte 1930–1934. Ammann Verlag, Zürich 1986.

Bis auf wenige Ausnahmen, die in Zeitungen und Zeitschriften veröffentlicht werden konnten (z. T. aufgrund von Irrtümern der Zensur), wurden diese Gedichte erst posthum veröffentlicht, ab den 60er Jahren in der amerikanischen Werkausgabe (Washington/New York/Paris 1964–1981). Bei der ersten Verhaftung Mandelstams am 16./17. Mai 1934 wurden viele Texte konfisziert und mussten in Zusammenarbeit mit Nadeschda Mandelstam während der Verbannung in Woronesch aus dem Gedächtnis rekonstruiert und zu den »Moskauer Heften« gruppiert werden.

GESPRÄCH ÜBER DANTE

Aus: Ossip Mandelstam, *Gespräch über Dante*. Gesammelte Essays 1925–1935. Ammann Verlag, Zürich 1991.

Der Abdruck des ganzen »Gesprächs« würde den Rahmen dieses Lesebuches sprengen. Hier eine Auswahl von Kernsätzen aus dem Essay »Gespräch über Dante« (1933) sowie aus dem dazugehörigen Notizbuch.

DIE WORONESCHER HEFTE

Aus: Ossip Mandelstam, *Die Woronescher Hefte*. Letzte Gedichte 1935–1937. Ammann Verlag, Zürich 1996.

Eine Auswahl von Mandelstams letzten, in der Woronescher Verbannung ent-
standenen Gedichten, die erst Jahrzehnte nach seinem Tod gedruckt werden
konnten, zuerst in der amerikanischen Werkausgabe (1964/1967).

BRIEFE AN NADESCHDA

Aus: Ossip Mandelstam, *Du bist mein Moskau und mein Rom und mein kleiner David.*
Gesammelte Briefe 1907–1938. Ammann Verlag, Zürich 1999.

In der Auswahl: Nr. 25; Nr. 51; Nr. 73; Nr. 75; Nr. 77; Nr. 131; Nr. 165; Nr. 194; Nr. 196;
Nr. 201; Nr. 202; Nr. 214.

Nadeschda Mandelstam: »Der letzte Brief«, ebendort S. 304–305.

DATEN ZU LEBEN UND WERK

1891

15. Januar. Ossip Mandelstam wird als erster Sohn einer jüdischen Familie in Warschau geboren. Der Vater ist Lederhändler. Kindheit in Pawlowsk, ab 1897 in Sankt Petersburg.

1900

Eintritt ins fortschrittliche Petersburger Tenischew-Gymnasium.

1907

Studienaufenthalt an der Sorbonne in Paris (bis Mai 1908).

1908

Reise in die Schweiz und nach Italien.

1909

Studium der Romanistik und der Kunstgeschichte in Heidelberg (bis März 1910).

1910

In der Petersburger Kunstzeitschrift *Apollon* (Nr. 9) erscheinen Mandelstams erste veröffentlichte Gedichte. Aufenthalt in Berlin.

1911

Um die Hürde der Dreiprozentquote für jüdische Studenten zu überwinden und in Petersburg studieren zu können, lässt sich Mandelstam in Viborg christlich taufen. Studium an der Petersburger Universität, Abteilung für Romanische Sprachen. Teilnahme an der von Nikolaj Gumiljow gegründeten »Dichterzeche«. Bekanntschaft mit Anna Achmatowa.

1912

Die »Dichterzeche« beschließt die Gründung des *Akmeismus* zur Überwindung des russischen Symbolismus.

1913

In Petersburg erscheint Mandelstams erster Gedichtband, *DER STEIN*. Erste literarische Essays in der Zeitschrift *Apollon* (»Über den Gesprächspartner« u. a.).

1914

Der Erste Weltkrieg. Mandelstam wird wegen Herzschwäche vom Kriegsdienst freigestellt. Fährt nach Warschau, um sich als Krankenpfleger für Kriegsverwundete zu melden, besucht das Warschauer Ghetto.

1915

In Koktebel auf der Halbinsel Krim; erste Krim-Gedichte.

1916

Zweite, erweiterte Ausgabe des Gedichtbandes DER STEIN. Freundschaft mit Marina Zwetajewa, Austausch von Liebesgedichten. 26. Juli: Tod von Mandelstams Mutter.

1917

Abbruch des Universitätsstudiums. Negatives Gedicht über den Oktober-Umsturz der Bolschewiken, gegen das »Joch von Bosheit und Gewalt«.

1918

Schreibt das von apokalyptischen Bildern geprägte Revolutionsgedicht »Die Dämmerung der Freiheit«. Kurze Anstellung in Lunatscharskijs Volkskommissariat für Bildungswesen.

1919

Hunger in Moskau, Terror, Erschießungen. 1. Mai: Inmitten der Bürgerkriegswirren lernt Mandelstam in Kiew seine spätere Frau kennen, Nadeschda Chasina.

1920

Auf der Krim, im bürgerkriegsgeplagten Feodossija. Wird von den »Weißen« als »bolschewistischer Spion« verhaftet, dann freigelassen und im georgischen Batumi von den Menschewiken erneut inhaftiert. Freilassung und Rückkehr nach Moskau.

1921

Fahrt in den Kaukasus, auf der Suche nach Arbeit und Brot. Erfährt vom Tod seines Freundes und Dichterkollegen Nikolaj Gumiljow, der als »Konterrevolutionär« in Petrograd erschossen wurde.

1922

Heirat mit Nadeschda Chasina in Kiew. In Berlin erscheint der Gedichtband TRISTIA.

1923

Dritte, erweiterte Ausgabe des Gedichtbandes DER STEIN. Zweite Ausgabe von TRISTIA, in Moskau, unter dem Titel DAS ZWEITE BUCH.

1925

In Leningrad erscheinen das autobiographische Prosabuch DAS RAUSCHEN DER ZEIT sowie zwei kleine Kinderbücher: Der Primuskocher und Die beiden Trams. Erster Herzanfall, Atemnot. Die Periode des Schweigens: Fünf Jahre lang wird Mandelstam keine Gedichte mehr schreiben.

1926

Nadeschda Mandelstam in Jalta auf der Krim, um ihre Tuberkulose zu kurieren. Ab diesem Jahr zahlreiche literarische Übersetzungen als Broterwerb. Zwei weitere Kinderbücher: *Luftballons* und *Die Küche*.

1928

Letzte Buchveröffentlichungen zu Lebzeiten, dank einer Einflussnahme Nikolaj Bucharins: *GEDICHTE* (1908–1925), *DIE ÄGYPTISCHE BRIEFMARKE* (Prosa), *ÜBER POESIE* (Essays). Antwort auf eine Zeitungsumfrage zum Thema »Der Sowjetschriftsteller und die Oktoberrevolution«: »Ich fühle mich als Schuldner der Revolution, bringe ihr jedoch Gaben dar, die sie vorläufig noch nicht benötigt.« Beginn der »Eulenspiegel-Affäre«, die in eine von offiziellen Stellen gelenkte Verleumdungs- und Hetzkampagne gegen Mandelstam ausartet.

1929

Schreibt als Antwort die polemische, antistalinistische *VIERTE PROSA* und einen *Offenen Brief an die sowjetischen Schriftsteller,* der den Bruch mit der offiziellen Literatur bedeutet.

1930

Verhöre durch den Untersuchungsrichter zur »Eulenspiegel-Affäre«. In einem Brief: »Nichts ist wiedergutzumachen. Der Bruch ist – Reichtum. Ich muss ihn bewahren. Darf ihn nicht vergeuden.« Dank einer Intervention Bucharins: Reise in den Kaukasus, nach Abchasien, Georgien und Armenien. Dort erfährt er vom Selbstmord Wladimir Majakowskijs. In Tiflis, nach der Rückkehr aus Armenien, Wiederaufnahme des lyrischen Schaffens, nach fünfjährigem Schweigen. Gedichtzyklus *ARMENIEN.*

1931

Die offiziellen Schriftstellerorganisationen widersetzen sich Mandelstams Niederlassung in Leningrad – Umzug nach Moskau. Wohnt bei Verwandten und in provisorischen Unterkünften. Die Gedichte der *MOSKAUER HEFTE* entstehen, u. a. das Gedicht auf das »Wolfshund-Jahrhundert«.

1933

Abdruck des Prosawerks *DIE REISE NACH ARMENIEN* in einer Zeitschrift, die letzte Veröffentlichung zu Lebzeiten. Polemik in den Zeitungen gegen Mandelstams Prosa. Arbeit am Essay *GESPRÄCH ÜBER DANTE* auf der Krim. Mandelstam bekommt nach Jahren des Nomadenlebens in Moskau eine Wohnung zugewiesen. Schreibt sein verhängnisvolles Epigramm gegen Stalin, eine Entlarvung des »Seelenverderbers und Bauernschlächters«.

1934

Trifft Boris Pasternak und rezitiert ihm das Anti-Stalin-Gedicht (Begründung: »Ich hasse nichts so sehr wie den Faschismus, in welcher Form er auch auftreten möge«). Mandelstam ohrfeigt öffentlich den offiziellen Sowjetschriftsteller Alexej Tolstoj. 16./17. Mai: Nächtliche Hausdurchsuchung und Verhaftung, Beschlagnahmung der Manuskripte, Verhöre im Moskauer Lubjanka-Gefängnis. 28. Mai: Verurteilung zu drei Jahren Verbannung und Transport nach Tscherdyn (Ural). Selbstmordversuch, springt aus dem Fenster. Revision des Urteils. Neuer Verbannungsort: Woronesch.

1935

Antwort auf provokative Fragen vonseiten der Woronescher Schriftsteller, u. a. was Akmeismus sei: »Sehnsucht nach Weltkultur«. Die ersten Gedichte der *WORONESCHER HEFTE* entstehen (drei solcher Hefte bis Mai 1937).

1936

Der erste Moskauer Schauprozess, Beginn von Stalins »Säuberungs«-Terror. Mandelstam verliert jede Arbeitsmöglichkeit. Materielle Not.

1937

Herzkrankheit, Atemnot. April, in einem Brief: »Ich bin ein Schatten. Mich gibt es nicht. Ich habe nur das Recht zu sterben. Mich und meine Frau treibt man in den Selbstmord.« In einem diffamierenden Artikel einer Woronescher Zeitung wird Mandelstam unter die »Trotzkisten und andere klassenfeindliche Elemente« eingereiht. Ende der dreijährigen Verbannung, Rückkehr nach Moskau, wo Mandelstam das Wohnrecht abgesprochen wird. Umzug nach Sawjolowo an der Wolga, dann Kalinin.

1938

2. März: Bewilligung zu einem Aufenthalt in einem Erholungsheim in Samaticha (eine Falle). 16. März: Denunziationsbrief Wladimir Stawskijs, des Generalsekretärs des Schriftstellerverbandes, an den NKWD-Chef Jeschow mit der Bitte, »das Problem Mandelstam zu lösen«. 2. Mai: Mandelstam wird in Samaticha verhaftet und ins Moskauer Butyrki-Gefängnis verbracht. 2. August: Verurteilung durch ein NKWD-Sondergericht zu fünf Jahren Arbeitslager wegen konterrevolutionärer Tätigkeit, nach Artikel 58–10 (»Antisowjetische Agitation und Propaganda«). 8. September: Abtransport nach Sibirien. 12. Oktober: Ankunft im Durchgangslager 3/10 »Wtoraja Retschka« bei Wladiwostok, Baracke 11 für »Konterrevolutionäre«. Aus dem letzten Brief Anfang November: »Meine Gesundheit ist sehr schwach. Bin äußerst erschöpft. Abgemagert, fast nicht wiederzuerkennen. Aber Kleider zu schicken, Essen und Geld – weiß nicht, ob es Sinn hat. Versucht es trotzdem. Ich friere sehr ohne Kleider.« Flecktyphus-Epidemie. 27. Dezember: Mandelstam stirbt im Lager bei einer Desinfektionsmaßnahme.

DICHTER ÜBER OSSIP MANDELSTAM

»… die unwandelbare *Magie* jeder Zeile. Es geht nicht um ›Klassizismus‹, sondern um *Zauber*.«
    MARINA ZWETAJEWA

»Die tragische Figur eines ganz seltenen Dichters, der auch in den Jahren der Woronescher Verbannung Gedichte von unsagbarer Schönheit und Kraft schrieb.«
    ANNA ACHMATOWA

»… ein herrlicher Dichter, der größte von allen, die in Russland unter der Sowjetherrschaft zu überleben versuchten …«
    VLADIMIR NABOKOV

»… selten noch habe ich, wie mit seiner Dichtung, das Gefühl gehabt, einen Weg zu gehen – einen Weg zu gehen an der Seite des Unwiderlegbaren und Wahren, und dies *dank ihm*.«
    PAUL CELAN

»Mandelstam hat uns eine der glücklichsten Dichtungen des Jahrhunderts geschenkt …«
    PIER PAOLO PASOLINI

»Er war ein moderner Orpheus: Er wurde zur Hölle geschickt und kehrte nicht zurück, während seine Witwe, ein Sechstel der Erdoberfläche durchmessend, von einem Schlupfwinkel zum nächsten floh, den Kochtopf fest an sich gedrückt, in dem zusammengerollt seine Gedichte lagen, die sie sich nachts immer wieder hersagte für den Fall, dass sie von Furien mit einem Durchsuchungsbefehl gefunden würden. Dies sind unsere Metamorphosen, unsere Mythen.«
    JOSEPH BRODSKY

NACHWORT

MANDELSTAMS STIMME

> Wir wissen aus der Stimme nur
> Was eingekratzt ist, was dort kämpfte,
> Wir führen die spröde Griffelspur
> Allein wohin die Stimme lenkte
>
> Ossip Mandelstam, *Griffel-Ode*

Als Joseph Brodsky, der russisch-amerikanische Literaturnobel-preisträger von 1987, in seinem Essay *Kind der Zivilisation* (1977) von Mandelstams Wirkung schrieb, beschwor er den Mythos eines »modernen Orpheus« und die Macht einer Stimme:

> »Die Welt muss diese nervöse, hohe, reine Stimme erst noch hören, eine Stimme, in der Liebe, Schrecken, Erinnerung, Kultur, Glaube mitschwingen, zitternd vielleicht wie ein brennendes Streichholz bei starkem Wind und doch gänzlich unlöschbar. Eine Stimme, die bleibt, auch wenn ihr Besitzer nicht mehr ist.«

Mandelstam selbst beharrte immer wieder auf der Macht der Stimme eines Dichters. Die Stimme war für ihn nicht zuletzt ein Mittel der Abgrenzung. In der zornigen *Vierten Prosa* von 1929/1930 beanspruchte er sie als sein eigenstes Instrument: »Ganz allein in Russland arbeite ich nach der Stimme, doch ringsum schreibt das dickfellige Pack.«

Poesie entsteht im Mund. Die Aufmerksamkeit dieses russischen Dichters für die Organe der Laut-Erzeugung ist kein Zufall. In einem Gedichtfragment von 1931 heißt es: »Dass dieser Gaumen Raum und Himmel werde / Und meine Lippen springen – wie ein rosa Lehm.« Gaumen und Lippen, der Mund als Ganzes, stehen hier als Ort der Entstehung von Poesie, aber auch als kosmischer Raum, als Versprechen dichterischer Universalität. Der Mund – ein Kosmos. Die Stimme des Dichters lässt immerzu neu eine Welt entstehen.

Diese Stimme konnte flüstern und lallen, und beides war bei Mandelstam eine Metapher für die Sprache der Poesie, noch im späten Gedicht vom 23. März 1937 aus der Woronescher Verbannung:

> Er ist nur darum Strahl,
> Er ist nur darum Licht:
> Vom Flüstern mächtig-prall,
> Vom Lallen warm und dicht.

Das Leitmotiv der noch im Grab sich bewegenden Lippen prägt die späten Gedichte der *Woronescher Hefte* (1935 bis 1937), diese poetischen Testamente aus der Zeit der Verbannung: »Ich liege in der Erde, rühre meine Lippen …« und »Die Lippen rühren sich, ihr könnt sie mir nicht nehmen« (Mai 1935).

Seinem wichtigsten Essay, dem *Gespräch über Dante* vom Sommer 1933, stellte Mandelstam einen Dante-Vers voran, der einen Schrei und eine Kopfhaltung fixierte: »So schrie ich mit erhobenem Gesicht« (»Così gridai colla faccia levata«, *Inferno* XVI, 76), und kommentierte ihn in seinem Essay eingehend: »… sie haben Angst, die Wahrheit zu hören. Die Antwort ist lapidar und grausam: ein Schrei.«

Flüstern, Lallen, Schrei: Das Werk eines Dichters ist das Werk seiner Stimme. Die Poesie dieses »modernen Orpheus« ist all das: eindringliches Flüstern, entrücktes Lallen, lapidarer Schrei. Und eine unerschrockene Bereitschaft, »die Wahrheit zu hören«.

Um dieses Flüstern und Lallen, diesen Schrei eines Dichters hörbar zu machen, kommt dieses Buch zum Leser. Eine Auswahl aus Mandelstams Werk, in beweglicher Chronologie, Prosa und Lyrik im Wechsel, in seiner thematischen Vielfalt: Autobiographisches, Fiktionales, programmatische Essays, Manifeste und Visionen eines

Europäers, Reisebericht, Pamphlet und Liebesbriefe. Und aus allen Schaffensperioden, in vier großen Blöcken – seine Gedichte, als die für ihn charakteristischste Art von Mundvorrat und Wegzehrung. Hier sind die Etappen dieses Weges durch das Lesebuch mit seinen zwölf Abteilungen:

1. DAS RAUSCHEN DER ZEIT

Ein atmosphärisches Porträt des vorrevolutionären Russland, Erinnerungen an eine Kindheit im imperialen Petersburg und im jüdisch-mittelbürgerlichen Elternhaus, die Geschichte von Herkunft, Mutter- und Vatersprache, die erste Begegnung mit den Büchern, mit der »animalischen Wärme« der Literatur, und die Entdeckung eines folgenreichen Konzepts: des »literarischen Zorns«.

2. DER STEIN

Die erste Gedichtsammlung Mandelstams (1913, erweitert 1916 und 1923), die sogleich Aufsehen erregte, weil sie einen außergewöhnlichen dichterischen Rang erkennen ließ. Eine glanzvolle Verwirklichung der Postulate des *Akmeismus,* jener Petersburger Dichtergruppierung, die sich der Überwindung des mystisch raunenden, jenseitsbezogenen russischen Symbolismus verschrieb: Rückkehr zum Diesseits, zum Irdischen, zum plastisch-dreidimensionalen Gegenstand, zur kunstvollen Genauigkeit des Handwerks, zur »apollinischen« Klarheit, zur Bejahung der Welt. Späte Echos auf den Symbolismus prallen auf die Phänomene des modernen Lebens, Großstadt, Kino, Tennis, Fußball und Tourismus. Die Ablehnung von Mondgeleuchte und Sterngeflimmer (»Nein, nicht den Mond, ein helles Zifferblatt«) bedeutet ein Bekenntnis zum Hier und Jetzt. Eine Hommage an Johann Sebastian Bach steht neben einer Hymne auf das »göttliche Eis« (gemeint ist Speiseeis, Eiscreme), Ovid in Petersburg neben Homer auf der Krim.

3. ÜBER DEN GESPRÄCHSPARTNER

Mandelstams Manifest des Akmeismus mündet in den programmatischen Essay über den »providentiellen Gesprächspartner« (1913), den Leser in der Zukunft: Denn es gibt »keine Lyrik ohne Dialog«. Der Essay »Das Wort und die Kultur« (1921) verheißt in den Tagen des Bürgerkrieges, des Hungers und der Gefährdung der Kultur einen neuen Homer, Catull, Ovid, Puschkin, denn im hungrigen Staat gilt: »Die Kultur ist zur Kirche geworden.« Der Essay »Das Ende des Romans« (1922) diagnostiziert illusionslos das Ende der Bedeutsamkeit einer individuellen Biographie und führt über zur Vision eines passionierten Europäers (»Menschenweizen«, 1922) und in ein Bekenntnis zum europäischen Humanismus (»Humanismus und Gegenwart«, 1923).

4. TRISTIA

Die Lyrik aus der Zeit um Oktoberrevolution und Bürgerkrieg (1916–1921) setzt den Mächten der Zerstörung und des Vergessens das dichterische Wort entgegen. Nach Texten voller apokalyptischer Bilder, Gedichten auf den Tod Petersburgs und das Ende der Kultur, folgen Beschwörungen der Magie der Poesie (»Griffel-Ode«), die Überlebensmittel und Bewahrerin des Gedächtnisses wird (»Der Hufeisenfinder«, 1923). Doch erneute Bedrohungen und Tod sind allgegenwärtig, dunkle Vorahnungen bestimmen diese Schaffensphase (»Das Lied von Kränkungen und Lehm, sie werden's brechen, / Mit Blei versiegeln dir den Mund«, im Gedicht »Der 1. Januar 1924«), die in einer Aufkündigung jeglicher Zeitgenossenschaft kulminiert: »Nein ich war nirgendwo und niemands Zeitgenosse« (1924).

5. DIE ÄGYPTISCHE BRIEFMARKE

Mandelstams einziges fiktionales Prosawerk (1928) ist die bizarre Geschichte des kleinen Mannes Parnok, dem im Sommer zwischen der Februar- und der Oktoberrevolution 1917 vom Schneider Merwis der noch unbezahlte Ausgehanzug – ein Symbol der Freiheit – gestohlen bzw. wieder abgenommen wird. Als Einziger bemüht sich Parnok, eine aufgebrachte Menschenmenge von einem Lynchmord abzuhalten. Doch erfolglos: Parnok ist ein Verlierer, ein Außenseiter, eine Reinkarnation der Gestalten Gogols (»Der Mantel«) und Dostojewskijs (»Der Doppelgänger«), eine Verkörperung des gefährdeten Individuums in einer aus den Fugen geratenen Welt. »Die Angst nimmt mich bei der Hand und führt mich.« Mandelstams »Prosadelirium« ist einer der kühnsten Texte in der an Experimenten und Innovationen reichen sowjetrussischen Prosa der zwanziger Jahre.

6. MANDELSTAM LACHT

Der Versuch, den Facettenreichtum dieses Werks aufzuzeigen, wäre unvollständig ohne Ausflüge in einen durchtriebenen, bisweilen absurden Humor. Der dem Leben und seinen Genüssen zugewandte Dichter Mandelstam war auch ein zungenfertiger Spötter, ein eifriger Verfasser von Epigrammen auf Zeitgenossen, ein Meister des ironischen Selbstporträts. Niemand kann sicher sein vor seinem Spott, auch er selbst nicht – ob er sich als alten Bischof oder als freien Kosaken karikiert. Anna Achmatowa soll über ihn gesagt haben: »Ossip ist ein Schrank voller Überraschungen.«

7. EIN DICHTER ÜBER SICH SELBST

Der wärmende Pelz der Literatur durchläuft in Mandelstams Werk mehrere Metamorphosen. Der Hymne auf den billig erstandenen »Pelz« (1922) folgt das Unbehagen, ein Gefühl der Fremdheit. Im autobiographischen Prosawerk *Das Rauschen der Zeit* (1925) ist der prächtige Pelz, der so gar nicht dem gesellschaftlichen Rang des besitzlosen Intellektuellen entspricht, etwas allzu Herrschaftliches und Verwirrendes, doch die einzige Waffe des Schriftstellers gegen die »eisige Kälte«, welche die »schreckliche Macht des Staates« verbreitet. In der polemischen antistalinistischen *Vierten Prosa* (1929/1930) schließlich weist ein Dichter jeden Komfort der Zugehörigkeit zurück: »Ich reiße selbst den Pelz der Literatur von meinen Schultern und zertrete ihn mit meinen Füßen.« Und er weiß bereits, dass er damit der »tödlichen Verkühlung« entgegenläuft. Dass sein Werk als »Ungezogenheit« und als »Gesetzlosigkeit« angefeindet wird, als unzeitgemäß und überholt (in seiner Sicht freilich war es verfrüht, seiner Zeit vorauseilend), bestärkt den

Dichter in seinem stolzen Selbstbewusstsein. »Ich unterschreibe mit beiden Händen.«

8. DIE REISE NACH ARMENIEN

Mandelstams Reise in den Kaukasus und nach Armenien im Jahr 1930 war eines der glücklichsten Ereignisse dieses Dichterlebens, eine Reise in ein »gelobtes Land«, in ein biblisches Land mit reichster kultureller Vergangenheit. Sie gerät ihm zur Reise an den Ursprung der Kultur, der sinnlichen Wahrnehmung, der Kunst – und seiner selbst, seiner jüdischen Herkunft (die armenische Erde sieht er als »die jüngere Schwester der judäischen«). Es war eine Atempause, ein »einziger zusätzlicher Tag«, nachdem die politischen Verfolgungen bereits eingesetzt hatten. »Es war die herrlichste Beifallsbezeugung, die ich in meinem Leben zu hören bekommen habe: Man bejubelte einen Menschen für die Tatsache, dass er noch kein Leichnam war.« Eine Erneuerung der Sehkraft (»Die Franzosen«), eine Feier des Auges (»ein edles, doch eigensinniges Tier«) wie des Lebens selbst, krönen diesen eigenwilligen Reisebericht. »Man muss immer reisen, und nicht nur nach Armenien und Tadschikistan.«

9. MITTERNACHT IN MOSKAU

Nach einer fünfjährigen Schweigeperiode verhilft der Zyklus »Armenien« der lyrischen Stimme zum erneuten Durchbruch. Die »Moskauer Hefte« sind das lyrische und zornige Tagebuch eines Großstadt-Nomaden. Die Auseinandersetzung mit einer lügenhaften Epoche (»die Hure Moskau«) kulminiert im Gedicht auf das »Wolfshund-Jahrhundert« und schließlich im »Epigramm gegen Stalin« (November 1933), dem Gedicht, das Mandelstam mit dem Leben bezahlen wird. Im Requiem auf den Symbolisten und Dichterkollegen Andrej Belyj (Januar 1934) stimmt er sein eigenes Requiem an.

10. GESPRÄCH ÜBER DANTE

Mandelstams umfangreichster und wichtigster Essay vom Sommer 1933 ist nicht nur ein origineller Blick in das Laboratorium des mittelalterlichen italienischen Dichters: Es ist ein Versuch über das dynamische und wandelbare Wesen der Poesie überhaupt, dem sich Mandelstam in immer kühneren Metaphern annähert. Es ist ein Text über Bewegung, über das Unterwegssein im Wort, über Gehen und Denken, ein Text auch mit politischen Untertönen: Manifest gegen alles Erstarrte, Dekretierte, Dogmatische. Wenigstens in einer Sammlung von Kernsätzen sollte dieses fulminante »Gespräch über Dante« (dessen Abdruck als Ganzes den Rahmen dieses Lesebuches sprengen würde) repräsentiert werden.

11. DIE WORONESCHER HEFTE

Mandelstams letzte Gedichte entstanden in der Woronescher Verbannung (1935–1937), inmitten von materieller Not und Krankheit, in einer Atmosphäre der Angst. Doch sie bezeichnen kein Schattenreich, es sind Manifeste der Lebenskraft, stille Revolten und Besinnungen auf das Wesentliche, das die Poesie bedeutet. Eine Poesie von abgründiger Tragik, doch voller Vitalität. Mandelstam sucht Verbündete in der Natur (in der »Schwarzerde« seines Verbannungsortes) und in der kulturellen Vergangenheit, findet ein neues Selbstbewusstsein als Dichter und bisweilen sogar Heiterkeit. Es sind testamenthafte Gedichte, es ist sein Woronescher Vermächtnis. »Und das, was sein wird, ist nur ein Versprechen.«

12. BRIEFE AN NADESCHDA

Ein Dutzend ausgewählter Liebesbriefe an die Frau, die mehr als alle für das Überleben von Mandelstams Werk gekämpft hat, indem sie die Gedichte auswendig lernte, Verstecke anlegte, um sie vor Stalins Häschern zu bewahren, das Archiv schließlich aus der Sowjetunion hinausschmuggeln ließ und mit ihren Memoiren *Das Jahrhundert der Wölfe* (1970) entscheidend zur weltweiten Entdeckung dieses Dichters beitrug.[*] Es sind von Alltagssorgen geprägte

---

[*] Dazu die letzten beiden Kapitel »Nadeschda macht sich unsichtbar« und »Rückkehr aus dem Untergrund« in: Ralph Dutli, *Meine Zeit, mein Tier. Ossip Mandelstam. Eine Biographie*. Ammann Verlag, Zürich 2003 (neu: S. Fischer Verlag, Frankfurt am Main).

zärtliche Botschaften voller närrischer Kosenamen und Necke-
reien. Das Zeugnis einer großen Liebesgeschichte, das Nadeschda
Mandelstam selbst mit dem bewegenden »Letzten Brief« beschloss.
»Um so zu lieben, lohnt sich das Leben«, schreibt Mandelstam am
5. März 1926.

Das Lesebuch soll dazu anregen, das Gesamtwerk, einen Kontinent
der modernen Dichtung, zu entdecken. Mandelstams ganzes Werk
ist ein Gebet für die Poesie, für das »selige sinnlose Wort«, wie er
1920, mitten im russischen Bürgerkrieg, inmitten von Hunger und
Kälte, von Erschießungen und Terror, in dem Gedicht »Petersburg:
Es wird uns neu zusammenführen« festhielt:

Ich brauch keinen Nachtpassierschein, rede
Mir die Angst aus vor den Posten dort,
In der Sowjetnacht werde ich beten
Für das selige sinnlose Wort.

Auch heute ist es sinnvoll, für das nicht abzunutzende und nicht
zu vereinnahmende »selige sinnlose Wort« zu beten, auch heute,
wo die »Sowjetnacht« zu Ende ist (wenn sie denn vergehen kann).
Mandelstam war nicht nur ein tragisches Opfer des Totalitarismus
im 20. Jahrhundert, die Figur eines verfolgten Dichters, der der
Wahrheit nicht abschwören mochte. Mit einer Märtyrer-Legende,
dem Ruf eines »Heiligen der Poesie«, verstellt man Bedeutung und
Strahlkraft eines dichterischen Werks.

Bei aller Verwurzelung in einer von Gewalt geprägten, grau-
samen Epoche sollte die Zeitlosigkeit oder Überzeitlichkeit dieser
Poesie nicht übersehen werden. Vielleicht gilt, was Mandelstam
über Dante schrieb, auch für ihn selbst:

»Die Zeit ist für Dante der Inhalt der Geschichte, die er als einen
einzigen synchronistischen Akt versteht … Dante ist ein Anti-
Modernist. Seine Gegenwart ist unerschöpflich, unermesslich,
unversiegbar.«

Auch unsere Zeit darf Mandelstams Poesie in Anspruch nehmen, deren lyrische Intensität und Klangmagie, die Kraft unerhörter Bilder, das weite Netz der kulturellen Assoziationen, die Tiefe eines Gedächtnisses ebenso wie eine bestürzende Widerständigkeit. Diese Poesie spricht von der zerbrechlichen Würde des Menschen in einer Zeit größter Gefährdung. Von der nie auftrumpfenden, aber beharrlichen Selbstbehauptung des Individuums in der Zeit von dessen Abschaffung.

Gerade weil seine Dichtung in einer Epoche der Diktatur und einer herrischen Fortschritts- und Zukunftsgläubigkeit sich bewähren, in einer Zeit totalitär verwalteter Massenkultur in stillen Gedicht-Kassibern überleben musste, wird sie weiterhin aktuell und wirksam bleiben. Denn sie setzt den Mächten der Bedrohung und der Zerstörung etwas Fragiles und dennoch Unverlöschbares (wie Joseph Brodsky meinte) entgegen: eine Stimme.

Wie immer die Herausforderungen des 21. Jahrhunderts aussehen werden – das Wort der Poesie wird noch lange nicht überflüssig sein: »Das Lied, das selbstlos ist, ist selbst sein Lob, und strahlt – / Den Feinden: Teer, den Freunden: Trost, Erkennungsmal« (Woronesch, 8. Februar 1937).

Das Bestärkende und manchmal beinah Jubilierende von Mandelstams Stimme, seine widrigsten Zeitumständen abgerungene Heiterkeit sind exemplarisch und ermutigend: »Nur das Wort kann Schwermut heilen, / Wort – du reine Heiterkeit«, heißt es in einem Gedicht von 1915.

Mandelstams Dichtung ist offen für die Zukunft, gerade weil sie das Zyklische der menschlichen Erfahrung als Erkenntnis in sich trägt, wie es das »Tristia«-Gedicht (»Ich lernte Abschied: eine Wissenschaft«) von 1918 bezeugt: »Und alles war schon und wird wiederkehren. / Dein Glück – nur der Moment, da du's erkennst.«

Ralph Dutli

INHALT

Ossip Mandelstam

Das Gesamtwerk in Kassette

Aus dem Russischen übertragen und
herausgegeben von Ralph Dutli
10 Bände im Schmuckschuber
3.424 Seiten. Mit Begleitheft

»Ein herrlicher Dichter, der größte
von allen, die in Russland unter der Sowjetherrschaft
zu überleben versuchten.«
Vladimir Nabokov

Lange Zeit verschloss das »Jahrhundert der Wölfe« den Zugang zu Ossip Mandelstam. Sein Werk, ein Meilenstein der
Weltliteratur, blieb in Russland bis in die 1980er Jahre verboten. Für den deutschsprachigen Leser macht es Ralph Dutli
mit seiner zehnbändigen Werkausgabe auf mustergül-
tige Weise zugänglich. Mit viel gelobten Übersetzungen der
Gedichte, Briefe und Prosa, präzisen und ausführlichen
Kommentaren und glänzenden Nachworten erschließt er uns
einen bis dahin Unbekannten.

»... dass der Gesang des ›modernen Orpheus‹ (so Joseph
Brodsky) auch unsere westlichen Gestade erreicht hat, ver-
danken wir Ralph Dutlis grandioser Mandelstam-Ausgabe.«
Michael Braun, Frankfurter Rundschau

Ab 2016 auch als E-Book erhältlich

Das gesamte Programm gibt es unter
www.fischerverlage.de

fi 1-048779 / 1

Ralph Dutli
Mandelstam
Eine Biographie
Band 16724

Ossip Mandelstam ist ein Mythos – ein Märtyrer der Poesie,
der für seine Dichtung mit dem Leben bezahlte. Wenn jemand berufen ist, eine Biographie von Ossip Mandelstam zu
schreiben, dann ist es Ralph Dutli. Seit zwanzig Jahren über-
setzt er das Werk des einzigartigen russischen Dichters. Er
kennt jede Zeile, sein feines Ohr hat jeder Modulation seiner
Lyrik nachgehorcht. Dutli schenkt uns ein facettenreiches
Porträt des genialen Poeten.

»Noch nie ist Mandelstams
Biographie so genau und so taktvoll,
so kenntnis- und ideenreich beschrieben worden.
Man ist von Dutlis schneller, muskulöser, warmer
und farbiger Sprache gefangen ...«
Andreas Isenschmid, Die Zeit

Fischer Taschenbuch Verlag

Iwan Bunin
Ein unbekannter Freund
Zwei Erzählungen
Aus dem Russischen von Swetlana Geier

Band 16465

Eine Stadt im regnerischen Westen Irlands: eine passionierte Leserin kauft zufällig ein Buch, und beginnt zu lesen und findet sich im Geschriebenen gespiegelt. Fasziniert schreibt sie an den ihr unbekannten Freund, den Autor. Wird er ihr antworten? Der Band wird abgerundet durch die »Nobelpreis-Tage«, Bunins Schilderung seiner Reise nach Stockholm im Jahre 1933.

»... wir sind sehr verzaubert.«
Elke Heidenreich

Fischer Taschenbuch Verlag

Iwan Bunin
Verfluchte Tage
Ein Revolutionstagebuch
Aus dem Russischen von Dorothea Trottenberg
Band 17399

›Verfluchte Tage‹ ist kein Tagebuch im üblichen Sinne, sondern ein literarisches Werk. Iwan Bunin schrieb es unter dem unmittelbaren Eindruck der Ereignisse 1918/19 in Moskau und Odessa. Ereignisse, die nicht nur für sein Heimatland, sondern auch für sein persönliches Schicksal entscheidend waren und dazu führten, dass Bunin 1920 Russland für immer verließ.

»... ein funkelndes, mit allen poetischen
Wassern gewaschenes Kleinod«
Süddeutsche Zeitung

»Eine Entdeckung!«
Neue Westfälische Zeitung

Fischer Taschenbuch Verlag

fi 17399 / 1

Boris Pasternak –
Werkausgabe in drei Bänden
in der Fischer Klassik

Herausgegeben von Christine Fischer

Band 1
Meine Schwester – das Leben
Band 95018 / Frühjahr 2015

Band 2
Zweite Geburt
Band 95021 / Frühjahr 2016

Band 3
Wenn es aufklart
Band 95022 / Frühjahr 2017

Als 1958 ›Doktor Shiwago‹ mit dem Nobelpreis ausgezeichnet wurde, fehlte einer: sein Schöpfer. Boris Pasternak wurde von den russischen Behörden die Ausreise verwehrt, sein Autor blieb im Dunkeln. Dabei erzählt Pasternaks Leben das gesamte letzte Jahrhundert: Als 16jähriger spielte er Skrjabin vor, er studierte in Marbach Philosophie, wechselte Briefe mit Rilke und war mit Zwetajewa, Majakowski und Mandelstam befreundet. Im Gegensatz zu ihnen überlebte er den stalinistischen Terror und rächte sich im ›Doktor Shiwago‹. – In einer dreibändigen Ausgabe seiner Gedichte, Erzählungen und Briefe stellen wir das unbekannt gebliebene Werk eines der größten Dichter Russlands vor.

Das gesamte Programm gibt es unter
www.fischerverlage.de

fi 666 083 / 1